Tim LaHaye

AUFKLÄREN – ABER V

Dieses Buch ist all den Eltern gewidmet,
die ihre Kinder auch auf dem Gebiet der Sexualität
selbst erziehen möchten, aber nicht sicher sind,
wie sie dabei vorgehen sollen.
Ich hoffe, daß ich Ihnen Ihre Befürchtungen nehmen
und Sie mit ausreichendem Wissen versorgen kann,
damit Sie mit einer gewissen Sicherheit
entscheidende Informationen zu diesem äußerst wichtigen
Thema an Ihre Kinder weitergeben können.
Denn ein Verständnis für die Bedeutsamkeit
der eigenen Sexualität wird fast
alle anderen Lebensbereiche eines Kindes berühren.

TIM LAHAYE

SCHULTE & GERTH

AUFKLÄREN – ABER WIE

Ein Ratgeber für Eltern

Die amerikanische Originalausgabe erschien
im Verlag Zondervan Corporation,
Grand Rapids, Michigan,
unter dem Titel „Sex Education is for the Family".

Aus dem Amerikanischen übersetzt von Erika Atzbach

Best.-Nr. 15 171
ISBN 3-89437-171-4
1. Auflage 1986
2. Auflage 1987
3. Auflage 1991
Umschlaggestaltung: Olaf Johannson
Foto: ZEFA
Satz: Typostudio Rücker + Schmidt
Druck und Verarbeitung: Ebner Ulm
Printed in Germany

Inhalt

Einleitung

Sexualität, Moral, Empfängnis, Abtreibung, Homosexualität – das sind alles Reizworte, die man Kindern erst einmal erklären muß. Aber wer soll das tun? Ist es die Aufgabe der Schule, der Regierung oder der Kirche? Oder ist es etwas für unabhängige Organisationen wie etwa „Pro Familia"? Oder muß sich die Familie darum kümmern?

Ich glaube, daß Gott die Verantwortung für die sexuelle Erziehung der Kinder in die Hände der Familie gelegt hat. Ohne die Erlaubnis der Eltern ist jede sexuelle Unterweisung von anderer Seite ein schwerer Eingriff in die Rechte und die Privatsphäre einer Familie. Dennoch erteilen unsere Schulen Sexualkundeunterricht, „weil die Eltern auf diesem Gebiet versagen" oder „weil die Eltern das wünschen". Andere sagen: „Wir erteilen Sexualkundeunterricht, um dem wachsenden Problem der Schwangerschaft bei Minderjährigen und den Geschlechtskrankheiten Einhalt zu gebieten."

Als ein besorgter Beobachter des Sexualkundeunterrichts kann ich ohne Zögern all diese Behauptungen für unwahr erklären. Richtig ist vielmehr, daß die ausgesprochen radikale Form des Sexualkundeunterrichts, wie sie zuweilen in den Schulen praktiziert wird, ein Recht für sich in Anspruch nimmt, das der Familie zusteht; sie hat direkt dazu beigetragen, daß die sexuelle Freizügigkeit bei Minderjährigen und uneheliche Schwangerschaften zugenommen haben.

Warum sollen Sie als Eltern Ihre Kinder über Fragen der Sexualität aufklären? Weil das vielleicht das wichtigste Thema im Leben der Kinder ist! Erstens wird ihre Haltung der Sexualität gegenüber fast alle anderen Lebensbereiche beeinflussen. Daher ist es ganz entscheidend, daß sie diesem Gebiet gegenüber eine positive Einstellung entwickeln. Sie als Eltern sind für Ihre Kinder die einflußreichsten Leute auf der ganzen Welt. Kinder nehmen die Wahrheit über geschlechtliche Zusammenhänge von den Eltern bereitwilliger an als von irgend jemand sonst. Zweitens werden Auskünfte über die Sexualität kleinen Kindern am besten dann weitergegeben, wenn sie ein wachsendes Interesse daran zeigen. Wir als Eltern sind die einzigen Menschen, die ausreichend Zeit mit den Kindern verbringen und uns ihnen zuwenden können, um ihnen gerade die Informationen zu geben, die ihre augenblickliche Neugier befriedigt.

Schulstunden über die Sexualität des Menschen neigen dazu, bei den Kindern eine abnorme, zwanghafte Beschäftigung mit Sexualität zu erzeugen, wenn sie sich eigentlich für viele andere Dinge des Lebens interessieren sollten. In solchen Stunden werden in die Kinder viel zuviele Informationen hineingestopft, lange bevor sie sie brauchen und oft auch zu einem Zeitpunkt, wenn sie sich noch gar nicht dafür interessieren. Eine ganze Reihe von Kritikern hat davor gewarnt, denn es kann gefährlich sein, eine Beschäftigung mit diesem Thema künstlich anzuregen, wenn noch gar kein natürliches Interesse daran besteht.

Eltern, die mit ihren eigenen Kindern über sexuelle Fragen reden, schaffen einen natürlichen Zusammenhang, der einer ungesunden Neugier vorbeugt. Außerdem gibt uns das als Eltern – die wir ja die von Gott bestimmten, wichtigsten Menschen im Leben unserer Kinder sind – die Gelegenheit, ihnen auch unsere moralischen Wertvorstellungen nahezubringen. Es ist äußerst gefährlich, wenn ein Lehrer in der Schule Wertmaßstäbe zugrunde legt, die denen der Eltern widersprechen.

Unsere Wertvorstellungen und eine gesunde Sicht der Geschlechtlichkeit sollen unsere Kinder befähigen, allmählich erwachsen zu werden. Sie sollen sie mit einer soliden Grundlage ausstatten, die sie für wichtige Entscheidungen benötigen, wenn es um Freundschaften, Verlobung und Ehe geht. Während die Kinder heranwachsen, werden sie auch eine gesunde Haltung zur Sexualität ihrer Geschwister und Freunde entwikkeln. Unsere Unterweisung wird ihnen außerdem im Hinblick auf den Glauben helfen, der Sexualität den richtigen Platz in ihrem Leben einzuräumen und ihnen Gedanken und Handlungen, die Schuld hervorbringen, zu ersparen. Denn wenn man mit Schuldgefühlen nicht richtig umgeht, werden sie die geistliche Entwicklung des Kindes beeinträchtigen.

Leider haben die meisten Eltern Angst davor, ihren Kindern etwas über Sexualität beizubringen. Irgendwie sind wir so beeinflußt worden, daß wir glauben, Eltern seien „nicht qualifiziert genug“, dieses schwierige Thema anzugehen. Das ist Unsinn. Die meisten Eltern wissen mehr über Geschlechtserziehung, als sie meinen, selbst wenn sie sich mit den richtigen Bezeichnungen für die verschiedenen Körperteile und deren Funktionen nicht so genau auskennen. Dieses Buch will Eltern Mut machen und neue Einsichten geben, indem es ihnen zeigt, was ihre Kinder zu einem bestimmten Zeitpunkt wissen müssen. So können Sie zu den ersten und wichtigsten Sexualerziehern Ihrer Kinder werden.

KAPITEL 1

Wer soll unsere Kinder aufklären?

Irgendwie werden unsere Kinder etwas über Sexualität erfahren, da können wir ganz sicher sein. Vielleicht von einem Jungen aus der Nachbarschaft, der eher falsche und häßliche Informationen weitergibt. Vielleicht durch einen Film im Fernsehen, den sie anschauen, wenn die Eltern nicht zu Hause sind. Oder aber durch einen ungläubigen, humanistisch gesinnten Sexualkundelehrer in der Schule, der unsere moralischen Wertvorstellungen nicht teilt, aber für die Kinder eine Autorität auf dem Gebiet der Sexualität darstellt. Wenn wir als Eltern unsere Kinder nicht über Sexualität aufklären, werden sie ihre Informationen wahrscheinlich aus den falschen Quellen beziehen.

Offen über Sexualität zu sprechen fällt vielen Menschen sehr schwer. Deshalb wird das Thema „Sexualität" oft gemieden, oder es werden Witze darüber gemacht, so daß Unterhaltungen auf ein geschmackloses Niveau sinken oder an Bedeutung verlieren. In den meisten Fällen versuchen Eltern, das Thema Sexualität ganz und gar zu umgehen. Das gilt auch für Eltern, die ihren Kindern auf anderen Gebieten gewissenhaft alles beibringen, was sie wissen sollten.

Hier handelt es sich um einen so intimen Bereich, daß man damit normalerweise starke gefühlsmäßige Reaktionen weckt. Wenn Sie selbst von Ihren Eltern nicht natürlich und behutsam in dieses Gebiet eingeführt worden sind, finden Sie es wahrscheinlich sehr schwer, offen darüber zu reden. Aber Sie können lernen, Sexualität genauso zu behandeln wie andere wichtige Themen und sie in die Erziehung Ihrer Kinder einzubeziehen. Wenn es für Sie „peinlich" oder „zu schwierig" ist und Sie nie darüber reden, wie das viele Eltern tun, kann das für Ihre

Kinder schlimme Folgen haben. Ich denke z.B. an seelische und gefühlsmäßige Schäden oder uneheliche Schwangerschaften.

Noch nie ist es so wichtig gewesen wie heute, Kinder frühzeitig über sexuelle Dinge aufzuklären. Man kann heutzutage nicht verhindern, daß auch schon kleine Kinder über dieses Thema etwas erfahren, bevor sie es eigentlich nötig hätten. So wird also die sexuelle Aufklärung durch die Eltern zu einer Art Selbstverteidigung. Nur wenn wir selbst die Unterweisung vornehmen, können wir sicher sein, daß unsere Kinder die wesentlichen Tatsachen im Zusammenhang mit den moralischen Wertvorstellungen kennenlernen. Diese entscheidende Aufgabe dürfen wir nicht anderen überlassen. Sonst riskieren wir, daß unsere Kinder einer unguten Beeinflussung und Gefahren ausgesetzt werden. In dieser Zeit, in der Sexualität derart überbetont wird, können wir davon ausgehen, daß sie irgendwann einmal mit sexuellen Versuchungen konfrontiert werden. Die einzige Schutzmaßnahme dagegen ist die Vorbereitung der Kinder und Jugendlichen durch die Eltern. Die meisten Fälle von sexueller Entgleisung könnten durch seelische und moralische Unterweisung verhindert werden.

Manche Eltern reden vielleicht mit ihren Kindern nicht über sexuelle Dinge, weil sie sich für nicht sachkundig genug halten. Eine Mutter fragte mich einmal: „Wer bin ich denn schon, daß ausgerechnet ich meine Tochter über Sexualität aufklären soll?“ Und ich antwortete ihr: „Sie sind die Mutter!“ Das ist die beste Voraussetzung. Diese Mutter wollte ganz bestimmt das Beste für ihre Tochter, aber sie machte einen weitverbreiteten Fehler. Sie glaubte, daß ein umfassendes Wissen über geschlechtliche Zusammenhänge die wichtigste Voraussetzung wäre, um ihr Kind auf diesem Gebiet aufklären zu können. Und sie erkannte nicht, daß schon das Lesen eines Buches wie des vorliegenden ihre Wissenslücken beheben könnte. Dann wäre der wichtigste Punkt der sexuellen Aufklärung, nämlich die Übermittlung moralischer Wertvorstellungen, immer noch gesichert.

Das vorliegende Buch soll dazu dienen, Eltern die wesentlichen Informationen über Sexualität an die Hand zu geben, so daß sie ihre Söhne und Töchter über alle notwendigen Tatsachen aufklären und ihnen gleichzeitig die entsprechenden moralischen Werte weitergeben können.

Können wir die Aufklärung unserer Kinder der Schule überlassen?

Natürlich ist die Gestaltung des Sexualkundeunterrichts abhängig vom jeweiligen Lehrer. Die Unterrichtsmaterialien sind jedoch allgemein so ausgelegt, daß detaillierte Anweisungen zur sexuellen Praxis dargeboten werden. Unsere Kinder werden mit Informationen überflutet, auf die sie kaum vorbereitet sind und die sie meist gar nicht verarbeiten können.

Es ist interessant zu beobachten, daß es im gleichen Zeitraum, in dem radikales sexualkundliches Material die meisten Schulen durchdrungen hat, einen drastischen Abfall in der Lernleistung gegeben hat. Die Ergebnisse von standardisierten Leistungstests in den USA zeigen, daß amerikanische Kinder von heute wahrscheinlich mehr über Sexualität wissen als über Lesen, Schreiben und Rechnen.

Bis vor ca. 15 Jahren gab es in deutschen Schulen offiziellen Sexualkundeunterricht selten oder gar nicht. Wenn das Thema in der Schule überhaupt angesprochen wurde, geschah das im Zusammenhang mit dem Biologieunterricht. Heutzutage jedoch bieten die Schulen von der ersten Klasse an jedes Jahr mehrere Stunden in diesem Fach an. Wir haben Hunderte von Menschen mit sexuellen Problemen beraten und ein Buch über das Intimleben in der Ehe geschrieben („Wie schön ist es mit dir", Verlag Schulte + Gerth, Asslar, 9. Auflage 1987). Daher glaube ich, daß wir den meisten Menschen alle grundlegenden Tatsachen zu diesem Themenbereich in zwei oder drei Stunden beibringen könnten, und sei es erst kurz vor der Eheschließung.

Eine zeitlich zu ausgedehnte Beschäftigung mit sexualkundlichem Material kann zu einer übermäßigen Beschäftigung mit dem Thema führen. Aber nicht allein den hohen Zeitaufwand muß ich dem Sexualkundeunterricht in den Schulen vorwerfen:

1. *In den Schulen wird Sexualkunde ohne moralische Wertvorstellungen unterrichtet*

Ein hoher Prozentsatz der Herausgeber von Unterrichtsmaterialien und der Lehrer sind Humanisten und Atheisten. Die Lehrpläne legen die Evolutionslehre zugrunde. Warum ist das wichtig zu wissen? Weil ein Atheist, der von der Evolutionstheorie überzeugt ist, den Menschen als ein Lebewesen betrachtet, das kein angeborenes Gewissen besitzt und daher Gott auch nicht für sein Verhalten verantwortlich ist. Ein solcher Mensch lehnt alle absoluten moralischen Wertbegriffe ab und besteht darauf, daß jede Generation ihre eigenen Urteile darüber fällt, was richtig und was falsch ist. Die Vertreter der modernen Erziehung behaupten wiederholt, daß es „keine absoluten Werte" gibt. Und nirgendwo ist diese Auffassung schädlicher als in einer Klasse, in der Sexualkundeunterricht erteilt wird.

Es gibt nämlich absolute Moralbegriffe! Die Bibel erklärt ganz eindeutig, was richtig und was falsch ist. Nur halten sich die meisten Lehrer nicht an biblische Maßstäbe. Sie plädieren eher dafür, daß die Jugendlichen „ihre Sexualität ausleben" oder „tun, was ihnen Spaß macht". Sie scheinen sich dafür verantwortlich zu halten, den Jugendlichen „alle Informationen zu liefern" und sie zu ermuntern, sich über das, was falsch oder richtig ist, ihre eigene Meinung zu bilden.

Wenn man Sexualkunde unterrichtet, ohne gleichzeitig auch moralische Wertvorstellungen zu vermitteln, dann ist das so, als ob man Benzin in ein offenes Feuer gießt. Explosionen sind in einer solchen Situation unvermeidlich.

Die Freude an sexuellen Beziehungen ist nun einmal eine Erfahrung für verheiratete Erwachsene; für moralisch gesinnte Menschen ist das immer schon so gewesen. Außerdem ist in unserem Kulturkreis lange gelehrt worden, daß Menschen keinen Geschlechtsverkehr miteinander aufnehmen sollen, solange sie nicht bereit sind, auch die Verantwortung für ihre Handlungen zu übernehmen – mit anderen Worten, Eltern zu werden. Sexuelle Aktivitäten werden früher oder später Folgen haben. Mehr als eine Million schwangere Schulmädchen pro Jahr allein in den USA sind ein beredtes Beispiel. Aufklärung über sexuelle Fragen gehört einzig und allein in die Familie. In diesem Bereich ist es nicht angebracht, daß Lehrer die Rolle der Eltern übernehmen. Es stimmt zwar: nicht alle Sexualerzieher rufen offen dazu auf, daß Jugendliche sexuelle Freizügigkeit praktizieren sollen. Aber es gibt auch nur wenige, die die biblische Anweisung „Meide die jugendlichen Lüste!“ weitergeben.

2. Der Sexualkundeunterricht ist zu detailliert

Sexualkunde ohne moralische Wertmaßstäbe ist im Grunde schlimmer als gar keine, denn sie kann zum beinahe rückhaltlosen Experimentieren führen. Wenn manche humanistisch eingestellte Lehrer vom „Sexualkundeunterricht“ sprechen, dann meinen sie eigentlich damit, junge Leute in „die Kunst des Geschlechtsverkehrs“ einzuführen. Eltern verstehen Sexualkunde aber fast nie so. Im September 1979 wurde von der Universität von Columbia ein Bericht herausgegeben mit dem Titel „Wissenschaftliche Hinweise zur Intensität des Lebens, George Mason-Hochschule in Virginia“. Er wurde finanziert durch ein Darlehen der Ford-Rockefeller-Stiftung für Bevölkerungspolitik und stellte ganz klar das wirkliche Ziel der meisten humanistisch gesinnten Sexualerzieher heraus. In einer Zusammenfassung der gründlichen Untersuchung heißt es: „... Ein Ziel der Lehrmaterialien zur Sexualkunde besteht darin, die Schüler auf die Wahrscheinlichkeit einer Schwangerschaft aufmerksam zu machen und ihnen *nur zu verantwortlichem Geschlechtsverkehr mit empfängnisverhütenden Methoden zu raten,* wenn solche sexuellen Aktivitäten überhaupt vorkommen sollten“ (Hervorhebung vom Autor).

Eltern hingegen verstehen im allgemeinen unter dem Ausdruck „Sexualerziehung“, daß ihre Kinder etwas über Hygiene und ihre eigene Sexualität lernen. Außerdem sollten Sie darauf hingewiesen werden, daß Sexualität ihren Platz ausschließlich in der Ehe hat. Der Aufschrei von Elterngruppen, die sich über das ausgedehnte Material empören, das ihren Kindern in der Schule nahegebracht wird, zeigt deutlich, daß manche Lehrer den Sexualkundeunterricht dazu benutzen, den Jugendlichen die Praxis des Geschlechtsverkehrs beizubringen, lange bevor diese alt genug sind, auch die Verantwortung für ihr Handeln tragen zu können. Umfragen unter älteren Schülern zeigen, daß die Schüler heute sexuell sehr viel aktiver sind, als es üblich war, bevor es an den Schulen Sexualkundeunterricht gab.

Bis die verantwortlichen Lehrer eingesehen haben, daß die Unterrichtung über den Geschlechtsverkehr ohne die gleichzeitige Vermittlung von moralischen Wertvorstellungen eine unzulässige Überschreitung ihrer Vollmachten bedeutet, sollten sich die Eltern darauf vorbereiten, die richtigen Informationen an ihre Kinder selbst weiterzugeben.

3. Sexualkundeunterricht in gemischten Klassen sollte verboten werden

Wenn ausführliche Materialien zur Sexualität schon Unterrichtsgegenstand in den Schulen sein müssen, dann nur dort, wo Jungen und Mädchen (noch) getrennt unterrichtet werden können. Ein gewisses Geheimnis, das alles Weibliche umgibt, und die natürliche Zurückhaltung werden rücksichtslos zerstört, wenn dreißig Schüler und Schülerinnen sich gemeinsam mit diesem Thema beschäftigen. Geschlechtlichkeit ist ein äußerst intimes Gebiet und sollte es auch bleiben. Wenn in gemischten Klassen darüber geredet wird, wird die Intimität des Themas zerstört.

Außerdem ist es in solchen Gruppen durchaus möglich, daß Schüler mit verkommenen Moralvorstellungen den Unterricht negativ beeinflussen. Eine dreckige Bemerkung hier oder eine gewagte Antwort dort, und schon ist die natürliche Zurückhaltung zwischen den Geschlechtern weiter abgebaut.

Monatsblutung, Eisprung, Abtreibung, Geburtenkontrolle, Hoden, Samenerguß, das mögen angemessene Themen für Schüler der höheren Klassen sein, aber bestimmt nicht in gemischten Gruppen. Ich kann keinen moralischen Wert darin erkennen, über solche Themen mit Jungen und Mädchen gemeinsam zu diskutieren. Es kann aber erheblicher Schaden entstehen. Sexualkundeunterricht, der die Intimität alles Geschlechtlichen aufhebt, kann eher schaden als nutzen, denn er setzt den Liebesakt zu einem tierischen Instinkt herab, so wie es eben humanistisch eingestellte Sexologen sehen.

4. Der Sexualkundeunterricht in der Klasse nimmt nur wenig Rücksicht auf individuelle Unterschiede

Jugendliche reifen geschlechtlich nicht alle zu ein und demselben Zeitpunkt heran, und das bringt ein nicht zu unterschätzendes Problem mit sich. Manche Schüler verhalten sich mit 15 schon wie Achtzehn- oder Neunzehnjährige. Andere dagegen wirken noch viel jünger. So mögen einige reif genug sein, sich über Sexualität Gedanken zu machen, während das für andere noch verfrüht ist. Die Tochter eines befreundeten Arztes bekam mit 13 Jahren einen gehörigen Entwicklungstrieb. Als die Mutter mit ihr darüber sprach, daß sie jetzt bald einmal einen BH kaufen sollten, regte sich das sensible Mädchen so auf, daß sie sich gleich im Badezimmer einschloß und weinte. Können Sie sich vorstellen, was solch ein Mädchen empfindet, wenn der Sexualkundeunterricht in einer gemischten Klasse unter rauhem Gelächter stattfindet? Individualität wird in unserem Schulsystem und den Lehrplänen großgeschrieben, aber gerade auf dem Gebiet der Sexualkunde wird der individuellen Entwicklung des einzelnen Schülers nicht Rechnung getragen.

5. Der Sexualkundeunterricht kann bei den Jugendlichen zu einer übermäßigen Beschäftigung mit Sexualität führen

Es ist nicht nötig, das Interesse eines gesunden Jugendlichen an geschlechtlichen Dingen noch künstlich anzuregen. Durch seine körperliche Entwicklung wird es sich seiner Sexualität von allein bewußt. Außerdem wecken das Fernsehen, Zeitschriften und andere Einflüsse unserer Gesellschaft sein sexuelles Interesse. Deshalb braucht ein Heranwachsender wirklich nicht noch zusätzlich Unterricht in Sexualkunde in gemischten Gruppen.

Dr. James Parsons, ein christlicher Psychologe aus Florida und eine Autorität auf dem Gebiet der Sexualkunde, ist zu folgendem Schluß gekommen: „Der moderne Sexualkundeunterricht schafft eine solch zwanghafte Beschäftigung mit der Geschlechtlichkeit, daß dem Schüler nur noch wenig Zeit und Interesse bleibt, um sich mit geistlichen oder wissenschaftlichen Themen zu beschäftigen." Wer weiß, ob das nicht sogar die Absicht mancher ungläubiger und humanistisch gesinnter Sexualerzieher ist? Jugendliche sollten sich eigentlich nur mit einem immer wieder beschäftigen: sie sollten versuchen, soviel wie möglich über Gott zu erfahren und alle Fähigkeiten zu erwerben, um ihre von Gott gegebenen Möglichkeiten einmal verwirklichen zu können.

6. Der Sexualkundeunterricht sollte verbunden sein mit Hinweisen zur Selbstbeherrschung und Eigenverantwortung

Gott hat uns die Sexualität geschenkt, und zwar sowohl zum Zweck der Fortpflanzung als auch zur gegenseitigen Freude. Es ist daher geistlich nicht zu rechtfertigen, wenn man unverheirateten Jugendlichen die sexuelle Praxis nahebringt, aus welchem Grund auch immer. Doch die Schulen bestehen auf ihrem Recht, den Kindern „alles beizubringen" (meistens viel zu früh), ohne dabei die Aspekte der Eigenverantwortung und der Selbstbeherrschung mit einzubeziehen.

Ein fünfzehnjähriger Junge mag vielleicht körperlich reif genug sein, ein Kind zu zeugen, aber er ist wohl kaum alt genug, um auch für ein Kind sorgen zu können. Man kann den Schulen leider ganz und gar nicht nachsagen, daß sie einem solchen Jugendlichen auch beibrächten, daß die Folgen der Sexualität zu seinem Verantwortungsbereich gehören. Man geht die Sache anscheinend vielmehr so an, daß Sexualität ohne Verantwortung propagiert wird oder aber auf Empfängnisverhütung, Abtreibung oder staatliche Sozialhilfe verwiesen wird. Unterricht über Selbstbeherrschung und Verantwortung hätte eine sehr abkühlende Wirkung auf jugendliche Leidenschaften. Ich habe noch nie davon gehört, daß jemand in psychischer, körperlicher oder sozialer Hinsicht Schaden erlitten hätte, wenn er sich sexuellen Versuchungen gegenüber Selbstbeherrschung auferlegt hat. Aber das würde natürlich bedeuten, daß von vornherein moralische Wertvorstellungen vermittelt werden.

Anscheinend haben die Schulen besondere Probleme mit der Moral. Vermutlich setzt man Moralvorstellungen mit Religion gleich und verbannt sie deshalb aus dem Bereich der Schule. Daher können Lehrer eben von „Situationsethik" reden oder im Namen der Freiheit ihre eigenen Wertvorstellungen verbreiten. Die Ansichten der Eltern werden dabei wenig oder überhaupt nicht berücksichtigt, vor allem der Grundsatz nicht, daß ihre Kinder vor der Ehe keine sexuellen Erfahrungen machen sollten. Das von Gott gegebene Recht, seinen eigenen Kindern moralische Werte einzuprägen, ist ein Grund mehr dafür, daß die sexuelle Erziehung Aufgabe der Eltern sein muß. Vielleicht schicken deshalb immer mehr Christen ihre Kinder auf christliche Schulen oder sorgen dafür, daß sie zu Hause aufgeklärt werden.

7. *Das Ergebnis der letzten 20 Jahre Sexualkundeunterricht ist eine moralische Talfahrt*

Schon vor 20 Jahren habe ich die örtliche Schulbehörde vor der Einführung neuen sexualkundlichen Unterrichtsmaterials gewarnt, weil ich befürchtete, daß es eine ganze Welle von sexueller Freizügigkeit, Schwangerschaften bei jungen Mädchen und Geschlechtskrankheiten hervorrufen würde. Damals machte man sich lustig über mich. Heute stellen ebendiese Dinge ernste Probleme bei den Schülern höherer Klassen dar. Herpes, eine Geschlechtskrankheit, von der schon mehr als 21 Millionen Menschen betroffen sind, hat plötzlich ein neues Interesse an der Moral bewirkt. Nachdem mehr als 60% der älteren Schüler und der Studenten zwei Jahrzehnte lang sexuell sehr freizügig gelebt haben, ist jetzt bei Jugendlichen Keuschheit auf einmal wieder gefragt. Man kann nur hoffen, daß diese Entwicklung den künstlich anregenden Sexualkundeunterricht wieder zurückgehen läßt, der so viele Schulen überschwemmt hat.

Der Sexualkundeunterricht in den Schulen wurde den Eltern als ein Mittel angepriesen, mit dem man soziale Probleme lösen könne. Die übermäßige Beschäftigung mit sexuellen Dingen jedoch, die dieser Unterricht hervorgerufen hat, hat die Probleme, die angeblich beseitigt werden sollten, jedoch nur noch verstärkt.

Kinder haben von Geburt an zwei Eltern, die dafür verantwortlich sind, sie über Sexualität aufzuklären. Die Eltern sollten diese Verantwortung niemals an einen Fremden abgeben, besonders nicht an jemanden, der Religion und moralischen Werten gegenüber feindselig eingestellt ist.

Wenige Dinge im Leben eines Menschen haben so großen Einfluß auf sein zukünftiges Glück wie seine Sexualität. Wenn er damit nicht richtig umgeht und sehr freizügig lebt, werden viel göttliche Vergebung und viel Zeit nötig sein, um die Folgen zu beseitigen. In manchen Fällen sind die Auswirkungen sogar unauslöschlich.

Eltern müssen unbedingt die sexuelle Entwicklung ihrer Kinder und allen Unterricht zu diesem Thema genau verfolgen. Niemand spielt für das zukünftige Glück, den Erfolg und die Entwicklung eines Kindes eine so große Rolle wie seine Eltern. Darum sollten Eltern die Aufklärung ihrer eigenen Kinder selbst übernehmen.

Leider wissen die meisten Eltern nicht genau, wie sie ihren Kindern etwas über geschlechtliche Dinge erzählen sollen, und das ist der eigentliche Grund für dieses Buch. Es ist ein nach Altersstufen geordnetes Nachschlagewerk, in dem Sie alles finden, was sie zur Unterweisung Ihres Kindes brauchen. Sexuelle Erziehung gehört wirklich in die Familie. Das vorliegende Buch wird Ihnen alle notwendigen Informationen an die Hand geben, die Ihr Kind seiner Entwicklungsstufe entsprechend braucht und die aus der Perspektive eines Christen erforderlich sind.

KAPITEL 2

Säuglinge sind noch unschuldig, aber neugierig

Die sexuelle Erziehung fängt schon vor der Geburt an! Die Wissenschaftler entdecken jetzt allmählich, daß ungeborene Kinder schon ihre Umgebung wahrnehmen und auf Stimmen und andere Geräusche von außen reagieren können. Dr. Lewis Lipsitt, Direktor des Child Study Center an der Brown-Universität, sagt dazu: „Wir stehen erst an der Schwelle der Forschung auf diesem Gebiet, aber die Daten sind eindeutig und zeigen, daß ein Fötus hören und tasten kann und auch schon einen Geschmackssinn hat.“[1]

Andere Forscher haben nachgewiesen, daß ein Kind im Mutterleib schon auf Berührungen, Licht und Geräusche reagiert. Dr. Michele Clements aus London hat entdeckt, daß 16 Wochen alte Ungeborene deutlich ruhiger wurden, wenn man ihnen Musik von Mozart vorspielte, aber heftig anfingen zu strampeln, wenn sie Rockmusik hörten.

Dr. Jacob Steiner vom Child Study Center machte Experimente mit den bevorzugten Geschmacksrichtungen von ungeborenen Kindern. Er stellte fest: „Babys zeigen, auch wenn sie überhaupt noch nie etwas gegessen haben, eine Vorliebe für Süßes. Und wenn sie dieses Verhalten schon fünf Minuten nach der Geburt an den Tag legen, ist es unmöglich anzunehmen, daß es nicht auch schon vorher so war.“[2]

Steiner untersuchte auch den Geruchssinn bei Säuglingen und verwendete dazu Fisch, verdorbene Eier, Vanille, Bananen und Erdbeeren. Die Säuglinge bevorzugten eindeutig die angenehmen Gerüche. Forscher weisen außerdem darauf hin, daß ein Baby den Geruch seiner Mutter wiedererkennt.

1980 führten Forscher an der Universität von Nord-Carolina Versuche zur Hör- und Lernfähigkeit von Kindern im Mutterleib durch, um herauszubekommen, ob ein Baby schon vor der Geburt die Stimme seiner Mutter erkennt. Die Ergebnisse bestätigen ihre Vermutungen. Flo McDaniel, Leiter des American College of Nurse Midwives in Washington stellt fest: „All das bedeutet, daß man schon eine Beziehung zu einem Kind herstellen kann, bevor es geboren wird, weil das Baby entsprechend reagiert. Und jede Mutter, die weiß, daß ihr Kind von allem mit betroffen wird, sollte mit allem, was sie zu sich nimmt, vorsichtig sein. Wenn sie sich betrinkt, wird das Baby das auch zu spüren bekommen."[3]

Ein Kind kann schon seelischen Schaden von seinen Eltern zugefügt bekommen, bevor es überhaupt geboren wird. Mir ist ein Fall bekannt, wo ein Säugling schon einige Minuten nach der Geburt anfing zu schreien, sobald er die Stimme seines Vaters hörte. Als man die Eltern befragte, gaben sie zu, daß sie während der Schwangerschaft einige heftige Auseinandersetzungen gehabt hatten. Dieses unglückliche kleine Mädchen kam schon mit der Angst vor dem eigenen Vater auf die Welt; es hatte gelernt, sich vor dessen Stimme zu fürchten, als es noch im Mutterleib war.

Es gibt reichlich Beweismaterial dafür, daß eine Frau die Gesundheit ihres Kindes beeinträchtigen kann, wenn sie sich selbst nicht gut ernährt oder sich schädlichen Einflüssen aussetzt, wie Zigaretten, Alkohol oder Drogen. Eine heroinabhängige Frau bekam ihren ersten Sohn, als sie im Gefängnis war. Es überraschte niemanden, daß dieses Kind als Drogenabhängiger zur Welt kam und deutliche Entzugserscheinungen zeigte. Zum Glück geht es ihm heute wieder gut.

So ist klar erwiesen, daß Mütter und Väter ihre Kinder schon im Mutterleib erziehen und formen. Eltern, die ein Kind erwarten, tun gut daran, eine liebevolle Beziehung zueinander zu pflegen und ihre gemeinsame Zeit zur Vertiefung ihrer Liebe zu nutzen. Das hilft nicht nur der Mutter, sich auf die Geburt vorzubereiten, sondern auch dem ungeborenen Kind, die unbewußte Identifizierung mit Männern bzw. Frauen zu erleichtern. Da Säuglinge schon im Mutterleib hohe und tiefe Töne unterscheiden können, können sie zweifellos auch die Stimmen von Mutter und Vater unterscheiden. Ein ungeborenes Kind, das nur liebevolle Töne und Gespräche zwischen seinen Eltern hört, wird schon in der Weise vorprogrammiert, daß es eine positive Einstellung zu Männern und Frauen bekommt.

Wenn ein Kind schon vor der Geburt Angst vor Vater oder Mutter bekommt, weil es heftige Streitereien oder noch Schlimmeres miterlebt, werden dann nicht alle vorgeburtlichen Eindrücke auch Einfluß auf sein Selbstwertgefühl, die sexuelle Richtung, die es später einschlägt, und das Anerkennen seiner eigenen Geschlechtlichkeit haben? Die Fachleute sind sich darüber einig, daß Säuglinge in einer liebevollen Umgebung gut gedeihen. Ich glaube, daß ihnen solch eine Umwelt sogar schon vor der Geburt wohltut.

Lernen – ein Wunder

Gott hat kleine Kinder mit großen Fähigkeiten ausgestattet, so daß sie schon im Mutterleib etwas über ihre Umwelt lernen können. Die Forschung hat gezeigt, daß ein Fötus anfängt zu lernen, sobald sein Gehirn und sein Nervensystem entwickelt sind.

Die Experten auf dem Gebiet der Kindesentwicklung sagen, daß die wichtigste Entwicklungsphase die Kleinkindzeit bis zum vierten Lebensjahr ist. Wissenschaftler schätzen, daß mindestens die Hälfte der geistigen Fähigkeiten im Alter von fünf Jahren ausgebildet ist und 80% bis zum achten Lebensjahr. Das bezieht sich allerdings auf das Intelligenzniveau, nicht auf die Menge von Wissen, die das Gehirn eines Kindes bis dahin aufgenommen hat.

In den ersten drei Lebensmonaten hat ein Baby sieben Grundbedürfnisse, die liebevolle Eltern großzügig und reichlich stillen müssen. Es muß regelmäßig gefüttert und warm gehalten werden, es braucht viel Schlaf, es möchte zärtlich im Arm gehalten und gestreichelt werden, es muß die Möglichkeiten haben, sich tüchtig zu bewegen, soll regelmäßig gewickelt werden und braucht Anregungen für seine Sinne.

In dem Moment, in dem wir ein neugeborenes, noch ganz runzeliges Kindchen zum ersten Mal auf den Arm nehmen, beginnen wir mit der sexuellen Erziehung. Wir bringen dem Säugling bei, wie es ist, wenn man geliebt wird, wenn man es warm hat und sich wohl fühlt – drei ganz wesentliche Dinge für die Entwicklung von engen Beziehungen zu anderen Menschen.

Anders als bei den Tieren, die schon bald nach der Geburt für viele ihrer Grundbedürfnisse selbst sorgen können, wird ein menschliches Wesen völlig hilflos in diese Welt hineingeboren. Gott hat es in allem, was es körperlich und seelisch benötigt, ganz und gar abhängig von anderen gemacht.

Dr. George E. Gardner, ein Kinderpsychologe aus Boston, hat beobachtet, daß der Aufbau von Beziehungen zu anderen Menschen der wichtigste Aspekt in der Entwicklung eines Kindes in den ersten Lebensjahren ist. Er schreibt: „Von den ersten Erfahrungen auf diesem Gebiet hängt es ab, ob man den anderen gegenüber positive Gefühle wie Liebe, Zuneigung und Vertrauen entwickelt ... Die vielen erfreulichen Erfahrungen, die ein Kleinkind sehr früh im Leben mit der eigenen Mutter oder dem Menschen macht, der sich verantwortlich um es kümmert, lassen das Gefühl von Vertrauen und Sicherheit entstehen ... Von seiner Mutter lernt ein Kind, anderen zu vertrauen.“[4]

Von der Geburt bis zum Ende des dritten Lebensjahres ist ein Kind hauptsächlich von seiner Mutter abhängig; das betrifft Loben und Trösten, Füttern und Windelwechseln usw. In dieser Zeit entwickelt das Kind Angst vor Fremden und klammert sich leidenschaftlich an seine Mutter. Gott hat die weibliche Brust mit Absicht so gestaltet, daß die Mutter ihren Säugling auf den Arm nehmen und streicheln muß, wenn sie ihm zu trinken gibt. Das Gefühl der Sicherheit, das es während des Stillens genießt, ist für das Baby genauso wichtig wie die Ernährung durch die Muttermilch. Auf diese Weise teilt die Mutter ihrem kleinen, hilflosen Kind jedesmal ihre Liebe mit, wenn sie es stillt.

Zum Glück ist in dieser Generation das Stillen der Säuglinge wieder populär geworden. Zu der Zeit, als meine eigenen Kinder geboren wurden, hielt man es für altmodisch, einem Baby die Brust zu geben. Industriell hergestellte Säuglingsnahrung schien ein guter Ersatz für Muttermilch zu sein, daher stillten die Frauen so schnell wie möglich ab und gewöhnten die Kinder an die Flasche. Fläschchen, Sauger und Milchpulver waren vielleicht gut für den wirtschaftlichen Aufschwung, aber sie nutzten dem Gefühlsleben eines Säuglings überhaupt nichts. Vor einigen Jahren habe ich ein Buch mit dem Titel „Ausweg aus Depressionen“ geschrieben (Verlag Schulte + Gerth, Asslar, 5. Auflage 1986). Darin habe ich vorausgesagt, daß die Methode der Flaschenfütterung, die zwei Jahrzehnte üblich war, schon bald eine Gesellschaft mit der höchsten Depressionsrate in der Menschheitsgeschichte hervorbringen würde. Und heute haben wir bis hinunter in die höheren Klassen der Schulen eine Selbstmordziffer, die überall Bestürzung auslöst.

Kinder, die sich nicht geliebt und angenommen fühlen, weisen eine höhere Neigung zu Depressionen und Selbstmordversuchen auf als andere, die in ihrer Kleinkindzeit das Gefühl der Sicherheit genießen konnten, wenn sie beim Trinken ganz nah am Körper ihrer Mutter geborgen waren. Im Zuge der allgemeinen Bewegung zurück zur Natur ist es wieder populär geworden, Kinder zu stillen. Heute stillen mehr Mütter ihre Babys als je zuvor. Davon profitieren nicht nur die Säuglinge; auch die Mütter bezeugen, daß sie das Gefühl genießen, so für ein winziges, abhängiges Wesen sorgen zu können.

Die Mutter ist der wichtigste Sexualerzieher in den ersten drei Lebensjahren. Aber die moderne Forschung weist auch darauf hin, daß der Vater in sexuellen Dingen einen viel größeren Einfluß auf sein Kind ausübt, als früher angenommen wurde. Oft liegt es am ihm, welche sexuelle Richtung ein Kind später einschlägt.

Welches Verhalten ist normal?

Die Presse, „freiheitliche“ Erzieher und Soziologen haben es so weit gebracht, daß man fast nicht mehr wagt, noch offen und ehrlich von „normalem“ und „abnormem“ sexuellem Verhalten zu sprechen. Die Bibel macht aber sehr klare Aussagen zu diesem Thema. Manches bezeichnet sie als natürlich, anderes dagegen als „Greuel“ oder Perversion.

Damit ein Kind sich sexuell normal entwickelt, muß es richtig „programmiert“ werden. Die Schwierigkeit liegt nun darin, daß das Gehirn das wichtigste Organ für die Sexualität ist, und zwar bei jedem Menschen. Ähnlich wie ein Computer wird das Gehirn durch die Daten beeinflußt, die man ihm eingibt. Deshalb ist es wichtig, daß beide – Vater und Mutter – für die Erziehung im Säuglings- und Kleinkindalter sorgen. Wir haben schon gesehen, daß die Mutter die wichtigste Bezugsperson für ein kleines Kind ist, aber auch die liebevolle Gegenwart eines Vaters ist von großer Bedeutung für ein Baby, damit es die richtigen Vorstellungen von Geschlechtlichkeit entwickelt und sexuell den richtigen Weg einschlägt.

Wenn ein Vater sein Kind annimmt, wie es ist, und es liebhat, auch in seiner Eigenheit als Junge oder Mädchen, dann ist es viel leichter für das Kind, später in der Pubertät seine natürliche sexuelle Entwicklung auch selbst anzunehmen.

Die meisten Homosexuellen behaupten, daß sie „schon so geboren“ worden seien. Man muß ihnen zugestehen, daß sie das wahrscheinlich selbst glauben, weil sie sich nicht mehr daran erinnern können, jemals sexuelle Empfindungen dem anderen Geschlecht gegenüber gehabt zu haben. Soweit sie sich zurückerinnern können, waren ihre Gefühle homosexuell; daraus schließen sie, daß sie schon mit dieser Neigung geboren worden sind. In Wahrheit aber sind sie unabsichtlich von Vater oder Mutter oder von beiden Eltern beeinflußt und in diese Richtung gedrängt worden.

Dr. George A. Rekers, Leiter der Abteilung für „Family and Child Development“ an der Universität von Kansas, nimmt an, daß Kinder, die ohne einen Vater aufwachsen, eher weibliche

Charaktereigenschaften aufweisen und auch in größerer Gefahr stehen, homosexuell zu werden, als solche, die zu Hause einen liebevollen Vater erlebt haben.

Eine Studie zeigte, daß kleine Jungen, deren Väter von zu Hause fort waren, mit größerer Wahrscheinlichkeit eine weibliche Art des Denkens, nur wenig Männlichkeit und größere Abhängigkeit zeigten. Im Vergleich zu Jungen desselben Alters, deren Väter zu Hause waren, war ihr Verhalten entweder weniger aggressiv oder aber übertrieben männlich. Andere Untersuchungen haben auch von negativen Auswirkungen auf die sexuelle Rollenentwicklung berichtet, die mit der Abwesenheit des Vaters zusammenhängen. Jungen, die im Vorschulalter keinen Kontakt zu ihrem Vater hatten, wurden öfter als „schwul" bezeichnet als solche, die in dieser Zeit nicht von ihrem Vater getrennt waren.

Weiterhin wurde eine Gruppe von 41 männlichen Waisenkindern untersucht, die im Alter von sechs Monaten bis zu fünf Jahren ausschließlich von Frauen erzogen worden waren. Eine ganze Reihe von psychologischen Tests ergab, daß diese Kinder viel mehr in eine weibliche Richtung tendierten als eine Kontrollgruppe von Jungen, die in Familien mit Vätern gelebt hatten. Als die Waisen fünf Jahre alt waren, zog die Hälfte von ihnen in kleine Häuser um, wo sich ein Ehepaar um sie kümmerte. Die Jungen, die von da an mit einer Vaterfigur zusammenlebten, zeigten später in einem neuen Test ein ausgeprägteres männliches Verhalten als die anderen Kinder, die weiterhin in der vollständig weiblich geprägten Umgebung geblieben waren. Es stellte sich jedoch heraus, daß beide Gruppen immer noch relativ wenige typisch männliche Verhaltensweisen aufwiesen, wenn man sie mit einer Kontrollgruppe von Jungen verglich, die von ihrer frühesten Kindheit an ihre Väter zu Hause erlebt hatten.

Andere Studien ergaben, daß das Verhalten von vaterlosen Jungen eher als „verweichlicht" empfunden wird als das Verhalten von Jungen, die mit einem Vater aufgewachsen sind. Werden vaterlose Jungen erwachsen, können sie sich nicht so leicht auf das andere Geschlecht einstellen wie junge Männer, die in ihrer Familie einen Vater erlebt haben. Alle diese Studien weisen also darauf hin, daß die Abwesenheit des Vaters bei Jungen schädliche Auswirkungen auf die normale Entwicklung ihres geschlechtlichen Rollenverhaltens haben kann.[5]

Das bedeutet nicht, daß alle Jungen, die ohne Vater aufwachsen, später homosexuell werden. Das will ich ganz und gar nicht unterstellen. Mein eigener Vater starb, als ich neun Jahre war, und mein Bruder war damals erst sieben Wochen alt. Er hat also niemals einen Vater kennengelernt, und dennoch ist er nicht homosexuell. Ich betone das auch, um alleinstehenden Müttern Mut zu machen, die sich Mühe geben, ihre Söhne so zu erziehen, daß sie, sexuell gesehen, zu normalen, eigenständigen Menschen werden. Die Aussichten sind gut, daß es auch so kommt.

Selbst wenn Kinder durch die Lebensumstände der Familie überwiegend nur weibliche Personen um sich haben und die Gegenwart einer starken männlichen Figur fehlt, wird nur ein kleiner Prozentsatz der Kinder später tatsächlich Neigungen zur Homosexualität zeigen. Aber Dr. Rekers legt dar, daß der Prozentsatz bei den Jungen eben höher liegt, die in ihrer frühesten Kindheit keine liebevolle Vaterfigur kennengelernt haben. Jedoch kann auch die erweiterte Familie (Brüder, Großväter, Onkel und Freunde aus der Kirchengemeinde) einen gewichtigen Einfluß auf ein heranwachsendes Kind ausüben.

Bisher haben wir vor allem die Vater-*Sohn*-Beziehung betont. Kleine Mädchen brauchen einen liebevollen Vater aber ebenso. Davon wird im nächsten Kapitel noch ausführlich die Rede sein.

Kinder sind egoistisch

Ein Kind wird von Natur aus so geboren, daß es nur auf sich selbst bezogen ist. Es ist sozusagen instinktiv egoistisch. Es sieht sich selbst im Zentrum seiner Umwelt und will, noch bis in die Kleinkindzeit hinein, daß seine Bedürfnisse auf der Stelle befriedigt werden. Es hat noch keinen Begriff von Selbstlosigkeit oder Nächstenliebe. Das sind moralische Werte, die ihm erst im Laufe der nächsten Jahre beigebracht werden.

Dr. Lawrence Kohlberg, Professor an der Harvard-Universität, hat sehr ausführliche Bücher über die verschiedenen Stadien der moralischen Entwicklung geschrieben, die es normalerweise in der Entwicklung des Menschen gibt. Bis zum Alter von ungefähr zehn Jahren, so sagt er, handeln Kinder nach einem Wertsystem, das in seiner Ausrichtung ganz ichbezogen ist. Kohlberg unterscheidet hier zwei Entwicklungsstufen: (1) Das Kind fragt sich, ob es für sein Verhalten bestraft wird; (2) es fragt sich, was dabei herausspringt.

Ganz zu Anfang fragt ein Baby oder Kleinkind hauptsächlich danach, ob es für das, was es tut oder tun will, eine Strafe bekommt. Es weiß noch nicht, was „gut" oder „böse" ist und kann auch noch nicht verstehen, was „teilen" oder „anderen abgeben" bedeutet. Seine Erfahrungswelt beschränkt sich auf die Befriedigung seiner eigenen Bedürfnisse.

Gardner hat schon darauf hingewiesen, daß ein Kind vom zweiten bis zum fünften Lebensjahr langsam ein moralisches Bewußtsein gewinnt, d.h., daß es eine Vorstellung davon bekommt, was gut und was böse ist. „Der Kontrollmechanismus, den wir auch ‚Über-Ich' nennen und der in seiner Wirkung später unbewußt und automatisch ablaufen soll, wird in dieser Zeit aufgebaut."[6]

Das ist nach Gardners Worten das, was wir „Gewissen" nennen, was unser Verhalten unbewußt kontrolliert.

Vergnügen und Schmerz

Schon früh in seinem Leben lernt ein Kind zwei Gefühle kennen: Freude und Schmerz. Demgemäß wird es versuchen, möglichst nur Dinge zu tun, die ihm Freude bereiten. Nachdem es einige Male einen Klaps bekommen hat, sieht es ein, daß manche Aktivitäten mit Schmerzen enden. So lernt es von seinen Eltern den Unterschied zwischen „richtigem" und „falschem" Verhalten. Auf dieser Entwicklungsstufe ist ein Kind noch nicht in der Lage, tiefgehende Überlegungen anzustellen. Es erlernt moralische Verhaltensweisen einfach dadurch, daß es für gutes Verhalten mit Umarmungen, Küssen und liebevoller Zustimmung belohnt und für Ungehorsam mit einem Klaps bestraft wird.

Im Laufe des zweiten und dritten Lebensjahres entwickelt das Kind einen Sinn für seine Individualität und lernt allmählich, daß es nicht der Mittelpunkt der Welt ist, sondern nur ein Teil von ihr. Das bringt ihm natürlich Enttäuschungen ein, denn es erfährt, daß es die Aufmerksamkeit der Eltern mit anderen teilen muß. In diesem Alter gerät es auch in Situationen, in denen es sich mit Gleichaltrigen auseinandersetzen muß. Obwohl es immer noch ichbezogen ist, lernt es doch langsam, auch an andere zu denken und weniger eigene Ansprüche zu stellen.

Die sprachliche Entwicklung ist ein bedeutender Wendepunkt im Verhalten des Kindes. Die Eltern können ihm nun mit einfachen Worten etwas erklären und durch sprachliche Anweisungen und notfalls einen Klaps ihr Wertsystem im Denken des Kleinkindes vertiefen. Durch seine sprachliche Entwicklung erweitert das Kind seine sozialen Verhaltensweisen und lernt, Beziehungen zu anderen Menschen aufzubauen.

Mit zwei oder drei Jahren ist das Kleinkind ein wahres Energiebündel, ständig auf der Suche nach neuen, interessanten Dingen. Es ist dauernd in Bewegung und nimmt alles auf, was es um sich her wahrnimmt.

Bis ein Kind seine sprachlichen Fähigkeiten einigermaßen entwickelt hat, ist es natürlich noch unmöglich, ihm etwas zur Sexualität zu erklären. Aber die Eltern können schon gleich nach der Geburt ihres Kindes anfangen, ihm Gehorsam beizubringen. Das Kind soll zuerst einmal klar zwischen gutem und schlechtem Verhalten unterscheiden können. Durch Verstärkung (Lob, Umarmen usw.) und Bestrafung (z.B. einen Klaps) sollten die Eltern ihrem Kind einfache moralische Werte vermitteln. Auf diese Weise kann es schon früh lernen, daß es keine Möbel umwerfen, nicht beißen, kein Wasser aus der Toilette auf den Fußboden gießen oder den Herd nicht anstellen darf.

Eltern sind dafür verantwortlich, ihr ichbezogenes Kind allmählich dazu anzuhalten, rücksichtsvoll, selbstbeherrscht und gehorsam zu werden. Dieser lebenslange Prozeß kann gar nicht früh genug begonnen werden. Bei einem sehr kleinen Kind, das noch nicht sprechen kann, ist ein gelegentlicher Klaps ein geeignetes Mittel, um ihm seine Grenzen zu zeigen.

Alle Bestrafung durch die Eltern muß aber in Liebe vollzogen werden. Die zwei Kernelemente der Kindererziehung sind Liebe und Disziplin. Ein Kind muß seine Grenzen kennen; es muß verstehen, daß manche Verhaltensweisen akzeptiert werden, aber andere unerwünscht sind. Ebenso muß man ihm zu verstehen geben, daß man es konsequent, liebevoll und streng behandelt, wenn es die Grenzen überschreitet.

Schon lange bevor die Eltern ihm etwas zur Sexualität erklären können, baut das Kind schon ein moralisches Bewußtsein auf. Während es sprechen lernt und auf die Anweisungen der Eltern reagiert, entwickelt sich langsam, aber sicher das, was später einmal sein Gewissen wird.

In diesen ersten Lebensjahren baut das Kind langsam eine „Werthierarchie" auf, wie Gardner es nennt. Das Kind entscheidet, welche Dinge oder Menschen seiner Umwelt ihm am wichtigsten sind. Höchstwahrscheinlich wird ihm die Mutter über alles gehen. An zweiter Stelle steht normalerweise ein Teddybär, eine Schmusedecke oder etwas anderes, was ihm Sicherheit vermittelt.

Sicherheit ist äußerst wichtig für ein Kleinkind. Jede Angst oder Befürchtung kann es tief erschüttern. Es darf sich in diesen Jahren nicht vernachlässigt oder mißhandelt fühlen oder von einer Familie zur anderen abgeschoben werden. Stabilität ist für seine Entwicklung ganz wesentlich, damit es später zu einem Erwachsenen wird, der sich in die Gesellschaft einfügen kann.

Ich halte es für tragisch, daß Kindertagesstätten mittlerweile ein so wichtiger Bestandteil unseres Lebens geworden sind. Die Mütter sind sich nicht darüber im klaren, welchen seelischen Schaden sie ihren Kindern antun, wenn sie sie Tag für Tag irgendwo abgeben, um in ihrer eigenen beruflichen Karriere voranzukommen. Es gibt keinen Menschen in der ganzen Welt, der einem Kind soviel Liebe und Zuneigung entgegenbringen kann wie seine eigene Mutter. Solche Kinder werden um einen wesentlichen Bestandteil in ihrer Entwicklung betrogen; um die Mutterliebe. Kein Babysitter und kein Spezialist für Kinderpsychologie kann diese ganz persönliche, innige Liebe aufbringen, die eine Mutter ihrem Kind schenkt. Dabei sehe ich wohl ein, daß alleinstehende Elternteile nicht anders können als die Dienste der Kindertagesstätten oder Babysitter in Anspruch zu nehmen. Leider ist das eine der traurigen Folgen der zahlreichen zerbrochenen Familien. Kinder, die in einen Kinderhort gehen, sind anfälliger für Krankheiten als diejenigen, die zu Hause bleiben. Außerdem gibt es seit neuem Hinweise darauf, daß in den USA Hersteller pornographischer Literatur sich Zugang zu Kindertagesstätten verschaffen und auch Kindesmißhandlungen in Tagesstätten zunehmen.

Das erste Wissen über sexuelle Vorgänge

Ein zwei- oder dreijähriges Kind fängt irgendwann einmal an, sich zu fragen, wo es eigentlich herkommt. Wenn seine Mutter wieder ein Kind erwartet, wird sein Interesse an dieser Frage besonders geweckt. Man darf nicht vergessen, daß Aufklärung ein Prozeß ist, der sich über eine lange Zeit hinzieht. Ein Kleinkind kann nur kurze Zeit konzentriert zuhören und vergißt vieles schnell wieder. Meistens wird es nur einen Teil von dem aufnehmen, was wir sagen, aber wir können so sein Wissen über sexuelle Zusammenhänge Stück für Stück im Laufe der Jahre erweitern.

In der Kindererziehung ist es notwendig, wichtige Informationen so oft zu wiederhohlen, bis sie sich tief eingeprägt haben. Das ist ein Prozeß, der mit der Geburt beginnt und erst endet, wenn die Kinder von zu Hause fortgehen. Wichtig in diesem Alter ist es, die Fragen zu sexuellen Zusammenhängen so natürlich zu behandeln, wie wir es bei jedem anderen Thema auch tun. Wenn wir an diesem Punkt nicht natürlich bleiben, wird das Kind das registrieren. Wenn wir die Sache aber als ein ganz normales Thema betrachten, wird es das ebenfalls tun.

Kleinkinder nehmen alles wörtlich und stellen sich alles konkret vor. Ihr Verständnis ist noch nicht so weit entwickelt, daß sie Symbole oder abstrakte Begriffe wie „Ehre“ oder „Reinheit“ verstehen könnten. Sie haben jedoch die Fähigkeit, zu vertrauen und zu glauben, was Jesus ja so an ihnen bewundert hat (siehe dazu Matthäus 18,2-4 und 19,14). Sie können noch nicht argumentieren und nehmen alles so auf, wie man es ihnen darstellt. Sie glauben normalerweise alles, was man ihnen erzählt. Deshalb ist es besonders wichtig, genau zu sein, wenn man ihnen etwas zur Sexualität erklärt.

Wenn ein Vater oder eine Mutter zum Beispiel sagt, daß Gott einen Samen in Mamas Bauch gelegt hat, dann wird das Kind das als eine Tatsache hinnehmen. Es wird meinen, daß die Babys im Magen der Mutter wachsen anstatt in der Gebärmutter. Wenn Sie die Eizelle der Mutter mit dem Samenkorn einer Pflanze verglichen haben, wird sich das Kind wahrscheinlich vorstellen, daß in der Mutter eine Art Baum wächst. Und beim Essen kann ihm dann wohl einfallen, daß das Baby „in Mamas Bauch“ jetzt mit Milch, Gemüse und Braten ganz vollgeklekkert wird!

Wenn wir mit unseren Kindern in diesem Alter reden, sollten wir noch keine komplizierten Erklärungen zum Zeugungsprozeß oder zum Geschlechtsverkehr abgeben. Wenn also die Frage heißt: „Wo komme ich eigentlich her?“, müssen wir nicht eine ganze Stunde lang alles darlegen, was wir über die Entwicklung eines Fötus wissen. Wir können vielmehr eine einfache, klare und sachliche Antwort geben.

Wir können auch selbst eine Unterhaltung anfangen, wenn wir spüren, daß das Kind Fragen zu seinem Ursprung hat. Um den sexuellen Fortpflanzungsprozeß einsichtig zu machen, können wir den Kindern zunächst etwas von Pflanzen, Tieren und Insekten erzählen. Wenn wir zum Beispiel zusehen, wie kleine Küken ausgebrütet werden, ist das eine gute Möglichkeit, unseren Kindern nebenbei etwas über Sexualität zu vermitteln. Wenn ein Hund oder eine Katze Junge bekommt, haben wir eine ausgezeichnete Gelegenheit zu erklären, wie Gott das Leben geschaffen hat. Ich kenne sogar Eltern, die extra eine Hündin angeschafft und dafür gesorgt haben, daß sie trächtig wurde, nur damit sie ihren Kindern etwas über sexuelle Vorgänge erzählen konnten.

Ich werde nie vergessen, wie mein dreijähriger Enkel mich mit hinauszog zum Kaninchenstall, weil er mir unbedingt erklären wollte, „warum Putzi so dick ist". Er wußte über alles Bescheid. Er erzählte mir, wie sie alle zusammen „Putzi" zu „Hoppel" gebracht hatten. „Das ist der Kaninchenpapa. Er hat Putzi trächtig gemacht, und jetzt kriegt sie bald ein paar Junge." Und als ich fragte, wann die denn geboren würden, antwortete er: „Och, wenn sie dick genug geworden ist."

Ich war verblüfft, wie natürlich mein Enkel mir alles erklärte, aber auch, wie interessiert er am Geheimnis des Lebens war. Deshalb ist es wichtig, daß wir unseren Kindern die Geschichte der Schöpfung erzählen, wie Gott Mann und Frau geschaffen hat, Pflanzen und Tiere und Insekten, und daß alles, was er geschaffen hat, „sehr gut" war. Gott hat es so eingerichtet, daß Pflanzen, Tiere und Menschen in ihrem Inneren Samen tragen, um sich fortzupflanzen. Äpfel wachsen aus Apfelkernen, Küken schlüpfen aus Eiern, Schmetterlinge aus Eiern, die sich zunächst zu Raupen entwickeln, und kleine Kätzchen wachsen im Bauch der Katze.

Es hilft vielleicht weiter, wenn wir unseren Kindern anhand von Zeichnungen konkrete Informationen geben, um ihnen klarzumachen, daß Gott den Lebewesen verschiedene Möglichkeiten gegeben hat, neues Leben hervorzubringen.

Die geschlechtliche Fortpflanzung

Wenn Sie manches vergessen haben von dem, was Sie früher einmal im Biologieunterricht gelernt haben, dann finden Sie hier das grundlegende Wissen zum Thema Fortpflanzung. Aus diesen Informationen können Sie selbst heraussuchen, was

Ihnen im Gespräch mit Ihren Kindern zur Erklärung der Sexualität geeignet erscheint.

Gott hat in unserer Welt sowohl die ungeschlechtliche als auch die geschlechtliche Fortpflanzung geschaffen. Bei der ungeschlechtlichen Vermehrung teilt sich ein Organismus in zwei identische Hälften. Mikroskopisch kleine, einzellige Lebewesen pflanzen sich auf diese Weise fort. Auch bestimmte Pflanzen vermehren sich so durch Ableger; ein kleiner Teil der Pflanze fällt einfach ab und beginnt selbst weiterzuwachsen.

Die Menschen aber können sich nur durch die geschlechtliche Fortpflanzung vermehren. Dafür müssen die Eizelle der Mutter und die Samenzelle des Vaters zusammenkommen. Wenn diese zwei Zellen verschmelzen, ist das Ei befruchtet, und ein Baby fängt an, sich zu entwickeln. Bei der geschlechtlichen Fortpflanzung hat Gott drei verschiedene Arten geschaffen:

1. Die Befruchtung findet außerhalb des mütterlichen Körpers statt. Bei den Fischen zum Beispiel legt das Weibchen Eier auf den Grund des Flusses; dann kommt das Männchen herbei, läßt seinen Samen über den Eiern frei und schwimmt fort.
2. Ein Ei kann auch innerhalb des weiblichen Tieres befruchtet werden, sich aber dann außerhalb entwickeln. So ist das bei den kleinen Küken. Der Hahn bringt seinen Samen in die Henne, um dort das Ei zu befruchten; dann entwickelt sich eine Schale rund um das Ei, und die Henne legt es. Sie hält die Eier warm, und wenn die Keimlinge sich zu kleinen Küken entwickelt haben, schlüpfen sie aus.
3. Die dritte Möglichkeit ist, daß der Vater die Eizelle im Körper der Mutter befruchtet und die Zelle sich dort weiterentwickelt bis zum Zeitpunkt der Geburt. Hunde, Katzen, Elefanten, Pferde und auch die Menschen bekommen ihre Nachkommen auf diese Weise.

Solche Unterweisung dauert vielleicht nicht länger als fünf Minuten, aber wir bauen so allmählich ein Verständnis für sexuelle Zusammenhänge auf. Monat für Monat können wir weitere Hinweise hinzufügen, wenn die Kinder älter und verständiger werden.

Wenn wir uns entschlossen haben, unseren Kleinen eine Grundlage an sexuellen Informationen zu geben, dann sollten wir sie auch mit Worten vertraut machen wie Penis, Scheide, Schamlippen, Ei- und Samenzelle. Wenn wir über geschlechtliche Dinge mit den Kinderen reden, sollten wir auch die korrekten Ausdrücke dafür gebrauchen, welbst wenn wir uns zuerst dabei ein bißchen unwohl fühlen. Aber wenn wir uns selbst daran gewöhnen, von den Geschlechtsorganen genauso sachlich zu reden wie von allen anderen Körperteilen, werden wir uns bald schon freier vorkommen, wenn wir dieses Thema behandeln. Wir gebrauchen ja auch die richtigen Ausdrücke für alle anderen Körperteile, warum sollten wir dann nicht genauso verfahren, wenn wir die Geschlechtsteile nennen? Wichtig für unsere Kinder ist, daß wir in diesem Punkt genau sind und natürlich bleiben.

Kleine Kinder werden irgendwann einmal die Bezeichnungen für ihre Geschlechtsorgane wissen wollen. Wenn ein Junge nach seinen Genitalien fragt, dann geben Sie ihm eine sachgemäße Antwort: „Das ist dein Penis. Gott hat allen Jungen einen Penis gegeben, und wenn sie größer und zu Männern werden, wächst auch der Penis mit." Und bei einem Mädchen werden Sie sagen: „Das ist ein Körperteil von dir, der heißt Schamlippen. Das sind zwei Hautfalten, die verhindern, daß Krankheitskeime ins Innere eindringen, dorthin, wo dein Urin herkommt."

Im Alter von zwei oder drei Jahren erwartet ein Kleinkind einfache Antworten auf seine Fragen. Wenn es zum Beispiel fragt: „Wo komme ich eigentlich her?", würde ich die folgende Antwort vorschlagen: „Du bist in der Mama wie in einer kleinen Tasche gewachsen, gerade unter ihrem Magen. Und als du groß genug warst, um geboren zu werden, bist du durch ein Öffnung zwischen Mamas Beinen herausgekommen: die nennt man Scheide."

Wenn es fragt: „Wie bin ich denn da hineingekommen?", können Sie folgendes antworten: „Als Gott Mamas und Papas geschaffen hat, da hat er so etwas wie winzig kleine Eier in sie hineingelegt. Beim Papa nennt man das Samenzellen, die er in seinem Körper hat, und die Mama hat ganz kleine Eizellen. Wenn die Samenzellen vom Papa in der Mama mit einer Eizelle zusammenkommen, fängt ein kleines Baby in einer Tasche an zu wachsen. Diese Tasche heißt Gebärmutter und ist in Mamas Bauch."

Und was ist, wenn ein so kleines Kind weiterfragt, wie die Samenzellen in die Mama hineinkommen? Ich glaube nicht, daß es nötig ist, schon Zwei- oder Dreijährigen den Geschlechtsverkehr genau zu erklären. Sie werden nicht unbedingt seelischen Schaden dadurch erleiden, aber es könnte sie verwirren und dazu führen, daß sie an einer Sache, die erst für Ältere bestimmt ist, ein ungesundes Interesse entwickeln. Wir können dann einfach versprechen, daß wir dem Kind mehr davon erzählen werden, wenn es ein bißchen größer ist. Das wird seine Neugier normalerweise befriedigen.

Wenn ein Kind fragt: „Warum muß Mama denn ins Krankenhaus, wenn sie ein Baby bekommt?", dann ist eine angemessene Antwort darauf: „Sie muß ins Krankenhaus, damit die Ärzte ihr helfen können, wenn das Baby auf die Welt kommt. Sie sorgen dafür, daß es der Mama gutgeht und daß das Baby gesund geboren werden kann."

„Warum hat die Mana so eine dicke Brust?" Antwort: „Alle erwachsenen Frauen haben eine große Brust. Gott hat sie so gemacht. Die Brust füllt sich mit Milch, wenn die Frau ein Baby bekommt. Diese Milch ist die Nahrung für das kleine Kind, bis es groß genug ist, Milch aus einer Flasche zu trinken oder schon richtig zu essen."

„Können denn jeder Mann und jede Frau zusammen ein Kind bekommen?" Antwort: „Ja, sie können das schon, aber Gott will, daß nur Männer und Frauen, die auch verheiratet sind, Kinder bekommen. Er will nämlich, daß jedes kleine Kind ein richtiges Zuhause hat, wo ein Vater und eine Mutter es liebhaben und für es sorgen können."

Im Alter von drei Jahren sollten Kinder schon in vereinfachter Weise wissen, wie Babys geboren werden. Und sie sollten auch eine ungefähre Vorstellung davon haben, wie sie entstehen. Außerdem sollen sie eine positive Einstellung zu ihrem eigenen Geschlecht und eine herzliche, vertrauensvolle Beziehung zu ihrem Vater und zu ihrer Mutter haben. Wenn die Kinder älter werden, werden sie vielleicht mehrmals dieselben Fragen stellen. Von Mal zu Mal können wir ihnen dann immer detailliertere Antworten geben.

Ein christlicher Psychologe hat einmal gesagt: „Eine gute Sexualerziehung fängt mit Ihrer eigenen Einstellung an, hängt von der sachlichen Genauigkeit Ihrer Informationen ab und gelingt nur in einer Atmosphäre der Verantwortlichkeit."[7]

KAPITEL 3

Das Vorschulalter – von vier bis fünf

Im Alter von vier bis fünf Jahren fängt ein Kind an, verstandesmäßig zu handeln. Statt auf seine Umwelt bloß zu reagieren, wie es das als Kleinkind getan hat, fängt es jetzt an, über alles nachzudenken und nach allem möglichen zu fragen. Allmählich erkennt es Zusammenhänge zwischen Ursache und Wirkung.

Seine sprachlichen Möglichkeiten entwickeln sich weiter, und so kann es immer mehr über seine neuentdeckte Welt lernen. Es kann jetzt Gedanken in Worte umsetzen, und damit beginnt ein lebenslanger Prozeß, sich Wissen anzueignen. Ein ganz normales Kind wird in diesem Alter seinen Eltern wahrscheinlich mit seinen unaufhörlichen Fragen auf die Nerven gehen: Warum scheint die Sonne? Warum ist das Gras so grün? Wie können die Vögel fliegen? Und wenn es älter wird, wird es unweigerlich auch einmal fragen, wo die kleinen Kinder herkommen.

In diesen drei Jahren erlernt ein Kind die Sprache und grundlegende Denkprozesse. Es bekommt ein Bewußtsein seiner selbst. Außerdem entwickelt es ein Gewissen, ein moralisches Empfinden für das, was richtig und falsch ist. Frau Dr. Selma Fraiberg hat das in ihrem Buch „Die magischen Jahre“ folgendermaßen beschrieben: „Ein Gewissen macht sich im Kind nicht vor dem fünften oder sechsten Lebensjahr bemerkbar. Und erst im neunten oder zehnten Jahr wird es ein wesentlicher Teil seiner Persönlichkeit. Ein völlig eigenständiges, unabhängiges Lebewesen entwickelt sich erst in der letzten Phase der Jugendjahre, nämlich dann, wenn das Kind sich von seinen Eltern löst."[8]

Es hängt von der Art unserer Erziehung ab, ob und wie Kinder anfangen, einen ausgeprägten Sinn für Moral zu entwickeln. Wenn wir ihnen etwas über sexuelle Zusammenhänge erklären, ist es ganz entscheidend, daß wir dabei auch gesunde biblische Wertvorstellungen mit ins Gespräch bringen. Die reine Erklärung der Fortpflanzung ohne jede moralische Grundlage wird sich als verheerend herausstellen. Mit der Sexualmoral werden wir uns übrigens später noch ausführlicher befassen.

Das Vorschulkind wird allmählich zu einem sozialen Wesen. Es hat Spaß daran, mit anderen Kindern zu spielen und lernt Nehmen und Geben, wenn es mit ihnen auskommen muß. Mit ungefähr fünf Jahren wird es sich seiner eigenen Person und seines Wertes bewußt. Es gewinnt allmählich Selbstachtung und entwickelt ein Gefühl für Selbstgenügsamkeit. Es freut sich über alles, was es schon allein schafft, und ist stolz auf seine Leistungen.

In diesem Entwicklungsstadium ist das Kind eifrig darauf bedacht, alles mögliche über seine Umwelt zu entdecken. Es lernt jedoch normalerweise nicht aus egoistischen Gründen oder weil es sich persönlichen Gewinn erhofft, sondern einfach, weil der Zuwachs an Wissen ihm Freude macht. Ungefähr zur Zeit des Schulanfangs wird es in seinem Lernen durch bestimmte Ziele motiviert, die es vor Augen hat und erreichen möchte.

Das vier- bis sechsjährige Kind sollte einen Sinn für Selbstbeherrschung und Selbstkontrolle bekommen, während sich sein Gewissen ausbildet. Gardner schreibt, daß die Entwicklung dieser positiven Eigenschaften ungefähr dem folgenden Muster entsprechen sollte:

- Das Kind lernt, seine Körperfunktionen zu beherrschen.
- Es wird allmählich fähig, seine Aggressionen anderen gegenüber zu zügeln.
- Es entwickelt ein Bewußtsein für Eigentum und merkt, daß nicht alles ihm gehört.

– Es lernt, Triebe oder Phantasien, die ihm Vergnügen machen, zu beherrschen.
– Es kann kindliche sexuelle Impulse kontrollieren.[9]

Nicht alle Kinder machen die Erfahrung von frühen sexuellen Impulsen, doch die, bei denen es so ist, sind deshalb nicht „pervers“ oder „unnormal“. Als Eltern sollten Sie Ihr Kind beobachten, ohne übertrieben zu reagieren, als ob sexuelle Impulse ein besonderes Problem darstellen würden. Gewöhnlich ist eine zurückhaltende Reaktion am besten, denn das Kind wird schon bald eine Ruhepause in der sexuellen Entwicklung einlegen.

Dr. Raymond Moore rät in seinem Buch „Lieber zu spät als zu früh“: „Das höchste und letzte Verhaltensziel ist Selbstbeherrschung und Selbstdisziplin. Wir bereiten unsere Kinder nicht richtig auf das Leben vor, wenn wir ihnen ständig vorschreiben, was sie zu tun und zu lassen haben. Vielmehr sollten wir ihnen eine immer größere Entscheidungsfreiheit und mehr Eigenverantwortung übertragen, je älter sie werden. Allerdings müssen wir dabei bedenken, daß Entscheidungsfreiheit und Eigenverantwortung noch im Rahmen ihrer Fähigkeiten bleiben.“[10]

Neues Wissen darüber, wo die kleinen Kinder herkommen

In diesen Jahren ist ein Kind vor allem daran interessiert, die Zustimmung seiner Eltern zu gewinnen und zu behalten. Für ein Kind sind die Eltern auf jedem Gebiet die bestimmende Autorität, und es nimmt alles an, was sie sagen. Jetzt ist Gelegenheit, mit der eigentlichen Aufklärung zu beginnen. Sie sollte auf die Interessenlage und den Entwicklungsstand des Kindes ausgerichtet sein. Nicht alle Fünfjährigen können die gleichen Informationen verarbeiten. Es kann auch vorkommen, daß ein jüngeres Kind viel aufnahmebereiter für ein Gespräch über Sexualität ist als seine älteren Geschwister. Außerdem müssen wir bedenken, daß Mädchen normalerweise schneller heranreifen als Jungen. Ein fünfjähriges Mädchen ist einem gleichaltrigen Jungen in bezug auf seine seelische und körperliche Entwicklung um ein Jahr oder mehr voraus. Dieser Unterschied verliert sich erst im Alter von 18 bis 19 Jahren.

Wie können wir überhaupt wissen, ob unsere Kinder über sexuelle Fragen reden wollen? Eine Möglichkeit ist der direkte Vorschlag, sich einmal zusammen hinzusetzen und miteinander zu reden. Dann sollten wir uns aber auch von der Reaktion des Kindes leiten lassen. Wir dürfen nicht riskieren, ihm in diesem Alter unerwünschte Informationen aufzudrängen. Wenn wir in diesem Entwicklungsstadium in unseren Gesprächen über Sexualität behutsam vorgehen, heben wir zumindest ein Tabu auf und machen es den Kindern leichter, zu Beginn der Pubertät schwierigere Fragen zu stellen.

In unserer sexuell übersättigten Gesellschaft ist es einfach unmöglich, Kinder von Bildern, Zeitschriften, Filmen oder Fernsehsender fernzuhalten, die Sexualität sehr freizügig darstellen. In den USA zeigen Kabelfernsehsender oft Filme, in denen Sexualität und Gewalt reichlich vorkommen. Wir können nur schätzen, wieviele Kinder regelmäßig durch das Fernsehen sexuellen Darstellungen ausgesetzt sind, die über den Entwicklungsstand ihres Alters weit hinausgehen und die sie überhaupt noch nicht verstehen oder einschätzen können.

In der Schule kommen unsere Kinder mit anderen zusammen, die aus zweifelhaften Fernsehfilmen unzutreffende sexuelle Kenntnisse erworben haben. Ältere Schüler geben oft mit ihrem Wissen an, indem sie kleineren, weniger informierten Kindern sexuelle Aktivitäten beschreiben.

Es ist nicht zu ändern, daß unsere Kinder von anderen Kindern oder in der Schule etwas über Sexualität erfahren. Aber gerade deshalb ist es so wichtig, daß wir sie aufklären und ihnen dabei unsere Wertvorstellungen nahebringen, und dies bevor sie von ihren Freunden irgendwelche verzerrten Vorstellungen übernehmen. Auf dem Schulhof besteht „Aufklärung" normalerweise aus einer genauen Beschreibung des Geschlechtsverkehrs. Dabei werden die Gefühle und die Verantwortung, die damit zusammenhängen, völlig außer acht gelassen, und die Bedeutung des Geschlechtsverkehrs geht verloren. Unsere Kinder sollten niemals meinen, daß der Vollzug des Geschlechtsaktes nichts weiter als eine biologische Funktion sei; es ist vielmehr Gottes Art, Mann und Frau in einer von ihm geheiligten Einheit zusammenzufügen.

Die wichtigste Grundlage für die Aufklärung unserer Kinder ist unsere eigene gesunde Einstellung zur Sexualität. Unser Verhalten, unsere Stimmlage und unsere Gesten werden den Kindern – ganz abgesehen von unseren Worten – entweder positive oder negative Gefühle übermitteln. Wenn noch aus der eigenen Kindheit irgendwelche Schuldgefühle wegen sexueller Dinge vorhanden sind, dann tun wir gut daran, erst einmal unsere Gefühle und Gedanken in Ordnung zu bringen, bevor wir anfangen, unseren Nachkommen Kenntnisse zum Thema Geschlechtlichkeit weiterzugeben. Wenn Sie zum Beispiel das Buch „Wie schön ist es mit dir" lesen, wird Ihnen das helfen, eine positive Einstellung zu dem ganzen Themenbereich zu finden.

Wenn wir als Eltern eine natürliche, ungezwungene Einstellung zur Aufklärung haben, können die Kinder viele negative Gefühle, die sie möglicherweise durch eine verfrühte Beschäftigung mit sexuellen Themen in der Schule entwickelt haben, wieder ablegen. Wir sollten ihnen von Anfang an klarmachen, daß wir immer bereit sind, über sexuelle Themen zu reden. Allerdings müssen wir nicht sofort alles bis ins Detail erklären, und das können wir ihnen auch sagen.

Im Alter von vier, fünf oder sechs Jahren brauchen die Kinder noch nicht jede Einzelheit des Geschlechtsverkehrs vom Vorspiel bis zum Orgasmus zu kennen. Diese näheren Auskünfte können wir ihnen dann geben, wenn sie sie brauchen. Eine direkte Frage verlangt auch nicht immer eine detaillierte Antwort. Wir sollten auf nähere Fragen möglichst kurz und sachlich antworten, ohne noch viele Einzelheiten hinzuzufügen. Normalerweise wird eine einfache, offene Antwort den Fragenden zufriedenstellen. Und wenn nicht, können wir sagen, daß wir das gerne weiter mit ihm bereden, wenn er ein bißchen größer ist, und daß er uns später ruhig daran erinnern soll.

Erklärungen zur vorgeburtlichen Entwicklung

Womit sollen wir anfangen, wenn wir unseren Vorschulkindern den Vorgang der Fortpflanzung erklären wollen? Wenn ein Kind wissen will, wie sich ein Baby im Mutterleib entwickelt, ist ihm am besten mit einer einfachen Erklärung gedient. Dabei können Sie die graphischen Darstellungen dieses Kapitels verwenden, damit Ihre Kinder sich den Vorgang vorstellen können.

Man könnte mit dem Bericht der Schöpfungsgeschichte im 1. Buch Mose beginnen. Da erzählen wir den Kindern die Geschichte vom Paradies und zeigen ihnen, wie Gott Mann und Frau, Adam und Eva, geschaffen, seine Geschöpfe gesegnet und ihnen aufgetragen hat, sich zu vermehren und sich die Erde untertan zu machen.

Mann und Frau

Gott hat zwei Geschlechter geschaffen, männlich und weiblich. Männer und Frauen sollen sich gegenseitig lieben und unterstützen. Nach Gottes Plan sollen ein Mann und eine Frau heiraten und den Rest ihres Lebens zusammenleben. Gott erwartete von Adam und Eva, daß sie eine Familie gründeten und Kinder bekamen. Er möchte auch heute noch, daß in einer Familie gottesfürchtige Eltern ihre Kinder liebhaben und sie über Gott, über das Leben, über alles, was zwischenmenschliche Beziehungen betrifft, also auch über Sexualität, aufklären.

Als Gott Adam und Eva auftrug, Kinder zu bekommen, wollte er, daß sie sich fortpflanzen, neues Leben erzeugen. Er sagte, daß die Menschen die ganze Erde bevölkern sollten. Aber wie wird neues Leben hervorgebracht? Einem Kind im Vorschulalter können wir den Vorgang der Fortpflanzung folgendermaßen erklären:

Als Gott die Welt geschaffen hat, hat er auch alle Insekten, Pflanzen, Tiere und die Menschen gemacht. Und in alle Lebewesen hat er winzig kleine Samen oder Eier gelegt, damit alles, was lebt, seine Art fortpflanzen kann. Eine Katzenmutter zum Beispiel hat Eier in ihrem Körper, und ein Kater hat winzige Samen. Wenn das Ei von der Mutter und der Samen vom Vater zusammenkommen, wird ein kleines Kätzchen geschaffen und fängt langsam an, im Leib der Mutter zu wachsen. Es entwickelt sich in der Gebärmutter. (Vielleicht haben wir die Möglichkeit, unseren Kindern die Geburt von kleinen Katzen oder anderen Haustieren einmal zu zeigen. Das wäre eine ausgezeichnete Gelegenheit, ihnen diese Vorgänge anschaulich zu machen.)

Die Menschenmütter bekommen ihre Kinder ganz ähnlich wie die Tiere. In jeder Frau sind Tausende von winzigen Eiern, noch kleiner als der Punkt am Ende dieses Satzes. Wenn eine von diesen Eizellen mit einer Samenzelle zusammentrifft, wird ein neues Baby geschaffen.

Unser Körper besteht aus Millionen von einzelnen Zellen, aber wenn ein Kind erschaffen wird, besteht es zuerst nur aus einer einzigen Zelle, so klein, daß wir sie ohne ein Mikroskop gar nicht sehen können. Doch diese Zelle teilt sich in zwei, dann in vier Zellen, und dabei wächst sie ständig. In seinem Anfangsstadium nennt man das Baby, das sich da entwickelt, „Embryo". Später heißt es dann „Fötus"; das Wort bedeutet eigentlich „Junges".

Wenn die Zellen sich jetzt vermehren, findet das Baby einen bequemen Platz in der weichen Oberfläche der Gebärmutter und wächst dort weiter. In der Gebärmutter, die so aussieht wie eine umgekehrte Birne, entwickelt sich das Kind, bis es groß genug ist, um außerhalb des Mutterleibes leben zu können.

Wie bekommt das Baby zu essen? Es wird von seiner Mutter durch die Nabelschnur ernährt. Das eine Ende der Nabelschnur ist an der Wand der Gebärmutter befestigt, das andere Ende am Bauch des Babys. Stell dir einen Astronauten vor, der im Weltraum spazierengeht und durch ein Seil mit seinem Raumschiff verbunden ist. Im Weltraum gibt es ja keine Luft zum Atmen, und so bekommt der Astronaut seine Luft durch den Schlauch, der an seinem Anzug festgemacht ist. So wird auch das Baby durch die Nabelschnur mit Sauerstoff und Essen versorgt.

Nach ungefähr neun Monaten ist das Kind groß genug, um geboren zu werden. Dann fängt die Gebärmutter an, sich zusammenzuziehen. Man spricht dann von „Wehen". Langsam, aber sicher wird das Baby aus der Gebärmutter in die Scheide und dann aus dem Leib der Mutter herausgepreßt.

Ein Arzt und eine Hebamme helfen der Mutter, ihr Kind auf die Welt zu bringen.

Wenn wir diese Tatsachen der Fortpflanzung unseren Kindern erklären, sollten wir immer betonen, daß Gottes Schöpfung ein wirkliches Wunder ist. Für die Kinder ist es wichtig zu wissen, daß Gott sie geschaffen hat und sie sehr liebt. Sie sollten erkennen, daß alles in Gottes Schöpfung gut ist, auch die Geschlechtlichkeit und die Fortpflanzung.

Die richtigen Bezeichnungen für alle Körperteile

Manche Eltern scheuen sich, die Geschlechtsorgane im Gespräch mit ihren Kindern beim richtigen Namen zu nennen. Viele von ihnen haben, als sie selbst Kinder waren, niemals die richtigen Bezeichnungen dafür gehört; sie haben immer irgendwie das Gefühl gehabt, sexuelle Ausdrücke und körperliche Funktionen seien „schmutzig“ oder „schlecht“. Jede Familie hatte ihre eigenen Umschreibungen für Urinieren, Stuhlgang, Penis, Scheide und so weiter. Leider wird es dadurch nur noch schwieriger, eine gesunde Haltung zu diesem Thema zu vermitteln und negative Eindrücke bei den Kindern zu vermeiden.

Die folgenden Ausdrücke werden durch die graphischen Darstellungen in diesem Kapitel veranschaulicht.

Weibliche Organe:

– *Eierstöcke.* Zwei kleine Behälter im Körper der Mutter enthalten Tausende von Eiern. Man nennt sie die Eierstöcke. Wenn ein Ei sich von hier aus löst, bewegt es sich durch eine Röhre auf die Gebärmutter zu, wo es mit einer Samenzelle zusammentreffen kann.
– *Eileiter.* Das ist die Röhre, durch die eine Eizelle sich auf die Gebärmutter zubewegt, während es auf die Befruchtung wartet.

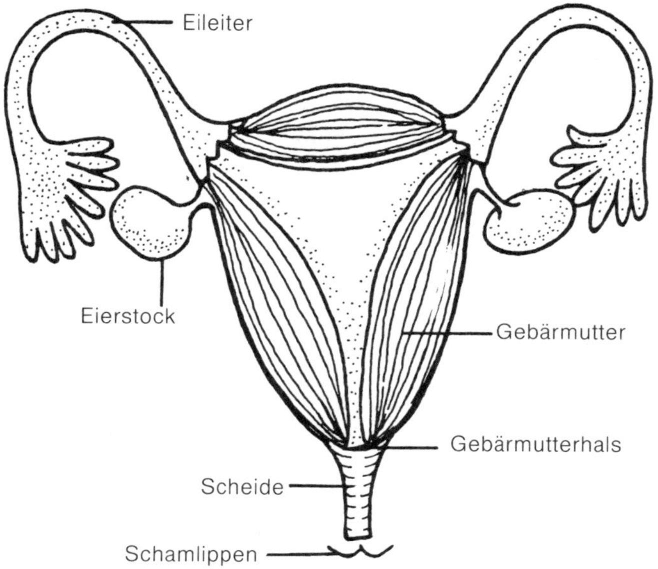

– *Gebärmutter.* Die Gebärmutter ist wie ein kleines Zimmer, in dem sich das Baby in der Mutter entwickeln kann. Dieser Hohlraum, der die Form einer umgekehrten Birne hat, ist elastisch wie ein Luftballon; er wird größer und größer, wenn das Baby wächst.
– *Gebärmutterhals.* Das ist der Durchgang zwischen der Gebärmutter und der Scheide. Normalerweise ist er im Durchmesser nicht größer als eine Bleistiftmiene, aber während der Geburt eines Kindes wird er ganz weit.
– *Scheide.* Wenn das Baby groß genug ist, um auf die Welt zu kommen, verläßt es die Gebärmutter und wird durch den Geburtskanal, die Scheide, nach außen gepreßt. Alle Mädchen haben eine Scheide, eine Gebärmutter und Eizellen. Aber Gott hat sie so geschaffen, daß sie frühestens Kinder bekommen können, wenn sie etwa 12 oder 13 Jahre alt sind.

– *Schamlippen.* Es gibt zwei Hautfalten über dem Scheideneingang, die man Schamlippen nennt. Sie sind dazu da, die Scheide vor Krankheitskeimen zu schützen. In den großen sind noch einmal kleinere Hautfalten und ein Geschlechtsorgan, das Klitoris heißt. Das ganze Gebiet wird manchmal auch die Scham genannt.

Männliche Organe

– *Hoden.* Diese Organe produzieren die Samenzellen, die ein neues Baby bilden, wenn sie mit einer Eizelle der Mutter zusammenkommen.
– *Hodensack.* So heißt die Hauttasche hinter dem Penis. Sie enthält die Hoden, zwei Organe, die ungefähr die Form von Erdnüssen haben.
– *Samenleiter.* Das ist die Hauptleitung, durch die die Samenzellen aus dem Hodensack zum Penis und durch ihn hindurch gehen.

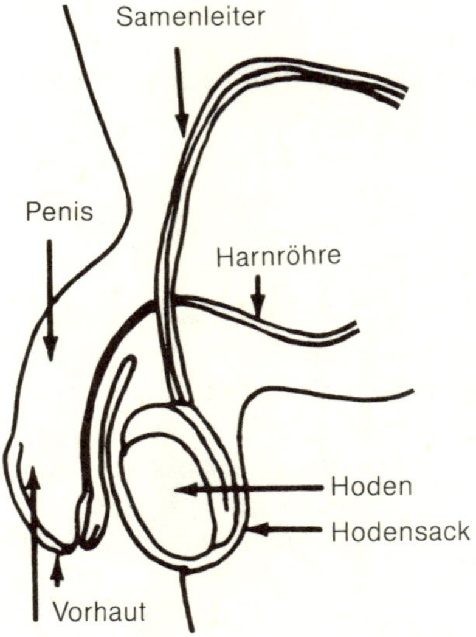

– *Penis*. Er ist das männliche Geschlechtsorgan. Durch den Penis verlassen die Samenzellen den Körper, und außerdem wird durch ihn auch der Urin ausgeschieden.

Wenn die Kinder größer werden, brauchen sie noch mehr und detailliertere Auskünfte über die Fortpflanzung. Das wird später noch in einem anderen Kapitel ausführlich besprochen.

Was Eltern Sorgen macht

Selbstbefriedigung (Masturbation)

Manche Eltern vier- bis sechsjähriger Kinder machen sich große Sorgen, wenn sie feststellen, daß ihre Kinder masturbieren. Nach Aussagen von Dr. Clyde Narramore wird Masturbation von manchen Kindern im Alter von zwei bis sechs Jahren praktiziert und später wieder zwischen 12 und 20 Jahren.

Was sollen Eltern tun, wenn sie feststellen, daß ihre Kinder masturbieren? Dr. Narramore rät: „Wenn das nicht sehr häufig geschieht, sollte man es gar nicht beachten. Das fällt einem nicht leicht, wenn man gelernt hat, daß Masturbation schlimme Folgen haben kann. Aber versuchen Sie möglichst, sich klarzumachen, daß es keinen Grund zur Sorge gibt. Letztlich hängt es von Ihrer Einstellung und Ihrem Verhalten ab, was bei der ganzen Sache herauskommt."[11] Ein Kind, das masturbiert, hat nicht etwa einen schlechten Charakter. Es hat lediglich einen Körperteil entdeckt, der ihm Vergnügen bereitet. Wenn es in aller Öffentlichkeit mit seinen Genitalien spielt, dann sollten Vater oder Mutter in aller Ruhe und unter vier Augen mit ihm darüber sprechen und ihm erklären, daß man das nicht vor allen Leuten tun sollte. Dabei sollten wir allerdings vorsichtig sein. Wir dürfen keine negative Gefühle in bezug auf die Geschlechtsorgane hervorrufen, aber wir wollen auch nicht zulassen, daß sich das Kind zu einem Exhibitionisten entwickelt.

Ist Masturbation für ein Kind zu einer zwanghaften oder

ständigen Gewohnheit geworden, könnte das allerdings ein Anzeichen für irgendeine seelische Störung sein. Reden Sie mit einem Arzt Ihres Vertrauens, wenn Sie meinen, daß Ihr Kind sich zu sehr mit seinen Geschlechtsorganen beschäftigt.

Doktorspiele

Sexuelle Spiele beunruhigen Eltern oft. Wenn sie ihre Kinder dabei überraschen, daß sie in einer Gruppe von Jungen und Mädchen nackt zusammen spielen, reagieren sie normalerweise mit Ärger und Entrüstung. Doch im Alter von vier bis sechs Jahren ist es ganz normal, daß Kinder ihre Neugier so befriedigen. Durch die „Doktorspiele" untersuchen sie den Körperbau des anderen Geschlechts.

Deshalb sind solche Spiele kein Grund, ägerlich zu werden. Dennoch heißen wir sie nicht gut und versuchen, sie zu unterbinden. Indem wir unseren und eventuell anderen beteiligten Kindern einfach sagen, daß wir diese Spiele nicht mögen, können wir sich zufällig ergebende oder heimliche sexuelle Spiele verhindern. Wir sollten dem Kind klarmachen, daß es von uns, den Eltern, etwas über die Unterschiede zwischen Mann und Frau erfahren kann und das nicht durch persönliche Nachforschungen erkunden muß. Wir können ihm einsichtig machen, daß unser Körper unsere Privatsache ist und daß wir ihn deshalb nicht jedem anderen zeigen oder den Intimbereich eines anderen Menschen berühren sollten.

Die spezifischen Rollen der Geschlechter

Die Rollen der Geschlechter machen uns heute größere Sorgen als früher. In unserem Kulturkreis propagieren Feministen, Humanisten und „Sexologen" eine *androgyne* Gesellschaft, in der Männer und Frauen sich angeblich gleich kleiden, gleich denken und ihre sexuelle Lebensart frei wählen können, egal ob heterosexuell, homosexuell oder bisexuell. Unsere Kinder werden mit solchem Gedankengut schon regelrecht bombardiert, zum Beispiel durch Rockstars, die Transvestiten sind. Es ist zu erwarten, daß Transvestismus in dem kommenden Jahren weiter zunimmt, da schon jetzt von verschiedenen Seiten Bestrebungen vorhanden sind, die Rollen der Geschlechter aufzuheben.

Kleine Jungen ziehen sich oft Kleider von ihrer Mutter an, und Mädchen verkleiden sich manchmal mit den Sachen ihres Vaters. Bevor unsere Gesellschaft von der sexuellen Revolution überrollt wurde, hätte man das als ein harmloses Spiel angesehen, weil Kinder sich nun einmal gerne verkleiden. Leider könnte in unserer Zeit dieses harmlose Spiel dazu führen, daß die Rollen der Geschlechter nicht mehr klar getrennt bleiben.

Wenn unsere kleinen Kinder sich verkleiden wollen, dann sollten wir die Töchter dazu anhalten, Frauenkleider anzuziehen, und den Jungen zu Männerkleidern raten. Wir sollten darauf achten, daß eine klare Trennungslinie zwischen Männer- und Frauenbekleidung und dem ganzen persönlichen Erscheinungsbild von Mann und Frau bestehenbleibt.

Mütter und Väter sollten die Identifikation ihrer Kinder mit dem jeweiligen Geschlecht unterstützen. W. Peter Blitchington schreibt in seinem Buch „Die Rolle der Geschlechter und die christliche Familie": „In den ersten fünf oder sechs Lebensjahren wird die sexuelle Identität eines Kindes geformt. Ein Junge braucht Kontakt mit seinem Vater, damit sich sein sexuelles Ich richtig entwickelt. Jungen, deren Väter nicht da sind, die sich passiv oder ablehnend verhalten, haben es oft schwerer, sich mit der männlichen Rolle zu identifizieren. Aber auch eine stark dominierende Mutter kann dazu führen, daß ein kleiner Junge sich zu sehr mit seiner Mutter identifiziert und alles Männliche ablehnt."[12]

KAPITEL 4

Die mittlere Kindheit – sechs bis zehn Jahre

Frances Ilg und Louis B. Ames schreiben in ihrem Buch „Verhalten des Kindes" folgendes: „Aufgrund unserer umfangreichen Beobachtungen von kindlichen Verhaltensweisen meinen wir, daß fast jedes Verhalten von Kindern (ob es nun Essen, Schlafen, Reden, körperliche Bewegung, der Umgang mit anderen Menschen, die Einstellung zur Religion oder das Verständnis von so komplizierten Dingen wie Zeit und Raum betrifft) sich schon lange vorher deutlich abzeichnet."[13]

Die Autoren erklären, daß jedes Kind zahlreiche Stadien der körperlichen und seelischen Entwicklung durchläuft. Sie behaupten zwar nicht, daß sie vorhersagen könnten, wie sich ein bestimmtes Kind entfalten wird. Aber sie sind sicher, daß schon im frühkindlichen Verhalten bestimmte Strukturen zu erkennen sind, Verhaltensmuster, die über die späteren Entwicklungsstufen des Kindes Aufschluß geben.

Diese so früh erkennbaren „Strukturen" scheinen mir zu bestätigen, was die Heilige Schrift über Gottes Ordnung in seiner Schöpfung aussagt. Er hat sich selbst offenbart in den Strukturen dieser Welt, in der präzisen Ordnung des Universums. Gottes Gegenwart und Allmacht sind am Verhalten der Honigbiene erkennbar, denn es läuft nach bestimmten, sich wiederholbaren Mustern ab. Der Wechsel der Jahreszeiten, der Molekülaufbau der Materie und vor allem die Erschaffung des Menschen, der Krönung seiner Schöpfung, weisen deutlich auf die Existenz Gottes hin. Sowohl die Empfängnis als auch die Entwicklung des Embryos und des Fötus bis hin zur Geburt sind ein einzigartiges göttliches Wunder.

Wenn wir mit unseren Kindern über die Fortpflanzung und die sexuelle Liebe reden, sollten wir dies immer mit dem Hinweis auf die Existenz eines allmächtigen, liebenden Gottes verbinden. Die Bibel sagt uns: „Die Himmel erzählen die Ehre Gottes" (Psalm 19,1); und unser Gespräch mit unseren Kindern soll das auch immer von neuem herausstellen. Die Kinder sollen erkennen lernen, daß der Vorgang der Zeugung einer der wunderbarsten Beweise für Gottes Gegenwart und Fürsorge für seine Schöpfung ist. Aber wir sollten uns selbst in der Schöpfungswissenschaft gut auskennen. Dann können wir auch unseren Kindern helfen, eine biblische Sicht zu ihrer eigenen Erschaffung zu entwickeln. So werden sie nicht nur mehr Ehrfurcht vor Gottes Schöpfung bekommen, sondern auch nicht so leicht die Theorie der Evolution übernehmen, die in den Schulen gelehrt wird.

Die verschiedenen Stadien im Verhalten des Kindes

Im Alter zwischen sechs und zehn Jahren lernt ein Kind zu argumentieren, selbständig zu denken und richtiges und falsches Verhalten zu unterscheiden. Sein Gewissen, sein innerer Kontrollmechanismus, ist jetzt gut entwickelt. Es lernt allmählich, seine Gefühle zu beherrschen, seinen eigenen Willen nicht immer an die erste Stelle zu setzen und Wutanfälle zu vermeiden, wenn es seinen Willen nicht durchsetzen kann. Die Festigkeit seiner Wertvorstellungen oder seines moralischen Denkens wird zum großen Teil davon abhängen, wie wirkungsvoll wir als Eltern ihm christliche Erkenntnisse vermitteln können. Wir dürfen die moralische Erziehung unserer Kinder nicht Ungläubigen überlassen oder Menschen, die nicht dieselben moralischen Wertvorstellungen haben wie wir. Es liegt in unserer Verantwortung, unsere Kinder zu „zivilisierten Menschen" zu erziehen, indem wir sie anleiten, dem Herrn zu folgen. Dies geschieht vor allem durch unser Beispiel, aber auch durch das, was wir ihnen aus dem Wort Gottes erzählen.

Im Alter von sechs Jahren nimmt ein Kind normalerweise bereitwillig Glaubenswahrheiten an, aber es ist noch nicht fähig, in abstrakten Begriffen zu denken. Es denkt noch konkret. Mit sieben fängt es allmählich an, auch abstrakt zu denken, und kann Begriffe wie „Reinheit", „Gerechtigkeit", „Heiligkeit" oder „Ehre" schon besser verstehen. Das achtjährige Kind beginnt oft, Dinge in Frage zu stellen, die es früher einfach glaubte und akzeptierte. Es ist deswegen nicht frech, es möchte nur die Wahrheit über Glaubensdinge herausbekommen. Ein neunjähriges Kind kann zum christlichen Dienst motiviert werden, wenn es das Leben von Männern und Frauen in der Bibel oder auch von gottesfürchtigen Menschen, die später gelebt haben, näher kennenlernt. Im Laufe der Kirchengeschichte hat es Hunderte von vorbildlichen Christen gegeben, von deren Leben und Wert wir unseren Kindern erzählen können. Mit zehn ist ein Kind oft in der Lage, darüber zu reden, was es glaubt und warum es das glaubt. Jetzt kann es die Aussagen der Bibel schon auf sein eigenes Leben anwenden.

In diesen Jahren wird ein Kind auch zunehmend zum sozialen Wesen. Es lernt, mit anderen zusammenzuarbeiten und Beziehungen aufzubauen; in der Schule, in der Kirchengemeinde oder im Spiel mit den Nachbarskindern. Es erkennt allmählich, daß seine Handlungen Konsequenzen haben, daß manches Verhalten nicht akzeptiert wird und es in ernsthafte Schwierigkeiten bringt, während andere Verhaltensweisen beifällig aufgenommen und belohnt werden. Es sucht die Bestätigung durch die Erwachsenen. Mit sieben Jahren ist das Kind schon ein recht gut angepaßtes Mitglied der Gesellschaft, das gerne mit anderen Menschen in Kontakt tritt. Mit acht und neun Jahren geht es gerne in irgendwelche Gruppen oder Vereine (normalerweise in gleichgeschlechtliche) und nimmt an Gruppenaktivitäten teil (auch hier vorzugsweise keine gemischten). Im Alter von zehn Jahren ist es üblich, daß Jungen und Mädchen unter sich bleiben, aber das ändert sich bald. Ein paar Jahre später, in der Pubertät, wird das andere Geschlecht plötzlich fast zum einzigen Gegenstand der Beschäftigung.

Mit sechs Jahren werden sich Kinder normalerweise bewußt,

daß zwischen Mädchen und Jungen körperliche Unterschiede bestehen, und sie fangen an, sich dafür zu interessieren. Wie ich schon sagte, spielen sie jetzt manchmal „Doktorspiele", um den Körper des anderen Geschlechts untersuchen zu können. Dabei kann es sexuelle Spiele oder Situationen geben, in denen Jungen und Mädchen sich freiwillig gegenseitig ihre Geschlechtsorgane zeigen, um die jeweilige Neugier zu befriedigen. Natürlich sollte man sie in diesem Verhalten nicht noch bestärken. Aber wir sollten auch nicht mehr Aufhebens darum machen als nötig. Vielmehr müssen wir unseren Kindern eindeutig klarmachen, ohne allerdings dabei zu streng zu werden, daß nur Ärzte und die Eltern sie ansehen sollten, wenn sie ganz nackt sind. Wenn es nötig ist, können wir ihre Wißbegierde auch dadurch stillen, daß wir ihnen Bilder von den weiblichen und männlichen Geschlechtsorganen zeigen.

Siebenjährige zeigen weniger Interesse an sexuellen Fragen, aber einige Entdeckungen machen sie schon. Zwischen acht und zehn Jahren betrachten sie Sexualität und Ausscheidungen hauptsächlich als ein Thema für derbe Witze. Mit neun Jahren fangen sie meist an, mit ihren Freunden über Sexualität zu reden, und gebrauchen sexuelle Ausdrücke auch als Schimpfwörter oder wenn sie Reime erfinden. Sie haben reges Interesse daran, mehr über ihre eigenen Geschlechtsorgane zu erfahren.

Im Alter von zehn Jahren haben die meisten Mädchen und manche Jungen von ihren Freunden auch etwas über Menstruation und Geschlechtsverkehr erfahren, wenn wir Eltern sie nicht schon vorher darüber informiert haben. Deshalb sollten Väter und Mütter ihnen schon im achten oder neunten Lebensjahr kurze Erklärungen dazu geben, um sicher zu sein, daß die Kinder sachgerechte Informationen erhalten. Es ist viel besser, wenn sie Einzelheiten der geschlechtlichen Fortpflanzung von ihren Eltern hören, als daß sie sie auf Toilettenwänden lesen oder von Freunden erfahren, die selbst nur halb Bescheid wissen.

Was wollen Kinder zwischen sechs und zehn eigentlich über Sexualität wissen? Normalerweise interessieren sie sich für die Empfängnis und die Entwicklung der Babys im Mutterleib.

Viele werden auch nach der Rolle des Vaters bei der Zeugung fragen.

Der Anfang des Lebens

Als Gott die Welt geschaffen hat, erfand er die verschiedensten Lebensformen. Er schuf Käfer, Fledermäuse, Fische, Schildkröten, Hamster, Elefanten, Vögel und Tausende von verschiedenen Pflanzenarten. Die Krönung seiner Schöpfung waren dann der Mann und die Frau. Im 1. Buch Mose steht, daß Gott jedes Geschöpf mit der Fähigkeit ausstattete, sich zu vermehren, neues Leben aus seinem eigenen Leib hervorzubringen. In jeder Pflanze sind Samen für neue Pflanzen. Und im Körper der Tiere und Menschen hat Gott ein sogenanntes Fortpflanzungssystem geschaffen, mit dem jedes von ihnen neues Leben hervorbringen kann.

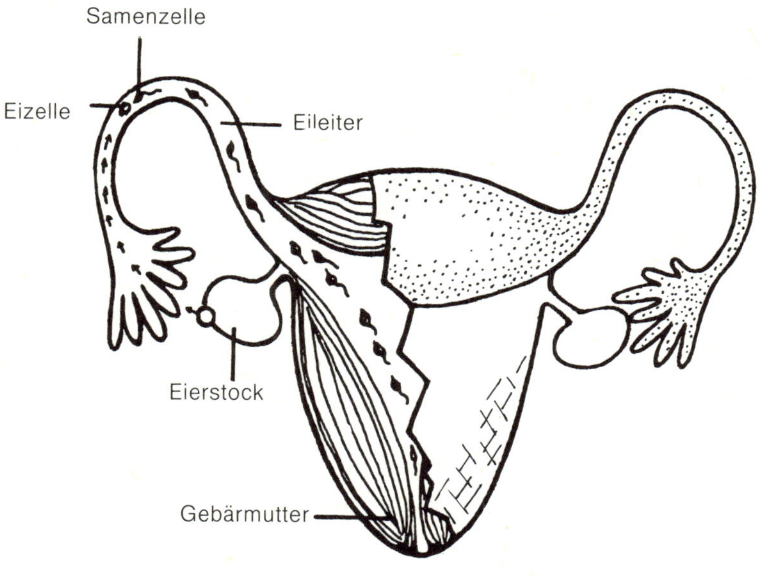

Befruchtung im weiblichen Körper

Die verschiedenen Geschlechter haben unterschiedliche Fortpflanzungssysteme, die sich gegenseitig ergänzen, um neues Leben zu erzeugen. Zwei männliche Lebewesen können genausowenig Junge bekommen wie zwei weibliche. Bei den Säugetieren kann nur dann neues Leben entstehen, wenn der Same vom männlichen Tier mit der Eizelle des weiblichen zusammentrifft. Ein Männchen hat Millionen von Samenzellen in seinem Körper und ein Weibchen Tausende von Eizellen.

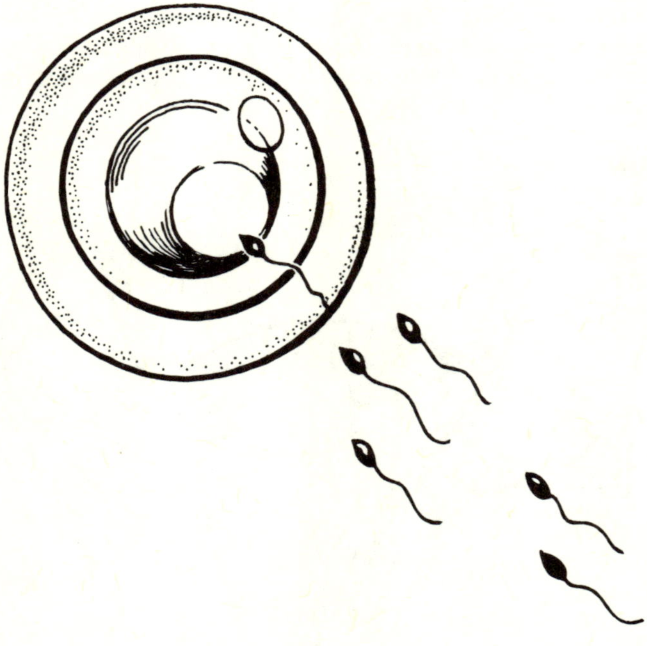

Befruchtung einer weiblichen Eizelle durch eine männliche Samenzelle

Wenn ein Same mit einer Eizelle zusammenkommt, dringt er sofort in sie ein. Wenn das geschieht, sagt man, das Ei wird befruchtet. Das ist auch der Augenblick der Empfängnis, weil jetzt ein neues Lebewesen erschaffen worden ist. Das befruchtete Ei fängt gleich an, sich in zwei Zellen zu teilen. Diese zwei winzigen Zellen spalten sich wieder in vier Teile und so weiter, bis es so viele sind, daß man sie nicht mehr zählen kann. Beim Menschen dauert dieser Entwicklungsprozeß neun Monate, dann ist das Baby für die Geburt bereit.

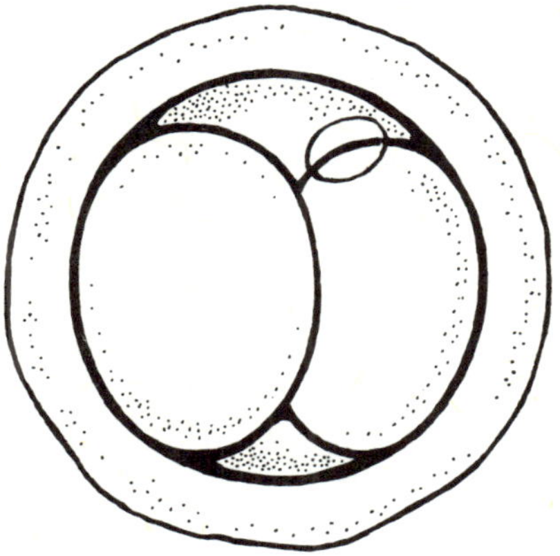

oben: eine befruchtete Eizelle, die sich nach 30 Stunden geteilt hat
unten: Entwicklung des Embryos nach zwei Tagen

In der Samenzelle und auch im Ei sind winzige Teile, die man Chromosomen nennt. Unter einem starken Mikroskop sehen sie aus wie kleine Bindfadenstücke. Auf ihnen liegen die Gene, die bestimmen, wie das Kind später aussieht: seine Haar- und Augenfarbe, seine Intelligenz und körperlichen Fähigkeiten, seinen Körperbau und seine Größe, das Temperament und noch vieles mehr; mit anderen Worten: jedes körperliche und seelische Merkmal eines Menschen.

Samen- und Eizellen enthalten jeweils 23 Chromosomen. Wenn sie bei der Empfängnis verschmelzen, hat die befruchtete Zelle folglich 46. Die Chromosomen jeder Zelle enthalten wiederum 15000 Gene. Wissenschaftler, die untersuchen, wie das menschliche Leben anfängt, haben errechnet, daß mindestens 16000000 verschiedene Kombinationen bei der Entstehung eines Babys möglich sind. Das bedeutet, jedes neugeborene Baby hätte in 16millionenfacher Hinsicht anders sein können! Bei dieser großen Auswahl kann man leicht begreifen, warum es keine zwei Menschen gibt, die ganz genau gleich sind. Selbst eineiige Zwillinge haben noch verschiedene Fingerabdrücke, nicht das gleiche Temperament und vielleicht auch unterschiedliche Denkweisen. So ist also jeder Mensch, ja eigentlich jedes Geschöpf Gottes, absolut einmalig.

Wenn wir unseren Kindern Chromosomen und Gene erklären wollen, können wir das mit einer Konstruktionsanleitung vergleichen, die mit im Paket liegt, wenn wir ein neues Fahrrad bestellt haben. Nachdem wir den Karton aufgemacht haben, holen wir erst einmal alle verschiedenen Teile heraus und lesen dann die Bauanleitung, um herauszubekommen, wie man das Fahrrad zusammensetzt. In der Anleitung finden wir einen Plan, der uns schrittweise erklärt, wie wir das Rad richtig zusammenbauen. Ohne sie hätten wir es ganz schön schwer, irgendeinen Sinn in den verschiedenen Fahrradteilen zu erkennen. Dasselbe trifft auf die Samenzelle des Mannes und die Eizelle der Frau zu. Die Gene wirken wie kleine Konstruktionsanleitungen. Sie enthalten sozusagen die Baupläne davon, wie das Baby einmal aussehen, wie es denken und welche kreativen Fähigkeiten es haben wird. Und natürlich bestimmen sie auch das Temperament, das für die Entwicklung der gesamten Persönlichkeit so entscheidend ist.

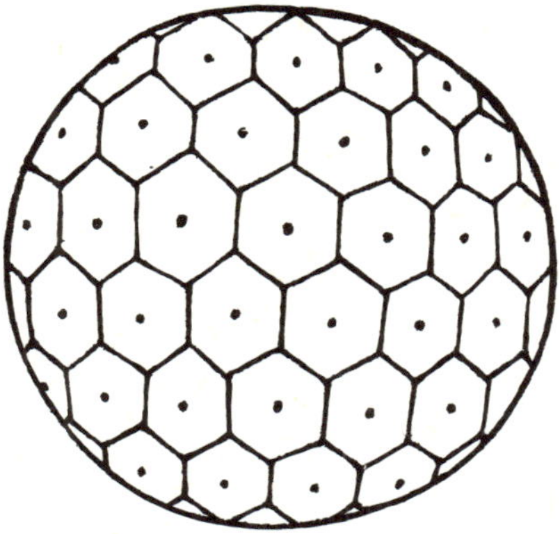

Entwicklung des Embryos nach vier Tagen

Ein Kind fängt an zu wachsen

Die folgende Erklärung von Empfängnis und Entwicklung des Babys können Sie Ihren Kindern entweder vorlesen oder in Ihren eigenen Worten nacherzählen. Die Zeichnungen in diesem Kapitel können Ihnen dabei helfen.

Die Eizelle der Mutter wird normalerweise von der Samenzelle in einer Röhre im Mutterleib befruchtet, die man als Eileiter bezeichnet. Sie sieht ähnlich aus wie ein kurzer Gummischlauch, der von den Eierstöcken, wo die Eizellen aufbewahrt werden, in die Gebärmutter hinunterführt, wo das Baby sich entwickeln wird. Jede Frau hat ungefähr 400000 Eizellen in ihren Eierstöcken, aber nur etwa 300 bis 400 wandern im Laufe ihres Lebens von den Eierstöcken zur Gebärmutter.

Nachdem es ein paar Tage gewachsen ist, setzt sich das befruchtete Ei an der Innenseite der Gebärmutter fest und fängt an, sich zu einem kleinen Kind zu entwickeln. Um ihm dabei zu helfen, bildet sich ein besonderes Organ, das man Mutterkuchen nennt, an der Innenwand der Gebärmutter. Es besteht aus vielen, vielen Blutgefäßen, die das Baby ernähren. Die Verbindung zwischen dem Mutterkuchen und dem Bauch des Kindes ist ein langer Schlauch, den man Nabelschnur nennt. Durch diese Schnur erhält das Kind Nährstoffe und Sauerstoff über den Blutkreislauf der Mutter. Das, was das Baby ausscheidet, geht auch durch diese Schnur in den Körper der Mutter; ihre Leber und ihre Nieren übernehmen dann die Abfallprodukte. Der Mutterkuchen dient außerdem als Filter, der das Baby vor schädlichen Stoffen schützt, die vielleicht im Blutkreislauf der Mutter vorhanden sind.

In der zweiten Woche wird das Kind mit einer besonderen Schutzschicht umgeben, während es in der Gebärmutter weiterwächst. Diese Schicht nennt man Fruchtblase; sie ist mit einer wässerigen Flüssigkeit gefüllt, mit dem Fruchtwasser. Es schützt das Baby in der Gebärmutter vor Verletzungen und hält es außerdem immer warm, selbst wenn es draußen friert. In diesem dunklen, warmen, geschützten Nest wächst das Kind neun Monate lang, bis es groß genug ist, um geboren zu werden.

Die Wachstumsstadien eines Babys

Bei der Empfängnis ist das neue Baby noch kleiner als ein I-Punkt. Innerhalb von sechs bis zwölf Stunden teilt sich das befruchtete Ei in zwei Zellen, die sich wiederum weiterteilen. Nach zwei Monaten ist das Kind dann schon 240 mal größer und einmillionenmal schwerer geworden als die ursprüngliche Eizelle. Ein neugeborenes Kind hat Millionen von Zellen; ein Erwachsener besitzt 60 Billionen.

Wenn das Baby ungefähr vier Tage alt ist, sieht das Gebilde von Zellen ähnlich aus wie eine Beere. Dieses Stadium nennt man Morula, das kommt vom lateinischen Wort für Maulbeere. Während die Morula nun weiterwächst, bekommen die Zellen allmählich unterschiedliche Aufgaben in der Bildung des Körpers. Manche Zellen werden Teile vom Gehirn, andere werden zu Muskelgewebe oder Nervenzellen. Noch andere schließen sich zusammen und bilden die Augäpfel, die Ohren und die

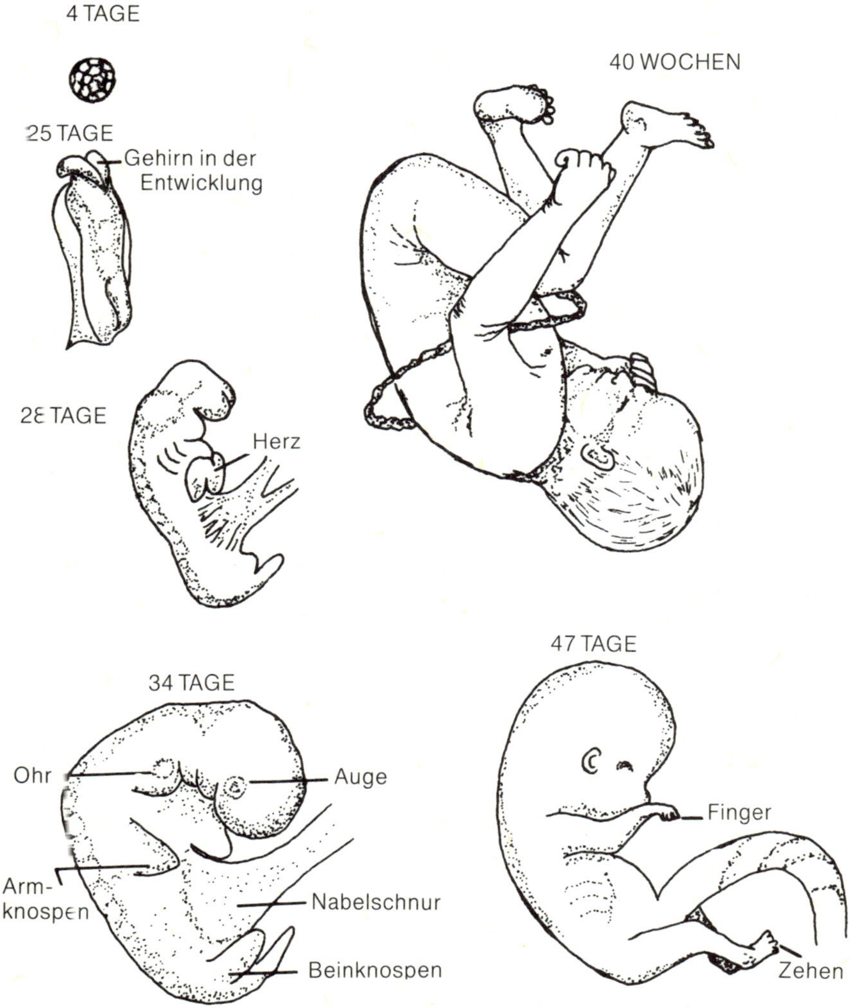

von oben links gegen den Uhrzeigersinn zu betrachten:
die Entwicklung vom Embryo zum Fötus (einen Monat alt) bis zum
Ende der Schwangerschaftszeit (vierzig Wochen oder neun Monate)

Nase, den Mund, die Hände und Geschlechtsorgane. Durch einen geheimnisvollen Steuerungsprozeß, den man Differenzierung nennt und den die Wissenschaftler immer noch nicht ganz erforscht haben, weiß jede Zelle ganz genau, wo sie hingehört und welchen Teil des Körpers sie bilden soll.

Im ersten Lebensmonat ist der Embryo (ein griechisches Wort, das „schwellen" bedeutet) ungefähr so groß wie ein Apfelkern. Jetzt hat das Baby schon ein Herz, und das Gehirn wird auch langsam ausgebildet. Das Rückgrat und das Nervensystem entwickeln sich ebenfalls um diese Zeit. Die neuere wissenschaftliche Forschung zeigt, daß der Embryo schon von diesem frühen Entwicklungsstadium an ein richtiger Mensch ist. Im zweiten Monat hat sich das Gehirn ausgebildet. Augen, Ohren, Nase, Lippen und Zunge nehmen langsam Form an. Zu diesem Zeitpunkt nennt man das Baby „Fötus", von dem lateinischen Wort für „Junges" oder „Nachkomme". Am Ende des Monats steht das ganze Aussehen schon fest. In der neunten Woche hat der Fötus auch Geschlechtsorgane, und so könnte er jetzt schon klar als Mädchen oder Junge erkannt werden.

Im dritten Monat entwickeln sich bei dem Baby, das jetzt mehr als fünf Zentimeter groß ist, die Finger- und Fußnägel. Im vierten Monat bilden sich die Augenbrauen und Wimpern, und das Kind lutscht zum ersten Mal am Daumen.

Im fünften und sechsten Monat bilden sich die Nasenlöcher, und die Ohren funktionieren jetzt auch schon. Das Baby kann die Stimme seiner Mutter hören und sogar die Augen öffnen und sehen. Vom siebten bis zum neunten Monat durchläuft es die letzten Stadien seiner Entwicklung vor der Geburt. In dem Buch „Als du im Verborgenen gebildet wurdest" schreibt Gary Bergel zu diesen letzten Monaten:

„Die Haut des Kindes wird dicker und sieht aus, als wäre sie poliert. Eine Fettschicht wird gebildet und unter der Haut gelagert, sowohl wegen der Kälteisolierung als auch als Nahrungsreserve. Antikörper, die das Kind für Krankheiten unempfindlich machen, werden jetzt aufgebaut. Das Baby nimmt täglich ungefähr 4 Liter Fruchtwasser auf, und die Flüssigkeit wird alle drei Stunden völlig erneuert. Das Herz des Fötus pumpt 1200 Liter Blut am Tag, und der Mutterkuchen fängt langsam an, sich zurückzubilden.

Ungefähr eine Woche vor dem 260. Tag hört das Kind auf zu wachsen und senkt sich, normalerweise mit dem Kopf nach unten, in die Beckenhöhle. Jetzt sind alle Vorbereitungen beendet. Mutter und Kind brauchen nur noch auf den Moment der Geburt zu warten." [14]

Das Baby wird geboren

Niemand kann sicher sagen, woher das Kind weiß, wann es Zeit ist, sich den Weg in die Außenwelt zu bahnen, aber normalerweise wird ein Menschenbaby neun Monate nach der Empfängnis geboren. Die Gebärmutter, der größte und kräftigste Muskel im Körper der Mutter, fängt an, sich zusammenzuziehen und das Kind nach unten zu schieben: durch eine Öffnung am Boden der Gebärmutter, die man Muttermund nennt, hindurch in den Geburtskanal, die Scheide, und schließlich ins Freie.

Bevor das Kind geboren wird, weiß die Mutter meistens, daß es jetzt Zeit ist, ins Krankenhaus zu fahren. Oft bricht dann die Fruchtblase auf, und das Fruchtwasser fließt aus dem Körper der Mutter ab. Wenn das geschieht, ist es wichtig, daß sie so

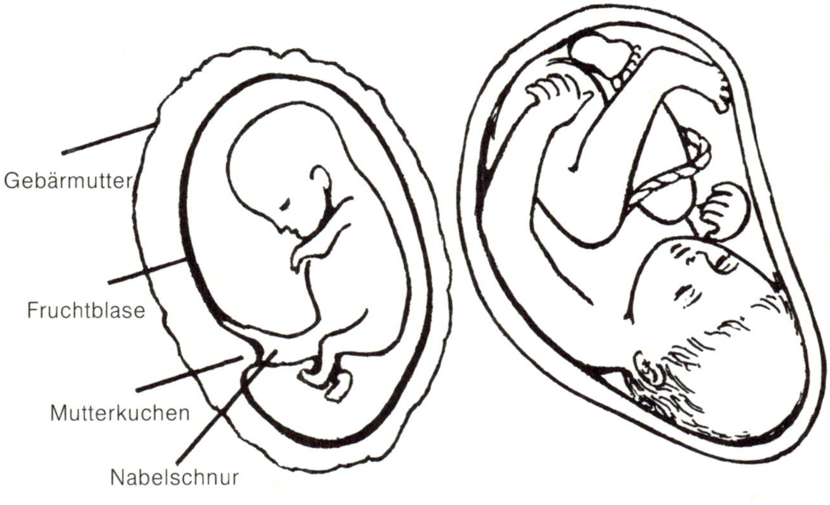

Abbildung links: der Fötus, in der Gebärmutter geschützt
rechts: Das Baby in der richtigen Stellung für die Geburt, die normalerweise mit dem Kopf voran erfolgt

schnell wie möglich ins Krankenhaus kommt. Fruchtblase und Fruchtwasser sind ein Schutz für das Kind, und wenn das Wasser nicht mehr da ist, muß das Baby sehr schnell auf die Welt kommen. Die meisten Ärzte haben es lieber, wenn die Mutter im Krankenhaus ist, bevor die Fruchtblase platzt.

Dann wird die Mutter in den Kreißsaal gebracht, und die Ärzte und Schwestern helfen ihr dort, das Baby zur Welt zu bringen. Dabei muß sie oft pressen, damit das Kind durch die Scheide hinausgedrückt wird. Ein Baby wird normalerweise mit dem Kopf zuerst geboren, und manchmal wird der Kopf beim Durchgang durch den Muttermund zusammengequetscht. Aber Gott hat den Schädel des Babys extra dafür mit Knochenplatten ausgerüstet, die wie Puzzlesteine ineinanderpassen, sich aber auch übereinander schieben können. Ein paar Tage nach der Geburt hat der Kopf wieder eine normale Form, und das Zusammendrücken ist auch für das Gehirn nicht schädlich.

Im Augenblick der Geburt, wenn das Baby gerade aus dem Körper der Mutter herausgekommen ist, ist es immer noch durch die Nabelschnur mit dem Mutterkuchen verbunden. Der Arzt schneidet dann die Schnur durch und läßt dabei einen kleinen Stummel am Bauch des Kindes stehen. Nach ein paar Tagen trocknet dieses kleine Stück ein und fällt ab. Der Bereich, wo die Nabelschnur befestigt war, heißt dann später eben der Nabel.

Erklärungen zur Menstruation und zum Geschlechtsverkehr

Für die meisten Eltern ist das Reden über den Geschlechtsverkehr oder den monatlichen Zyklus der schwierigste Aspekt im Gespräch mit ihren Kindern über sexuelle Vorgänge. Die Gründe für die Widerstände der Eltern gegen diese Themen können sehr verschieden sein. Viele sind selbst als Kinder niemals richtig aufgeklärt worden und haben sich auch nie wohl gefühlt, wenn sie über Sexualität reden mußten. Wenn es für sie ein Tabu war, als sie jung waren, dann werden sie auch als Erwachsene sehr zurückhaltend sein und sich nur ungern mit dem Thema beschäftigen. Außerdem sind der Liebesakt und die Menstruation zwei sehr persönliche Dinge, die selten oder nie besprochen werden, außer zwischen Ehepartnern. Ein dritter Grund liegt vielleicht darin, daß die Eltern besorgt sind, sie könnten bei ihren Kindern seelischen Schaden anrichten, wenn sie ihnen Vorstellungen vom „Miteinander-Schlafen" vermitteln oder Ängste hervorrufen, daß man „verblutet", wenn die Menstruation anfängt.

Wie sollten die Eltern an diese Punkte herangehen? Wenn es um den Geschlechtsverkehr geht, können wir zunächst die Fortpflanzung bei Tieren beschreiben und danach darüber reden, wie menschliche Väter und Mütter neues Leben entstehen lassen. Die folgenden Erklärungen bauen auf der Besprechung der Fortpflanzung auf, die im vorangegangenen Kapitel zu finden ist.

Geschlechtsverkehr

Bei den Warmblütern unter den Tieren, wie zum Beispiel den Elefanten, Pferden, Hunden, Katzen und Hamstern, hat Gott das Männchen mit einem Penis ausgestattet. In einer bestimmten Jahreszeit paaren sich männliche und weibliche Tiere. Man sagt dazu auch: sie haben Geschlechtsverkehr miteinander. Bei Hunden und Katzen beispielsweise spricht man in dieser Zeit davon, daß sie „läufig" oder „heiß" sind. Wenn ein männlicher und ein weiblicher Hund sich paaren, dringt der Rüde mit seinem Penis in die Scheide der Hündin ein. Seine Samenzellen kommen so in den Körper des Weibchens und treffen dort auf eine Eizelle. Auf diese Weise entsteht ein kleiner Hund. Eine Hündin bekommt normalerweise mehrere Junge, man nennt das einen Wurf, und es dauert nur ein paar Monate, bis die kleinen Hunde im Mutterleib voll entwickelt sind.

Alle Tiere paaren sich instinktiv, das heißt, sie tun das, ohne auch nur darüber nachzudenken. Kein Tier kann so denken wie ein Mensch. Sie wissen auch gar nicht, daß es sie überhaupt gibt, aber Gott hat sozusagen feste Anweisungen in ihr Gehirn eingebaut, die ihnen sagen, wann sie sich paaren sollen, wie sie Futter finden können, wie sie sich vor ihren Feinden schützen sollen, wie sie ihre Höhlen oder Nester bauen müssen – kurz: alles, was sie brauchen, um zu leben und zu überleben.

Im Tierreich ist es so, daß die Weibchen nur während bestimmter Zeiten im Jahr Junge bekommen können. Wenn ihre Eizellen für die Befruchtung bereit sind, geben die weiblichen Tiere einen besonderen Duftstoff ab oder verhalten sich in einer ganz bestimmten Weise, die die Männchen anzieht. Ein weiblicher Tiger zum Beispiel stößt, wenn er heiß ist, einen bestimmten Paarungsruf aus, um ein Männchen anzulocken. Wenn mehr als ein männliches Tier auf der Bildfläche erscheint, gibt es meist einen Kampf um das Weibchen, und der Verlierer läuft schließlich weg. Wilde Tiere wie die Tiger und zahme Tiere wie etwa Katzen paaren sich fast auf die gleiche Art mit denselben Verhaltensweisen. Bei den Tigern vertreibt das Männchen zunächst alle Rivalen, dann küssen sich die beiden zärtlich und berühren sich mit ihren Schnurrhaaren. Das Weibchen rollt sich auf den Rücken und fängt an zu spielen. Nach einer Weile zeigt es dem Männchen, daß es für den eigentlichen Geschlechtsverkehr bereit ist.

Bei allen Tieren – auch bei Insekten, Fischen oder Vögeln – geschieht die Fortpflanzung instinktiv. Gott hat also bestimmte Instinkte in diese Geschöpfe „einprogrammiert“. Wie ein Computerprogrammierer hat er alle für das Überleben notwendigen Daten in das Gehirn seiner Geschöpfe eingegeben. Daher denken Tiere nicht wirklich, wie Menschen es tun; sie führen nur die Anweisungen und Befehle aus, die Gott ihnen gegeben hat.

Anders als die Tiere gebrauchen wir Menschen unser Gehirn, um nachzudenken. Zwar besitzen auch wir gewisse Instinkte für das Überleben, etwa ganz automatische Reaktionen, wenn wir in gefährliche Situationen kommen. Aber Gott hat uns einen freien Willen gegeben und die Fähigkeit zu denken. Der freie Wille bedeutet, daß wir die Freiheit und die Möglichkeit haben, uns zu entscheiden, wie wir leben wollen. Gott hat uns die Fähigkeit gegeben, zwischen Gut und Böse zu unterscheiden, und er möchte gerne, daß wir uns dafür entscheiden, ihm zu gehorchen. Indem wir unsere von Gott geschenkte Vernunft gebrauchen, werden wir uns bewußt, daß es uns überhaupt gibt; außerdem verstehen wir, was Vergangenheit und Gegenwart sind, und können für die Zukunft planen. Wir können unseren Verstand auch dazu gebrauchen, nützliche Dinge zu erfinden wie etwa Fernsehapparate, Autos und Häuser.

Ein wichtiger Teil in Gottes Plan für den Menschen ist die Fortpflanzung, das Kindergebären, um die Menschheit am Leben zu erhalten. Gott will, daß Männer und Frauen Kinder bekommen, aber nur, wenn sie auch miteinander verheiratet sind und sich vorgenommen haben, die Kinder in einer Familie großzuziehen. Gott verurteilt den Geschlechtsverkehr außerhalb der Ehe und nennt ihn Sünde. Leider aber haben viele Menschen, die Gott nicht kennen, auch sexuellen Kontakt miteinander, ohne verheiratet zu sein.

Wenn ein Mann und seine Frau sich sehr liebhaben und ein Kind haben möchten, gehen sie zusammen ins Bett, umarmen und küssen sich und sind sich ganz nah. Bei diesen Umarmungen steckt der Mann seinen Penis in die Scheide der Frau. Der Samen, der dabei aus dem Penis austritt, bewegt sich weiter bis in die Eileiter hinauf. Wenn eine Samenzelle dann auf eine Eizelle trifft, findet die Empfängnis statt. Auf diese Weise entsteht ein Baby aus der Liebe seiner Eltern. Neun Monate später kommt dann ein niedliches, pausbäckiges Baby zur Welt.

Die Menstruation

Aus noch unbestimmten Gründen erleben Mädchen in Amerika ihre erste Periode zunehmend früher. Manche vertreten die Theorie, daß das an unserer besseren Ernährung liegen könnte oder daran, daß der Großteil unserer Bevölkerung in den wärmeren Klimazonen des Landes lebt. Niemand hat bis jetzt eine befriedigende Erklärung dafür gefunden. Es ist jedenfalls bekannt, daß Mädchen, die näher am Äquator wohnen, meist früher anfangen zu menstruieren als diejenigen, die in kälteren Zonen leben. Manche Mädchen sind erst neun Jahre, wenn die erste Blutung , genannt Menarche, einsetzt. Die folgenden Informationen sind ganz wesentlich, um Mädchen auf dieses bedeutsame Ereignis vorzubereiten.

Tief innen im weiblichen Körper sind zwei Eierstöcke, in denen die Eizellen aufbewahrt werden. Jeden Monat, wenn der Zyklus einer Frau oder eines Mädchens beginnt, wird eine Eizelle vom Eierstock freigesetzt und wandert durch den Eileiter. Dort bereitet sie sich darauf vor, mit einer Samenzelle zusammenzutreffen. Die Gebärmutter bereitet sich ebenfalls jeden Monat darauf vor, ein befruchtetes Ei aufzunehmen. Dieser Zustand hält ungefähr 72 Stunden lang an. Man sagt, daß die Frau in diesen Tagen fruchtbar ist. In dieser Zeit kann sie schwanger werden, also ein Baby empfangen. Aber meistens wird die Eizelle nicht von einer Samenzelle befruchtet; sie löst sich dann einfach auf und wird durch die Scheide ausgestoßen.

Wenn sich die Gebärmutter auf ein befruchtetes Ei vorbereitet, wird ihre Innenwand ganz dick von vielen Blutgefäßen. Für den Fall, daß eine befruchtete Eizelle sich in der Gebärmutter einnistet, sind diese Blutgefäße bereit, Nährstoffe für das Kind zu liefern, das hier anfängt, sich zu entwickeln. Aber wenn sich keine befruchtete Eizelle einnistet, wird die Schicht wieder abgebaut und aus dem Körper ausgeschieden.

Mehrere Tage im Monat fließt diese dicke Gewebeschicht aus der Scheide der Frau ab. Man nennt das Menstruation, Monatsblutung oder Periode. Das ist bei jeder Frau so, gleichgültig ob sie verheiratet ist oder nicht. Gott hat jedes weibliche Wesen mit der Fähigkeit ausgestattet, Babys zu bekommen, wenn sich auch nicht alle Frauen dafür entscheiden. Die Blutung kommt jeden Monat wieder, bis die Frau etwa 45 bis 50 Jahre alt ist. Um das Blut aufzufangen benutzt man Binden oder Tampons.

Wenn ein Mädchen acht Jahre alt geworden ist, sollte es von seiner Mutter über die Menstruation aufgeklärt werden. Man tut ihm unrecht, wenn man ihm diese Tatsachen nicht mitteilt, bevor es seine erste Blutung erlebt. Man muß ihm versichern, daß es sich hier um ein vollkommen natürliches Ereignis handelt. Es ist ein Zeichen dafür, daß es allmählich reif genug wird, um selbst Kinder zu bekommen. Und es sollte auch verstehen, daß die monatliche Periode ganz und gar nichts „Unreines“ oder „Schmutziges“ ist. Da es auf der Welt 9 Prozent mehr Frauen als Männer gibt, hat die Mehrheit der Weltbevölkerung mit der Monatsblutung zu tun.

Einfach die Wahrheit sagen

Wenn wir diese Fragen der sexuellen Fortpflanzung und der Menstruation in einer entspannten Atmosphäre besprechen, werden unsere Kinder die Erklärungen sachlich aufnehmen, ohne daran Anstoß zu nehmen oder zu meinen, Sexualität sei so etwas wie ein schmutziges Geheimnis. Wenn wir Wert darauf legen, daß Gottes Rolle in seinem Schöpfungsprozeß im Vordergrund steht, wird unseren Kindern klarwerden, daß die Sexualität ein ganzheitlicher und positiver Teilbereich ihres Lebens ist.

KAPITEL 5

Die Vorpubertät – 11 bis 13 Jahre

In dem Film „Star Trek – die Suche nach Spock" wird geschildert, wie sich ein etwa 12jähriger Junge innerhalb von Stunden zu einem erwachsenen Mann entwickelt. Diese schnelle Umwandlung erlebt er als sehr qualvoll.

Wenn ich an meine eigene Vorpubertät zurückdenke, scheint mir, ein paar qualvolle Stunden wären leichter auszuhalten gewesen, als mehrere Jahre lang immer wieder mit wechselnden Gefühlen und körperlichen Veränderungen kämpfen zu müssen. Aber Gott hat es eben anders eingerichtet. Was der Junge im Film vermutlich in ein paar Stunden erfahren konnte, braucht im wirklichen Leben Jahre. Die seelischen Veränderungen sind manchmal qualvoll, aber die schmerzhaften Erfahrungen der Vorpubertät können aufgefangen werden, wenn die Eltern und auch die Kinder verstehen, was hier eigentlich vorgeht.

Die Zeit im Leben eines Menschen, in der er sich vom Kind zum Erwachsenen entwickelt, nennt man auch Adoleszenz. Dieser Abschnitt findet ungefähr zwischen dem dreizehnten und dem zwanzigsten Lebensjahr statt, aber bei Mädchen beginnt er manchmal auch schon mit neun Jahren. Der Anfang der Adoleszenz ist bekannter unter dem Namen Pubertät. Dieses Entwicklungsstadium ist gekennzeichnet durch die Entwicklung der Geschlechtsorgane, die sich auf ihre Fortpflanzungsfähigkeit vorbereiten – Menstruation bei den Mädchen und Bildung der Samenzellen bei den Jungen – und ebenso durch die Ausbildung der sekundären Geschlechtsmerkmale. Das betrifft das Wachsen der Schamhaare, der Achselhaare, die Vergrößerung der Brust bei Mädchen und den Stimmbruch bei Jungen.

Steckt Ihr Kind tief in der Pubertät?

„Pubertät" kommt aus dem Lateinischen und bezieht sich auf Begriffe wie „Erwachsensein", „Leiste" und „Körperhaare". Man bezeichnet damit eine entscheidende körperliche und seelische Veränderung in einem Menschen, der vom Kind zum Erwachsenen heranreift. Die Pubertät kann für die Jungen und Mädchen ganz besonders erschütternd sein, wenn sie von ihren Eltern nicht richtig darauf vorbereitet wurden. Stellen Sie sich nur vor, wie entsetzlich es für Ihre Tochter wäre, in der Klasse zu sitzen und plötzlich zu spüren, daß ihre erste Menstruation einsetzt, auf die sie aber in keiner Weise vorbereitet ist. Wie würden wir denn mit einer solchen Situation fertig werden? Oder stellen Sie sich die Schuldgefühle und Ängste eines Jungen vor, der beim Aufwachen feststellt, daß seine Bettwäsche mit Samenflüssigkeit verschmiert ist, und der noch nie etwas von einem nächtlichen Samenerguß gehört hat!

Wenn unsere Kinder sich der Pubertät nähern, sollten wir es auf keinen Fall länger aufschieben, mit ihnen über sexuelle Dinge zu reden. Schon einige wenige Informationen können sie vor unnötigen seelischen Erschütterungen bewahren. Das Durchleben der Vorpubertät und der Pubertät ist schon schwierig genug, selbst wenn man über die seelischen und körperlichen Vorgänge aufgeklärt worden ist.

Im Prinzip können Eltern ihre Kinder gar nicht früh genug aufklären. Wenn die Informationen noch zu weit vorgreifen und zu technisch ausfallen, gehen sie einfach über die Köpfe der Kinder hinweg. Wenn es uns aber ein Anliegen ist, daß sie ihr Wissen nicht von anderen beziehen, die vielleicht nicht dieselben Moralvorstellungen haben und auch nicht so einfühlsam vorgehen wie wir, dann sollten wir frühzeitig damit anfangen.

Im vorangegangenen Kapitel habe ich mich mit der Menstruation beschäftigt, weil manche Mädchen sie schon mit neun Jahren bekommen. Ganz allgemein müssen wir Mädchen früher etwas über Sexualität erzählen als Jungen. Die treten normalerweise erst mit etwa 11 Jahren in die Pubertät ein, in der Regel ein oder zwei Jahre später als Mädchen.

Wenn unsere Kinder in die Pubertät kommen, werden wir mit einigen neuen Problemen konfrontiert. Die niedlichen Kleinen, die wir früher einmal im Arm hielten, werden jetzt erwachsen. Zeitweise denken und verhalten sie sich auch wie Erwachsene. Aber dann denken und benehmen sie sich wieder wie Kinder. So schwanken ihr Verhalten und ihre Stimmungen hin und her. Konflikte sind da unvermeidlich. Wir müssen darauf vorbereitet sein; die Pubertät ist ein ganz normales Entwicklungsstadium. Sie ist auch eine Zeit, in der sich unsere Kinder allmählich von uns zurückziehen. Sie werden unabhängig und immer eigenständiger.

Als Eltern von pubertierenden Kindern erkennen wir, was unsere Eltern zu ertragen hatten, als wir diese Zeit der Stimmungsschwankungen durchlebten. Auf einmal können wir ihr damaliges Verhalten uns gegenüber verstehen und nachvollziehen. Wie wir unsere Kinder in dieser schwierigen Zeit behandeln sollen, müssen wir selbst herausfinden, unsere eigenen Eltern können wir jetzt aber besser verstehen und schätzen.

Welche Umstellungen erleben unsere Kinder nun in der Pubertät? Zunächst einmal sind die rein körperlichen Veränderungen offensichtlich; darüber hinaus ändern sich aber auch ihre Einstellungen, ihr Denken und ihr Verhalten. Das kann sowohl positiv als auch negativ sein.

Die Pubertät setzt mit deutlichen hormonellen Veränderungen im Körper eines Jungen oder eines Mädchens ein. Der Zeitpunkt, zu dem der Umbruch einsetzt, ist jedoch von Kind zu Kind verschieden. Bei dem einen Kind beginnt er schon im Alter von neun Jahren, bei manchen erst mit sechzehn. Kein Kind sollte beunruhigt sein, wenn die Pubertät bei ihm später einsetzt als bei seinen Freunden. Es gibt keinen Zeitpunkt, zu dem ein Kind in die Pubertät gekommen sein muß. Das hängt ganz von der Veranlagung des einzelnen ab. Wie schon erwähnt, setzt die Pubertät in warmen Klimazonen früher ein, aber sie verzögert sich auch, wenn die Kinder schlecht ernährt sind.

Der Anfang der Pubertät wird vom endokrinen System gesteuert. Es umfaßt mehrere Drüsen, unter ihnen die Hypothalamusdrüse, die Hypophyse, die Schilddrüse, die Nebennieren und die Eierstöcke bzw. die Hoden. Alle diese Organe wirken zusammen und verursachen die körperlichen und seelischen Veränderungen in Jungen und Mädchen.

Bei einem Jungen gibt die Hypothalamusdrüse Signale an die Hypophyse ab, die ihrerseits drei Schlüsselhormone freisetzt, die androgenen Hormone. Sie geben dem Jungen seine männlichen Eigenschaften, sowohl die körperlichen als auch die seelischen. Die männlichen Hormone bewirken Ehrgeiz, Tatkraft und Tatendrang. Sie regen die Nebennieren an und lösen in den Hoden die Produktion des Hormons Testosteron aus, das wichtigste männliche Geschlechtshormon. Testosteron bewirkt die Bildung von Samenzellen und das Wachstum der Körperbehaarung. Außerdem wächst jetzt der Kehlkopf des Jungen, und dadurch wird seine Stimme tiefer. Jungen können auch zeitweise eine Vergrößerung ihrer Brust während der Pubertät beobachten. Das heißt „Gynäkomastie" und kann manchmal sogar schmerzhaft sein, aber es ist ein normaler Vorgang und kein Grund zur Beunruhigung.

Bei einem Mädchen regt die Hypophyse die Produktion von zwei wichtigen Hormonen in den Eierstöcken an: Östrogen und Progesteron. Diese beiden Hormone sind für die körperlichen und seelischen Veränderungen der Mädchen verantwortlich. Sie verstärken das, was wir als natürliche weibliche Eigenschaften ansehen: Sanftmut, Zurückhaltung und fürsorgliches Verhalten gegenüber Kindern.

Das Östrogen bewirkt das Wachstum der Brust, das Breiterwerden der Hüften und die Reifung der Geschlechstorgane einschließlich der Klitoris und der Schamlippen. Außerdem bildet sich in der Gebärmutter des Mädchens eine besondere Schleimhaut, die man Endometrium nennt und die schon eine Vorbereitung auf das Kindergebären darstellt.

Eins der wichtigsten Anzeichen für die Pubertät ist jedoch bei einem Mädchen das Einsetzen der Menstruation. (Darüber haben wir schon im vorigen Kapitel gesprochen). Am Ende der Pubertät ist die geschlechtliche Reife abgeschlossen, nicht aber die seelische. Sie entwickelt sich vielmehr in einem lebenslangen Prozeß.

Seelische Unausgeglichenheit

So, wie unsere Kinder langsam sexuell heranreifen und sich äußerlich verändern, erleben sie auch in seelischer Hinsicht einschneidende und schmerzhafte Veränderungen. Bei den meisten wird der Übergang zur Adoleszenz von ungeheuren Stimmungsschwankungen begleitet. Die Meinung ihrer gleichaltrigen Freunde in der Schule wird jetzt äußerst wichtig. Die Kinder stehen unter starkem Druck, sich dem anzupassen, was gerade „in“ ist. Diese weltlichen Wertvorstellungen stehen normalerweise in Konflikt mit den christlichen Werten, die sie zu Hause kennengelernt haben.

Jugendliche fangen langsam an, unabhängig von ihren Eltern zu denken, und bilden sich ihre eigene Meinung über die Welt, ihre Wertvorstellungen und ihre religiösen Überzeugungen. Es ist ganz wesentlich, daß sie in dieser Zeit in einer „lebendigen“ kirchlichen Jugendgruppe aktiv sind, damit nicht so viele Einflüsse von außen auf sie einstürmen, die im Widerspruch zu den elterlichen Vorstellungen stehen. In diesem Lebensabschnitt setzen sich Jungendliche mit Fragen nach dem Sinn und Ziel ihres Lebens auseinander. Oft sind Sie offen für Gottes Plan für ihr Leben. Eine lebendige Kirchengemeinde kann für Jugendliche in der Pubertät und für deren Familien eine große Hilfe sein.

Die Denkprozesse eines Heranwachsenden schwanken zwischen kindlichem und erwachsenem Denken. Oft zweifelt er an sich selbst, an seinen Zielen, dem Sinn des Lebens und den Beziehungen zu anderen Menschen. Er kämpft darum, wie ein Erwachsener behandelt zu werden, braucht aber immer noch den Trost und die Geborgenheit, die er als Kind kennengelernt hat. In vieler Hinsicht möchte er gerne die angenehmen Seiten des Erwachsenseins genießen, ohne dafür jedoch die Verantwortung tragen zu müssen.

Wenn sich der Jugendliche körperlich verändert, wird er normalerweise auch unzufrieden mit seinem Aussehen. Aufgrund der hormonellen Umstellung bekommt er fettige Haut und Mitesser und Pickel im Gesicht. Vielleicht gefällt ihm auf einmal auch die Form seiner Nase nicht mehr. Vielleicht geniert er sich auch, weil er so plötzlich gewachsen ist, daß er die anderen in seiner Klasse turmhoch überragt. So ein Wachstumsschub läßt einen Jugendlichen oft eine Zeitlang unbeholfen und unkoordiniert in seinen Bewegungen erscheinen, was die Schwierigkeiten nur noch vergrößert. Oder aber er kommt sich vor wie ein Zwerg, weil alle anderen in einem Jahr durchschnittlich 20 Zentimeter gewachsen sind und er noch immer so klein ist. Und was noch schlimmer ist: das Mädchen, das er so gern als Freundin hätte, ist plötzlich 30 cm größer als er. Deshalb macht er sich Gedanken darüber, ob er für Mädchen überhaupt noch attraktiv ist.

Für manche Pubertierende ist das Umkleiden vor dem Sportunterricht eine äußerst deprimierende Erfahrung, weil hier die körperlichen Merkmale oder auch die gerade nicht vorhandenen Veränderungen so schmerzlich auffallen. Die, die noch nicht in die Pubertät eingetreten sind, vergleichen unweigerlich ihren Körperbau mit denen, die in ihrer Entwicklung schon weiter voraus sind. Sie fühlen sich den weiterentwickelten Klassenkameraden dann unterlegen. Darunter leiden natürlich ihr Selbstwertgefühl und damit einhergehend auch ihre Stimmung, so daß sie sogar depressiv werden können.

Wenn Kinder sich über ihre verzögerte körperliche Entwicklung Gedanken machen, sollte man ihnen versichern, daß sie genauso „normal“ und gesund sind wie weiterentwickelte Gleichaltrige und daß auch sie sich in jedem Fall weiterentwickeln werden. Es dauert nur eben etwas länger. Ein frühentwickelter Jugendlicher hat seinen Altersgenossen gegenüber zwar einen leichten Vorteil, doch kann auch er unter Komplexen leiden, wenn er zu groß oder zu dick wird.

Als Eltern müssen wir verstehen, was auf unsere Kinder in der Vorpubertät zukommt: Verwirrung, Druck durch gleichaltrige Freunde, hormonelle Schwankungen und Probleme mit dem Selbstbewußtsein. In dieser Zeit brauchen sie besonders viel Liebe und Geduld von uns. Alle Kinder brauchen Liebe, aber während der Pubertät wird unsere Liebe auf eine besonders harte Probe gestellt. Darauf sollten wir vorbereitet sein.

Um diese schwierige Zeit durchzustehen, ist es besonders wichtig, daß wir uns viel Zeit zu Gesprächen nehmen und sowohl offen als auch verständnisvoll sind. Wir müssen unseren pubertierenden Kindern die Gewißheit geben, daß sie zu jeder Zeit zu uns kommen und jedes Problem, das sie gerade beschäftigt, mit uns bereden können. Sie müssen wissen, daß wir sie auch in der Zukunft immer lieben, für sie beten und immer für sie dasein werden. Sie sollen aber auch wissen, daß wir immer noch Richtlinien für ihr Verhalten festlegen. Dazu gehört die Sorge um die Wahl ihrer Freunde, um ihre Freizeitgestaltung und ihre geistlichen Verpflichtungen. Wir sollten daran denken, daß Gottes Auftrag, unsere Kinder „in der Zucht und Ermahnung des Herrn" großzuziehen, immer noch für uns gilt.

Wenn wir auch eine enge Beziehung zu unseren Kindern haben möchten, so ist es doch nicht ratsam, ein kumpelhaftes Verhältnis zu ihnen aufzubauen. Unsere von Gott gegebene Autorität können wir nicht völlig aufgeben, solange sie in unserem Haus leben. Manchmal kann es auch nötig sein, unsere Liebe zu ihnen dadurch zu beweisen, daß wir ihren heftigen Beschuß gleichmütig ertragen, nachdem wir zu irgend etwas nein sagen mußten.

Sexuelle Reife

Bevor unsere Kinder in die Pubertät kommen, sollten sie gute Kenntnisse über ihre Geschlechtsorgane haben und wissen, wie sie funktionieren werden. Die folgende Beschreibung baut auf den Informationen der vorangegangenen Kapitel auf. Die Zeichnungen aus Kapitel 3 und 4 werden auch hier eine Hilfe sein.

Das System der männlichen Fortpflanzungsorgane

Zu den männlichen Fortpflanzungsorganen gehören der Penis, die Eichel, der Hodensack, die Samenzellen, die Cowpersche

Drüse, die Harnröhre, die Hoden, die Nebenhoden, die Samenleiter, die Samenblase und die Prostatadrüse.

Der Penis ist natürlich ein Organ, das zwei Funktionen erfüllt, denn er dient nicht nur zur geschlechtlichen Fortpflanzung, sondern auch dazu, Urin auszuscheiden. Die Röhre im Innern des Penis heißt Harnröhre. Während des Geschlechtsverkehrs fließen die Samenzellen durch den Penis in die Scheide der Frau. Das Innere des Penis ist so etwas Ähnliches wie ein Schwamm, durchsetzt mit einem dichten Netz von winzigen Blutgefäßen. Wenn ein Mann sexuell erregt ist, füllen sich diese Adern mit Blut, und dadurch vergrößert sich der Penis und wird steif. In den Blutgefäßen werden dann Ventile geschlossen, die das Blut daran hindern, sofort wieder abzufließen. Diesen vergrößerten, versteiften Zustand des Penis nennt man Erektion. Sie kann zu jeder Zeit vorkommen, sobald ein Junge die Pubertät erreicht hat, nicht nur durch sexuelle Erregung, sondern auch durch rein äußerliche Bedingungen wie etwa engsitzende Kleidung.

Die Spitze des Penis, die Eichel, ist einer der empfindlichsten Teile des Körpers. Diese besonders „erogene Zone" enthält viele dicht nebeneinanderliegende Nerven und ist beim Geschlechtsverkehr die Hauptquelle der körperlichen Lust für einen Mann.

Der Hodensack ist die kleine Hauttasche, die die beiden Hoden enthält. Das sind eiförmige Drüsen, die etwa die Größe und Form von großen Nüssen haben. In den Hoden ist eine lange Röhre von etwa 0,02 mm Durchmesser und ungefähr 300 m Länge. Ein Hoden kann bis zu 500 Millionen Samenzellen pro Tag produzieren. Damit die Samenzellen gesund bleiben, müssen sie bei einer Temperatur gebildet werden, die etwa 4 Grad unter der normalen menschlichen Körpertemperatur liegt. Deshalb hängen die Hoden außerhalb des Körpers. Bei kalter Witterung ziehen die Muskeln des Hodensacks die Hoden näher an den Körper heran, um die richtige Temperatur aufrechtzuerhalten. Der Hodensack hat eine besondere Form: seine linke Seite ist etwas niedriger als die rechte. Dadurch wird verhindert, daß die Hoden sich beim Gehen aneinander reiben.

Die Hoden stellen jeden Tag Samenzellen her. Wenn sie sich langsam auffüllen, wandern die Samen weiter in eine Röhre, die man Nebenhoden nennt und die noch im Hodensack liegt. Hier werden sie reif; die Nebenhoden wirken wie ein Brutkasten.

Wenn immer mehr Samenzellen produziert werden, werden die reifen Zellen weiterbefördert in eine Röhre, die Samenleiter genannt wird. Von hier wandern sie weiter und gelangen schließlich in die Samenblasen, zwei Organe, die die Samenflüssigkeit herstellen.

Zum männlichen Fortpflanzungssystem gehören auch noch die Prostata und die Cowpersche Drüse. Die Prostata liegt zwischen der Blase und dem Penisansatz. Sie produziert Samenflüssigkeit und enthält Nerven, die die Erektion des Penis kontrollieren. Wenn sie sich zusammenzieht, hilft sie damit, Samen aus dem Penis auszustoßen. Die Cowpersche Drüse funktioniert als erste, wenn ein Mann sexuell erregt wird. Sie schickt ein paar Tropfen Gleitflüssigkeit in die Harnröhre und bereitet sie für den sicheren Durchgang der Samenzellen vor, indem sie die Säuren des Urins neutralisiert, die sonst die Samenzellen abtöten würden. Eine Klappe oben in der Harnröhre öffnet sich, wenn Urin ausgeschieden wird, aber sie schließt sich automatisch, wenn Samenzellen unterwegs sind.

Eine Samenzelle ist ein erstaunlicher Teil der Schöpfung. Unter dem Mikroskop sieht sie aus wie eine Kaulquappe. Sie hat drei Teile. Der Kopf enthält die Chromosomen, die die Eigenschaften und Merkmale des Kindes mitbestimmen, falls während des Geschlechtsverkehrs eine Eizelle befruchtet wird. Der Hals enthält die Energiequelle, um die Samenzelle vorwärtszubewegen. Und der Schwanz gibt der Zelle die Fähigkeit, durch die Scheide hindurchzuwandern bis in die Eileiter hinauf, um dort auf eine Eizelle zu treffen.

Die Eizelle ist von mehreren Schutzschichten umgeben, die die Samenzelle erst durchdringen muß, damit eine Empfängnis stattfinden kann. In der Samenflüssigkeit sind Chemikalien, die man Enzyme nennt, mit denen die Schichten um das Ei aufgelöst werden, so daß eine Samenzelle sich einen Weg ins Innere bahnen kann. Die Schutzschichten sind so fest, daß wirklich Millionen von Samenzellen nötig sind, die das Ei umgeben und die Schicht aufweichen müssen, bis schließlich eine Samenzelle eindringen und das Ei befruchten kann.

Der Geschlechtsverkehr führt nicht immer zu einer Empfängnis. Außerdem wird normalerweise nur eine Eizelle von einer Samenzelle befruchtet. Manchmal jedoch kommt es vor, daß ein befruchtetes Ei sich so teilt, daß sich zwei Kinder daraus entwickeln. Auf diese Weise entstehen eineiige Zwillinge. Solche

Kinder sehen ganz gleich aus, weil sie dieselbe Genkombination haben. In anderen Fällen kann es vorkommen, daß zwei Eizellen zur gleichen Zeit von verschiedenen Samenzellen befruchtet werden; so entstehen zweieiige Zwillinge. Sie sehen nicht gleich aus, da sie verschiedene Kombinationen von Genen besitzen.

Das weibliche Fortpflanzungssystem

Die weiblichen Fortpflanzungsorgane bestehen aus zwei Teilen, den äußeren Genitalien und den inneren Fortpflanzungsorganen. Die äußeren Geschlechtsteile bezeichnet man als Scham. Hierzu gehören die zwei großen Hautfalten, die die Genitalien bedecken, die großen Schamlippen. In ihnen gibt es noch zwei kleinere Hautfalten, die kleinen Schamlippen. An ihrer Spitze ist ein kleines, ungefähr erbsenförmiges Organ, das man Klitoris nennt. Sie liegt neben dem Harnröhrenausgang, durch den der Urin ausgeschieden wird.

Die Klitoris ist dem Penis des Mannes ähnlich, obwohl sie viel kleiner ist. Sie hat eine Eichel an der Spitze und einen kurzen Schaft. Wie beim Penis ist auch hier die Eichel dicht gefüllt mit Nervenenden; deshalb ist die Klitoris das empfindlichste Sexualorgan der Frau. Aber im Unterschied zum Penis hat sie keine Öffnung an der Spitze und spielt für die Fortpflanzung selbst keine Rolle.

Das Jungfernhäutchen oder Hymen (das seinen Namen von dem griechischen Hochzeitsgott hat) ist eine Membran im hinteren Teil des Scheidenausgangs, den sie zum Teil bedeckt.

Zu den inneren Sexualorganen der Frau gehören die Scheide, die Eierstöcke, die Eileiter, die Gebärmutter und der Muttermund. Die Scheide ist der Geburtskanal, durch den das Kind von der Gebärmutter nach außen gepreßt wird. Man nennt sie auch Vagina. Das ist das lateinische Wort für Scheide. Sie ist zwischen 8 und 13 Zentimeter lang. Ihre Wände enthalten viele winzige Drüsen, die eine Reinigungsflüssigkeit absondern, um das Gebiet von Krankheitskeimen freizuhalten.

Die Gebärmutter, nach dem lateinischen Wort für „Bauch" oder „Mutterleib" auch Uterus genannt, hat die Größe und Form einer Birne und ist ungefähr 10 Zentimeter lang. Hier wächst ein Baby neun Monate lang, bis es für die Geburt bereit ist. Am oberen Teil der Gebärmutter sind die zwei Eileiter angebracht. Diese Röhren führen zu den Eierstöcken, in denen die unbefruchteten Eizellen aufbewahrt werden. Obwohl die Eileiter nicht direkt mit den Eierstöcken verbunden sind, fangen sie die Eizellen auf, wenn diese freigesetzt werden.

Die Befruchtung der Eizelle findet im Eileiter statt. Danach setzt sie ihren Weg in die Gebärmutter fort, indem sie sich durch winzige Haare, die man Flimmerhärchen nennt, weiter vorwärts bewegt. Wenn die Eizelle nicht befruchtet worden ist, löst sie sich auf und wird mit der Monatsblutung ausgeschieden. Wenn das Ei aber befruchtet ist, setzt es sich innerhalb von wenigen Tagen an der Innenwand der Gebärmutter fest.

Am unteren Ende der Gebärmutter befindet sich der Muttermund, auch Cervix genannt. Das ist die Verbindung zwischen Gebärmutter und Scheide. Die Öffnung des Muttermundes ist normalerweise nur so groß wie eine Bleistiftmine, aber zur Geburt eines Babys kann sie sich enorm erweitern.

Nächtliche Samenergüsse

Bei Jugendlichen ist der Geschlechtstrieb stark ausgeprägt. Das ist ganz normal und gut so, nur sollten sie lernen, ihre Triebe zu beherrschen und in die richtigen Bahnen zu lenken. Unsere Kinder müssen wissen, daß selbst ein ausgeprägter Sexualtrieb kontrollierbar ist. In 1. Korinther 10,13 steht, daß wir von unseren Trieben nicht überwältigt werden und so die Gesetze und Grundsätze Gottes nicht gegen unseren Willen übertreten müssen. Außerdem sagen uns medizinische Experten, daß ganz und gar kein körperlicher Schaden entsteht, wenn sexuelle Spannungen nicht gleich gelöst werden. Das sollten wir unseren pubertierenden Kindern sagen, und wir sollten auch mit ihnen über den nächtlichen Samenerguß sprechen, einen körperlichen Vorgang, durch den sexuelle Spannungen abgebaut werden.

Wenn ein Junge nicht richtig darauf vorbereitet ist, kann ein solcher Samenerguß für ihn eine sehr beunruhigende Erfahrung sein. Er wacht mitten in der Nacht auf und stellt fest, daß das Bettuch naß ist von Samenflüssigkeit; dann ist er erschrokken und hat Schuld- und Schamgefühle. Die kann man ihm nehmen, wenn man ihm diesen körperlichen Vorgang rechtzeitig erklärt. In das männliche Fortpflanzungssystem hat Gott nämlich einen ganz besonderen Mechanismus eingebaut, der überflüssige Samenzellen – und damit auch die angestaute sexuelle Energie – freisetzt.

Da jeden Tag Tausende von Samenzellen produziert werden, sind alle Speicher (die Nebenhoden, die Samenblasen und die Prostatadrüse) irgendwann mit Samenzellen gefüllt. Was dann geschieht, ist so ähnlich wie das Überkochen eines Wassertopfes auf dem Herd. Wenn die männlichen Fortpflanzungsorgane bis zum Überlaufen mit Samenzellen voll sind, wird der Penis ganz besonders empfindlich für jede äußere Erregung, selbst für die einfache Berührung mit der Bettwäsche beim Schlafen. Die geringste Erregung kann dann schon ausreichen, damit Samenflüssigkeit ausgestoßen wird. Oft bewirkt auch eine volle Harnblase, die auf die Samenblasen drückt, einen nächtlichen Samenerguß.

Zur gleichen Zeit hat ein Junge oft einen sexuell betonten Traum. Der Samenerguß ist eine sexuelle Erfahrung, daher ist es nicht ungewöhnlich, wenn er mit einem erregenden Traum verbunden ist. Träume sind etwas Unbewußtes, und wenn ein Junge so etwas erlebt, braucht er sich nicht zu schämen oder Schuldgefühle zu haben, denn Gott weiß wohl, daß er keine Kontrolle über seine Gedanken hat, solange er schläft.

Gott hat diesen Vorgang des nächtlichen Samenergusses eingerichtet, damit die gebildeten Samenzellen und die angestaute sexuelle Energie freigesetzt werden können. Es ist wünschenswert, daß ein Junge von seinem Vater etwas darüber erfährt, aber häufig ist es die Mutter, die die Spuren eines solchen Traumes entdeckt, wenn sie die Bettwäsche wechselt. Wir müssen unseren Söhnen versichern, daß das etwas ganz Normales ist und daß sie deswegen nicht verlegen zu sein brauchen.

Wenn wir eine offene und natürliche Haltung dazu haben, können wir auch unseren Söhnen eine positive Einstellung zu nächtlichen Samenergüssen vermitteln. Sie sollten sie als Geschenk Gottes ansehen.

Selbstbefriedigung

Selbstbefriedigung (Masturbation) ist bei Jugendlichen, besonders bei Jungen, weit verbreitet. Daher soll das Problem in diesem Kapitel besprochen werden. Die folgende Behandlung dieses Themas entnehme ich meinem Buch „Wie schön ist es mit dir".

„Ist es unrecht, wenn man sich als Christ befriedigt?"

Auf sexuellem Gebiet gibt es wahrscheinlich keine umstrittenere Frage als diese. Noch vor wenigen Jahren hätte jeder Christ ohne Überlegung ja gesagt, aber das war vor der sexuellen Revolution und bevor die Ärzte erklärten, daß es nichts Gesundheitsschädliches ist. Ein Vater kann heute seinen Sohn nicht mehr mit gutem Gewissen warnen, daß „Hirnschäden, Schwäche, Haarausfall, Erblinden, Epilepsie und Geisteskrankheit" die Folgen von Selbstbefriedigung sind. Manche bezeichnen sie immer noch als „Selbstmißbrauch" und „Sünde", andere befürworten sie als notwendige Erleichterung für den unverheirateten und Hilfe für den verheirateten Mann, dessen Frau schwanger ist oder der aus Geschäftsgründen nicht zu Hause leben kann.

Der Einfluß des Humanismus zeigt sich darin, daß interessanterweise in unserer Umfrage von 25 christlichen Ärzten 18 die Masturbation befürworten und sieben sie als falsch empfanden. Im Unterschied dazu billigten von den Seelsorgern, die in einem Seminar studiert und oft eine christliche Höhere Schule besucht hatten, nur 13 Prozent die Selbstbefriedigung, und 87 Prozent hielten sie für falsch.

In den meisten Fällen kennen sich die Seelsorger bei diesem Thema aus, wahrscheinlich haben sie in Beratungen öfter damit zu tun als Ärzte. Sicherlich werden sie auch durch alleinstehende Männer in ihrer Freizeit- und Jugendarbeit damit konfrontiert. Unter den Teilnehmern unserer Umfrage erklärten 52 Prozent der Männer und 84 Prozent der Frauen, sie hätten sich nie oder nur selten selbst befriedigt, 17 Prozent der Männer und

4 Prozent der Frauen gaben zu, daß sie häufig und regelmäßig masturbiert hätten. Viele davon stellten ausdrücklich fest, daß sie es nicht mehr praktizierten, seit sie Christen geworden seien.

Leider schweigt die Bibel zu diesem Thema, daher ist es gefährlich, feste Behauptungen aufzustellen. Obwohl wir durchaus Verständnis für die Leute haben, die die altehrwürdigen Tabus an dieser Stelle aufheben wollen, möchten wir doch folgende Gründe anführen, die uns zu der Ansicht kommen lassen, daß diese Praxis für Christen unannehmbar ist.

1. Zur Masturbation gehören gewöhnlich lüsterne Vorstellungen, und die Bibel verurteilt solche Gedanken (Matthäus 5,28).

2. Das Geschlechtsleben wurde von Gott für die Gemeinschaft zweier Menschen verschiedenen Geschlechts geschaffen, daher ergibt sich eine gesunde und notwendige Abhängigkeit voneinander. Masturbation widerspricht dieser vorherbestimmten Abhängigkeit.

3. Fast immer finden sich Schuldgefühle als Folge der Selbstbefriedigung, es sei denn, daß die Betroffenen durch humanistische Philosophie geprägt waren, die nicht mit einem von Gott gegebenen Gewissen und oft nicht einmal mit Gut und Böse rechnet. Solche Schuldgefühle behindern das geistliche Wachstum und führen besonders alleinstehende junge Menschen in Niederlagen. Für diese bedeutet die Selbstbefriedigung gewöhnlich ein Hindernis, das sie durch Selbstbeherrschung überwinden müssen, um in Jesus Christus zu wachsen und im Heiligen Geist zu wandeln.

4. Masturbation steht gegen 1. Korinther 7,9: *„Heiraten ist besser als in Glut geraten.“* Wenn ein junger Mann sich selbst befriedigt, fällt wahrscheinlich ein notwendiger und wichtiger Beweggrund für die Ehe weg.

5. Durch Selbstbefriedigung entsteht vor der Ehe eine Gewohnheit, auf die man sich später als Notlösung zurückziehen kann, wenn Mann und Frau Streit miteinander haben und es nicht zum Koitus kommt.

6. Sie ist ein Betrug an der Frau (1. Korinther 7,3-5). Kein verheirateter Mann sollte sein steigendes, gottgegebenes Begehren

nach seiner Frau anders befriedigen als durch den Koitus. Seine Frau fühlt sich sonst ungeliebt und unsicher, und viele kleine Probleme werden durch dieses unnatürliche Abreagieren seines Geschlechtstriebes unnötig aufgebauscht. Das gilt besonders, wenn ein Paar in die mittleren Jahre kommt.[15]

Die Meinungen von Pfarrern, gläubigen Ärzten, Psychologen und Psychiatern zu diesem Thema variieren stark. Herbert J. Miles, ein Soziologe und früherer Pfarrer, hebt in seinem Buch „Sexuelles Verständnis vor der Ehe" hervor, daß ein junger Mann im allgemeinen seine aufgestaute sexuelle Energie nur durch nächtliche Samenergüsse freisetzen sollte. Allerdings hält er auch gelegentliches Masturbieren bei älteren Jugendlichen für angemessen. Seiner Meinung nach ist es akzeptabel, wenn es erstens zum Zweck der Abwendung von Unzucht geschieht und zweitens nicht von lustvollen Gedanken begleitet ist. (Ich persönlich stelle allerdings in Frage, ob man, besonders als Erwachsener, ohne solche Gedanken masturbieren kann.) Der Psychologe James Dobson schreibt in seinem Buch „Vorbereitung auf die Adoleszenz":

Leider kann ich zu diesem Thema nicht direkt das Wort Gottes zitieren, denn die Bibel schweigt zu diesem Punkt. Ich will Ihnen nur sagen, was ich *glaube,* obwohl ich sicherlich dem nicht widersprechen möchte, was Ihre Eltern oder Ihr Pfarrer glauben. Meiner Meinung nach ist die Masturbation für Gott kein wichtiges Thema. Sie gehört zur Entwicklung eines Jugendlichen dazu, und niemand außer ihm selbst ist davon betroffen. Sie ruft keine Krankheiten hervor, durch sie werden keine Kinder gezeugt, und Jesus hat sie in der Bibel nicht erwähnt. Ich sage Ihnen damit nicht, daß sie masturbieren sollen, sondern ich hoffe, daß Sie das Bedürfnis dazu gar nicht erst verspüren. Aber wenn Sie es tun, meine ich, dann sollten Sie sich deswegen auch nicht mit Schuldgefühlen das Leben schwermachen.[16]

Die Rollen der Geschlechter

Seit die Emanzipationsbewegung der Frauen und die Verbreitung der Homosexualität in den Medien an Bedeutung gewonnen haben, gibt es in unserer Gesellschaft einen Trend zum „Einheitslook“. Diese Gleichartigkeit in der Kleidung und im Verhalten bei Männern und Frauen wurde schon in den 60er Jahren durch die Hippies beliebt, und das ist bis heute so geblieben. Boy George und andere Rockstars propagieren das, indem sie sich öffentlich als Transvestiten ausgeben.

Jugendliche haben schon genug seelische Erschütterungen zu verkraften, so daß sie nicht auch noch Verwirrung in bezug auf die Rolle ihres Geschlechts brauchen, wie sie von Boy George und anderen bewußt gefördert wird. Viele rollenspezifische Verhaltensweisen sind erworben und angelernt. Jungen brauchen deshalb Männer und Mädchen Frauen als Vorbilder, um Verhaltensweisen zu erwerben, die ihrem Geschlecht entsprechen.

Jugendliche müssen wissen, daß Gott Männer und Frauen grundlegend verschieden geschaffen hat. Die Unterschiede betreffen nicht nur den Körperbau, sondern auch den Aufbau des Gehirns, bestimmte Denkmuster, Gefühle, Einstellungen und ähnliches. Männer denken logischer als Frauen, aber Frauen haben ein Einfühlungsvermögen, das sich oft als treffsicherer erweist als die Logik der Männer. Männer sind mehr sachorientiert und haben in der Regel ein großes Interesse an ihrem Beruf. Im Leben der Frauen haben dagegen die Familie und die Beziehung zu anderen Menschen Vorrang.

Die Sexualhormone, die im Körper gebildet werden, geben Männer und Frauen ihre jeweiligen charakteristischen Eigenschaften. Durch die Zufuhr von Östrogen und Progesteron sind Frauen eher sanftmütig, fürsorglich und zurückhaltend. Männer entwickeln durch das Hormon Testosteron Tatkraft, das Streben nach Überlegenheit, Ehrgeiz und die Initiative auf sexuellem Gebiet.

Dr. W. Peter Blitchington führt in seinem Buch über die Rolle der Geschlechter aus, daß nach dem Ergebnis wissenschaftlicher Studien eine übergroße Dosis von Testosteron bei einer Frau tatsächlich zu einem eher männlichen Denken und Verhalten führt. Ein Mädchen, dessen Gehirn schon im Mutterleib mit Testosteron behandelt worden ist, wird später einige jungenhafte Eigenschaften aufweisen. Ebenso wird ein Junge, der zuwenig Testosteron erhalten hat, ein eher weibliches Verhalten und auch weibliche Eigenschaften zeigen.

Dr. Blitchington führt aus, daß ein männlicher Fötus, bei dem in der siebten Woche der Entwicklung Testosteron vom zentralen Nervensystem aus blockiert worden ist, später eine Tendenz zur Zurückhaltung und Verweichlichung zeigen wird.

Gott hat Männer und Frauen mit verschiedenen, sich ergänzenden sexuellen Merkmalen ausgestattet, damit sie in einer Ehe zu einem Ganzen zusammengefügt werden. Daher brauchen die Ehepartner die Stärken des anderen und können sich so gegenseitig helfen, die Schwächen zu überwinden.

Dr. Blitchington schreibt: „Von der Planung her ist alles in Gottes Schöpfung so angelegt, daß kein Teil sich selbst genug ist. Alles aus unserer Erde und bei ihren Bewohnern ist dazu gedacht, Harmonie, gegenseitige Abhängigkeit und Selbstlosigkeit zu bewirken.“[17]

Unsere Kinder sollten verstehen lernen, daß ihre besonderen Einstellungen und Gefühle Geschenke Gottes sind. Es ist Gottes Wille, daß ein junger Mann mit Elan und Tatkraft an seine Arbeit geht. Und ebenso ist es sein Wille, daß eine junge Frau den Wunsch hat, Kinder zu bekommen. Gott hat diese Wünsche und Triebe in die Männer und Frauen hineingelegt, damit sie Freude aneinander haben und damit die Menschheit weiterlebt. Inwieweit diese angeborenen Wünsche und Triebe jedoch im Leben eines Menschen zur Entfaltung kommen, hängt zu einem gewissen Grad vom jeweiligen Temperament ab.

In unserer Zeit der sexuellen Verwirrung ist es wichtig für unsere Kinder, positive Rollenvorbilder zu haben. Ein Junge braucht einen starken, entschlossenen Vater, der seine Familie wirklich führen kann, der aber gleichzeitig liebevoll und fürsorglich ist. Ein Junge muß die Fähigkeiten entwickeln, die er später einmal braucht, um selbst für eine Familie sorgen zu können. Besonders wichtig ist die richtige geistige Unterweisung. Er muß lernen, welche Verantwortung er als Haupt der Familie einmal hat. Am besten lernt er das natürlich durch das Vorbild seines Vaters und ein konsequentes Leben als Christ. Ebenso braucht ein Mädchen ein Rollenvorbild. Idealerweise ist dies die eigene Mutter.

Wir möchten erreichen, daß unsere Kinder später selbst eine Familie gründen und nicht alternative Formen des Zusammenlebens wählen. In der Geschichte hat es niemals einen Ersatz für die Institution Familie gegeben. Nach Aussagen der Anthropologen, die sowohl primitive als auch hochzivilisierte Völker untersucht haben, zieht sich die Institution Familie durch die gesamte Geschichte hindurch. In meinem Buch „Der Kampf um die Familie" habe ich den Anthropologen George P. Murdock zitiert, der ungefähr 500 verschiedene Kulturen erforscht hat. Dabei fand er nur eine einzige Bevölkerungsgruppe, in der es die Familie, wie wir sie kennen, nicht gab, und diese Gruppe ist heute ausgestorben![18] Es handelt sich hier um die Nayars in Südindien. In ihrer Kultur war es üblich, daß ein Mann nachts in das Zelt einer Frau kam, sie schwängerte und wieder ging. Die Mutter und ihre leiblichen Verwandten zogen das Kind auf. Es verwundert nicht, daß dieser Stamm mittlerweile ausgestorben ist. Ehe und Familie sind die einzigen Lebensgemeinschaften, die Gott für uns erdacht hat, und er weiß, was für uns am besten ist. Die Familie bietet die günstigsten Bedingungen, um auf das Erwachsensein vorzubereiten.

In einer Familie haben (und hatten) Mann und Frau verschiedene, aber sich ergänzende Aufgaben. Der Mann war schon früher der Jäger oder Versorger der Familie, die Frau bereitete das Essen zu und kümmerte sich um die Kinder. Eine solche Aufgabenteilung hat einer Kultur immer Stabilität verliehen, ganz gleich, ob sie primitiv oder hoch zivilisiert war.

Immer dann, wenn diese Rollenverteilung verändert oder aufgehoben wurde, konnte man den kulturellen und moralischen Verfall des jeweiligen Volkes feststellen. In dem Buch „Unser Tanz ist zum Totentanz geworden" nennt Carl Wilson Gefahren, die die Aufhebung der geschlechtsspezifischen Rollen mit sich bringt. Außerdem führt er gemeinsame Merkmale für alle dekadenten Zivilisationen auf:

Die einzelnen Stadien des Verfalls im alten Griechenland, in der römischen Republik und in unserer Zeit gleichen sich:

1. Die Männer standen ihren Familien in geistlicher Hinsicht nicht mehr vor. Geistliches Wachstum und moralische Unterweisung wurden nebensächlich. Ihre Beziehung zu Gott war nicht mehr lebendig, und ihre Vorstellungen von ihm legten sie sich selbst zurecht.

2. Die Männer vernachlässigten ihre Frauen und Kinder. Sie strebten nach Reichtum, politischer und militärischer Macht und kultureller Weiterentwicklung. Materielle Werte und ihre eigenen persönlichen Wünsche und Bedürfnisse wurden überbewertet.

3. Außereheliche Beziehungen und Homosexualität nahmen zu, und es entwickelte sich eine doppelte Moral.

4. Die Rolle der Hausfrau und Mutter wurde weniger geschätzt. Die Frauen fühlten sich benachteiligt und fingen an, sich aufzulehnen und mehr Rechte für sich zu beanspruchen. Das zeigte sich unter anderem in der Zunahme außerehelicher Affären. Im gleichen Maße nahm der Wunsch nach Kindern ab. Sexualität war vor allem etwas Lustvolles. Scheidungen wurden durch veränderte Gesetze vereinfacht.

5. Mann und Frau fingen an, um Geld, die Führungsrolle in der Familie und die Zuneigung der Kinder zu wetteifern. Das führte schließlich zu Feindseligkeit und Enttäuschung und mag auch zur Förderung der Homosexualität bei den Kindern beigetragen haben. Viele Ehen endeten mit Trennung oder Scheidung. Aufgrund der Gesamtsituation waren die Kinder oft unerwünscht, wurden abgetrieben, ausgesetzt, mißhandelt oder wuchsen ohne elterliche Liebe und Disziplin auf. So wurden die Kinder zunehmend undisziplinierter; das wiederum vergrößerte den gesellschaftlichen Druck, überhaupt keine Kinder mehr zu bekommen. Letztlich brachte der Zusammenbruch der Familie anarchische Verhältnisse mit sich.

6. Egoismus und Individualismus breiteten sich immer wei-

ter aus. Der Zusammenhalt der Gesellschaft und des Staates wurde zunehmend schwächer. Durch den Rückgang der Geburtenrate veraltete die Bevölkerung, und da alte Menschen nicht zur Verteidigung taugen, wurde der Staat für seine Feinde verwundbar.

7. So, wie der Glaube an Gott und die Autorität der Eltern schwanden, verloren auch ethische und moralische Grundsätze immer mehr an Wert. Das schwächte wiederum die Wirtschaft und die Regierung. So war der Verfall der Völker nicht mehr aufzuhalten, außer durch einen Diktator, der entweder aus dem Volk selbst kam oder das Land von außen her besetzte.[19]

Durch die Aufhebung der geschlechtsspezifischen Rollen in unserer Gesellschaft werden Gottes Absichten für Männer, Frauen und Kinder zunichte gemacht. Männer werden in ihren Einstellungen und Handlungen den Frauen ähnlicher, und Frauen werden männlicher. Unsere gesamte Kultur steht vor dem Verfall, wenn wir weiterhin die Philosophie des Feminismus und die Verbreitung der Homosexualität zulassen.

Homosexualität

In den vergangenen Jahren haben wir viel von Homosexuellen und ihrer Lebensart gehört. Homosexualität ist keine neue Erscheinung: es hat sie mindestens schon seit den Zeiten Lots gegeben (siehe 1. Mose 17). Allerdings scheinen Homosexuelle jetzt immer zahlreicher zu werden, und sie fordern das Recht, auch als Lehrer eingestellt zu werden. Die meisten Christen sind dagegen, weil sie nicht wollen, daß Kinder von den Weltvorstellungen eines Homosexuellen beeinflußt werden.

Obwohl Homosexuelle uns glauben machen wollen, daß Homosexualität eine Anlage ist, mit der man geboren wird, hat es doch bislang keinerlei wissenschaftliche Beweise dafür gegeben. Ob jemand homosexuell wird oder nicht, hängt normalerweise von einer Kombination verschiedener Einflüsse ab.

Wie ich schon in meinem Buch „Was jeder über Homosexualität wissen sollte“ dargelegt habe, gibt es acht Hauptfaktoren, die bei einem jungen Mann oder einer jungen Frau homosexuelles Verhalten hervorrufen können:

1. *Temperament*

Ich habe festgestellt, daß die meisten Homosexuellen zu einem hohen Grad melancholisch sind. Sie sind gewöhnlich sensibel, künstlerisch veranlagt, begabt, introvertiert, perfektionistisch und waren in ihrer Jugend leicht zu beeindrucken. Oft wurden sie auch von einem Elternteil oder einem ihrer Geschwister abgelehnt, und als junge Erwachsene waren sie dann voller Haß- und Zorngefühle.

2. *Unausgewogene Beziehungen zu den Eltern*

Ein Professor der Psychiatrie stellt fest: „Neuere Untersuchungen zeigen, daß am ehesten das Kind einer vertrauten, besitzergreifenden und herrischen Mutter und eines gleichgültigen oder feindseligen Vaters zum Homosexuellen wird. Viele Mütter von Lesbierinnen neigen dazu, ihre Töchter feindselig zu behandeln und mit ihnen zu wetteifern. Die Väter von lesbischen Frauen spielen nur selten eine wichtige Rolle in der Familie und haben meist beträchtliche Schwierigkeiten, ihre Zuneigung zu ihren Töchtern offen zu zeigen."[20]

3. *Nachlässige Erziehung*

Als ich mich mit zahlreichen Lebensgeschichten von Homosexuellen beschäftigte, fiel mir auf, daß sie als Kinder entweder sehr verwöhnt oder aber abgelehnt wurden. Oft hatten sie in ihrem Leben so wenig Disziplin kennengelernt, daß sie leicht in eine homosexuelle Lebensart hineingerieten.

4. *Mangelhafte sexuelle Identität*

Viele Eltern haben ihren Kindern unwissentlich Schaden zugefügt, weil sie das Geschlecht des Kindes nicht wirklich akzeptiert haben. Es kommt oft vor, daß ein Vater, der eigentlich einen Sohn haben wollte, seine Tochter wie einen Jungen behandelt. Diese Art der Ablehnung seitens der Eltern kann Kinder dazu bringen, ihr eigenes Geschlecht abzulehnen und zu versuchen, das andere Geschlecht zu imitieren. Ich habe in „Was jeder über Homosexualität wissen sollte" geschrieben: „Es ist wichtig für Mädchen, ihre Weiblichkeit bewußt anzunehmen und gerne eine Frau werden zu wollen, so wie auch Jungen dazu erzogen werden sollten, ihr Geschlecht zu bejahen. Man muß zuerst lernen, sich selbst zu lieben und zu akzeptieren; das ist die Voraussetzung dafür, daß man auch jemand anders liebgewinnen kann."[21]

5. *Negative sexuelle Erfahrungen in der Kindheit*

Sexuelle Belästigung oder Mißbrauch in der Kindheit richtet erheblichen Schaden an und kann zu einem homosexuellen oder ausschweifenden Leben führen. Viele Jungen werden durch ältere Jugendliche oder Männer, die sich aus sexuellen Gründen mit ihnen angefreundet haben, zur Homosexualität verführt, noch bevor sie in die Pubertät kommen. So wird ihre Sexualität in falsche Bahnen gelenkt, und Homosexualität wird für sie zur Gewohnheit. Es ist sehr wahrscheinlich, daß sie von Natur aus zu heterosexuellen Männern geworden wären, wenn man sie in Ruhe gelassen hätte. Leider aber werden sexuelle Erfahrungen schnell zur Gewohnheit.

6. *Frühes Interesse an der Sexualität*

Studien über homosexuelle Männer haben gezeigt, daß viele von ihnen früher in die Pubertät kamen als andere Jungen und auch früher anfingen zu masturbieren. Da ein Junge zu diesem frühen Zeitpunkt normalerweise nur gleichgeschlechtliche Freunde hat, kann sein wachsendes Interesse für alles Geschlechtliche zu homosexuellen Experimenten führen.

7. Selbstbefriedigung und sexuelle Phantasien

Die meisten Homosexuellen, die ich kennengelernt habe, haben schon früh angefangen zu masturbieren und taten dies häufig. Mir scheint das ein entscheidender Punkt in der Entwicklung zum Homosexuellen zu sein. Da sie oft masturbieren, lernen solche Jugendlichen, in Gedanken ihre Genitalien mit sexueller Lust zu verbinden. Diese Verknüpfung kann heterosexuelle Neigungen verdrängen und ein natürliches Interesse für Frauen und Mädchen zerstören. Masturbation und sexuelle Phantasien können ein Kind von seinen normalen sexuellen Wünschen ablenken und eine positive Haltung zur Homosexualität begünstigen.

8. *Freunde aus Kindheit und Jugend*

Viele Jungen mit weiblichen Charaktermerkmalen haben als Kinder furchtbaren Spott ertragen müssen. Diese Neckereien und Zurückweisungen können bei einem Kind regelrechten Selbsthaß bewirken. Wenn ein Junge von seinen Freunden oder, was noch schlimmer ist, von seinem Vater abgelehnt worden ist, wird er vielleicht ganz besonders seine weiblichen Eigenschaften betonen und sich deshalb eher zu einem Homosexuellen entwickeln. Die Freunde unserer Kinder können auch einen schlechten Einfluß auf sie haben, wenn sie sie zu sexuellen Experimenten ermuntern. Und schließlich kann auch sexueller Mißbrauch durch Aufsichtspersonen, wie zum Beispiel Babysitter, die Entwicklung von homosexuellen Neigungen fördern.

Diese acht Faktoren sind einige der möglichen Gründe, die zur Homosexualität führen können. Homosexuelles Verhalten wird nicht vererbt; es ist vielmehr angelerntes, erworbenes Verhalten. Es ist das Ergebnis eines Prozesses, der mit einer Kombination der genannten acht Faktoren beginnt, durch eine erste homosexuelle Erfahrung verstärkt und schließlich zur Gewohnheit wird, weil man mit gleichgeschlechtlichen Partnern immer mehr lustvolle Gedanken, Gefühle und Erfahrungen erlebt. Je mehr unsere Kinder sich homosexuellen Gedanken aussetzen, desto wahrscheinlicher ist es, daß sie in eine solche Lebensart hineingezogen werden.

Wenn ein Mensch einmal in homosexuelle Praktiken verwikkelt ist, ist es für ihn sehr schwer, mit der Gewohnheit zu brechen. Je öfter er Phantasien hat, die gleichgeschlechtliche Partner betreffen, desto eher wird er auch versuchen, diese Phantasien in die Realität umzusetzen. Wenn die homosexuellen Erfahrungen wiederholt werden, wird sich die sexuelle Orientierung eines Jungen allmählich von der Heterosexualität fortbewegen. Sind homosexuelle Denkmuster jemandem schon vor der Pubertät eingeprägt worden, wird sich sein verstärkter Sexualtrieb nach der Pubertät erst recht auf Mitglieder seines eigenen Geschlechts richten und nicht, wie es sein sollte, auf die des anderen.

Wie kann man Kinder vor Homosexualität schützen?

Den besten Schutz bietet eine Familie von entschiedenen Christen. Wenn der Vater das Haupt der Familie ist, seine Frau und die Kinder liebt, und wenn die Mutter die Rolle des Vaters unterstützt und eine herzliche und liebevolle Beziehung zu ihren Söhnen und Töchtern hat, wird ein Kind sich auch in sexueller Hinsicht normal entwickeln.

George Reker schreibt in seiner Untersuchung zur Homosexualität „Richtig erwachsen werden“ folgendes: „In einer stabilen Familie, in der Kinder Zuneigung, Aufmerksamkeit und Geborgenheit erfahren, wird ein Kind am besten eine normale sexuelle Entwicklung durchlaufen.“[22] Wenn Kinder nur mit einem Elternteil aufwachsen, sollte man beachten, daß sie in jedem Fall auch ein Rollenvorbild für ihr eigenes Geschlecht brauchen. Ein Junge zum Beispiel könnte einen Onkel oder seinen Großvater als Rollenvorbild ansehen. Ein Mädchen könnte in seiner großen Schwester, in der Tante oder einer anderen positiven Frauengestalt ein Vorbild für sein eigenes Verhalten finden.

Wenn wir unser Leben nach Gottes Wort ausrichten, wenn wir unseren Kindern Aufmerksamkeit schenken, sie lieben, mit ihnen reden und ihnen zuhören, haben sie höchstwahrscheinlich keine Probleme damit, sich als Junge oder Mädchen bzw. als Mann oder Frau anzunehmen. Mit großer Wahrscheinlichkeit entwickeln sie dann keine homosexuellen Neigungen. Ich sage „mit großer Wahrscheinlichkeit", denn ganz gleich, wie gut wir als Eltern sein mögen, eines Tages werden unsere Kinder einmal ihren freien Willen gebrauchen und ganz bewußt diese oder jene Richtung im Leben einschlagen. Wenn wir ernsthaft an Gott glauben und alles getan haben, was in unserer Macht stand, um gottesfürchtige Kinder großzuziehen, und wenn dann doch eins in die Irre geht, dann meine ich, dürfen wir die Schuld dafür nicht uns selbst geben. Gott hat jedem von uns einen freien Willen gegeben, so daß wir sein Heil entweder annehmen oder aber zurückweisen können. Auch unsere Kinder haben einen freien Willen und können ablehnen, was wir ihnen nahegebracht haben.

Was wir tun können

Es wird immer deutlicher, daß es nicht ausreicht, wenn wir unsere Kinder nur aufklären. Wir müssen sie in diesem Alter auch vor schlechten Einflüssen schützen. Als Eltern sollten wir immer wissen, wo und mit wem unsere 11- bis 13jährigen sich gerade aufhalten. Wir haben wachsam zu sein, wie uns die Schrift sagt, denn wir wissen nicht von vornherein, ob Menschen aus der Umgebung unserer Kinder homosexuell sind.

Als Eltern tragen wir die Verantwortung dafür, daß wir unsere Kinder in der Vorpubertät sowohl aufklären als auch ihnen unsere moralischen Wertvorstellungen nahebringen. Vielleicht ist es nötig, daß wir ein Gespräch darüber anfangen. Wenn wir nur darauf warten, daß unsere Kinder von sich aus das Thema auf den Tisch bringen, geschieht vielleicht gar nichts. Wie man ein solches Gespräch am besten führt, soll im nächsten Kapitel zur Sprache kommen.

KAPITEL 6

Die Jugend – 14 bis 19 Jahre

Umfragen haben ergeben, daß vier von fünf Jugendlichen nur selten mit ihren Eltern über sexuelle Themen reden. Und doch geben die meisten an, daß sie das gerne tun würden. In einer der Umfragen hieß es: „Mit wem würdest du am liebsten über sexuelle Fragen sprechen: mit einem Lehrer, Schulpsychologen, Pfarrer, mit deinen Freunden oder deinen Eltern?" Die Mehrheit entschied: „Mit meinen Eltern."

Wenn ein Kind zum Jugendlichen heranwächst, nehmen sein Interesse am Thema Sexualität und auch sein Bedürfnis, mehr darüber zu wissen, stark zu. Aufgrund seiner körperlichen Veränderungen denkt es mehr als früher über Sexualität nach und redet auch mit seinen Freunden darüber, die jedoch meist genausowenig wissen. Weil die Jugendlichen einerseits schon geschlechtsreif sind und andererseits unsere Gesellschaft einen enormen sexuellen Druck auf sie ausübt, ist es unerläßlich, daß Eltern mit ihren Kindern in diesem Alter über sexuelle Fragen reden. Das gilt um so mehr, wenn sie es in früheren Jahren noch nicht getan haben.

Wessen Aufgabe ist es nun, ein Gespräch über Sexualität zu eröffnen? Die meisten Eltern haben darüber falsche Vorstellungen: „Wenn mein Sohn mit mir über sexuelle Dinge reden möchte, dann wird er schon fragen." Nein, nicht unbedingt. Wie schon gesagt, ist Sexualität eines der schwierigsten Gesprächsthemen für Eltern und Kinder, besonders wenn man ernsthaft darüber reden will und wenn es um Wertvorstellungen und Verantwortlichkeit geht. Wenn Eltern wüßten, welche Konflikte in den Jugendlichen vorgehen, dann würden sie nicht auf Fragen von ihren Kindern warten, sondern selbst Gespräche über Sexualität anfangen. Haben Eltern bis zu diesem Zeitpunkt noch nie mit ihrem Kind über dieses Thema gesprochen, weil sie erst einmal selbst eine freie und offene Haltung zur Sexualität entwickeln wollten, dann haben sie an diesem Punkt vielleicht schon Angst oder gar Abscheu gezeigt. Vielleicht hat der Jugendliche das registriert und mißverstanden. Er nimmt dann an, daß seine Eltern mit dem Thema überhaupt nichts zu tun haben wollen.

Normalerweise hat ein Jugendlicher eine ganze Reihe von Fragen zum Thema Sexualität. Er entwickelt Gefühle, die er vorher nie gekannt hat, und muß manchmal gegen unreine Gedanken ankämpfen, mit denen er früher nie zu tun hatte. Ein Heranwachsender sagte einmal: „Ich habe Angst, meine Eltern könnten meinen, ich täte all die Dinge, zu denen ich doch lediglich Fragen habe!"

Ich habe festgestellt, daß bei Jugendlichen, die durch sexuelle Beziehungen in Schwierigkeiten geraten sind (ich denke an Schwangerschaften, sexuelle Beziehungen vor der Ehe, Geschlechtskrankheiten usw.), sehr oft feindselige Gefühle den Eltern gegenüber zu finden sind. Wenn es auch wahr ist, daß viele in Schwierigkeiten geraten sind, weil sie sich gegen ihre Eltern aufgelehnt haben, so ärgern sich diese Jugendlichen vielleicht auch über sie, weil sie niemals sexuelle Fragen mit ihnen besprochen haben. Sie meinen, daß solche Gespräche ihre Probleme vielleicht hätten verhindern können. Eine Umfrage ergab, daß in der Tat die meisten Jugendlichen am liebsten durch ihre Eltern aufgeklärt werden möchten. Aber die meisten, die bereits in Probleme verstrickt waren, wollten nicht mit ihren Eltern darüber reden.

So schwierig es auch sein mag, ein Gespräch über dieses heikle Thema zu beginnen, es ist sowohl das Recht als auch die Pflicht der Eltern, das zu tun. Selbst wenn unsere heranwachsenden Kinder verlegen werden und zeitweilig kein Gespräch wünschen, müssen wir ihnen klarmachen, daß die Möglichkeit zum Gespräch immer besteht. Es kann vorkommen, daß ein Jugendlicher bei einer ersten Unterhaltung vielleicht abweisend reagiert, dafür aber das nächste Mal zugänglicher ist. Ihr Sohn oder Ihre Tochter sollte wissen, daß Sie jederzeit bereit sind, mit ihm (ihr) zu reden, und daß kein Thema, das ihn (sie) bewegt, unwichtig oder zu persönlich ist.

Die beste Art, ein Gespräch aufzunehmen, ist wahrscheinlich, unseren Jugendlichen die Fragen zu stellen, mit denen sie sich mit ziemlicher Sicherheit beschäftigen. Das sollte bei Jungen möglichst der Vater tun und bei Mädchen die Mutter. Laut Umfragen sind die folgenden Fragen die Hauptsorgen der meisten jungen Leute.

Fragen der Väter an die Söhne

Wenn wir im Gespräch mit unseren heranwachsenden Kindern auf das Thema Sexualität kommen, sollten wir es so natürlich und sachlich wie möglich behandeln. Denken Sie daran: Sie wissen meist im voraus, worüber Sie reden wollen, aber die Jugendlichen werden davon überrascht. Wir sollten ihnen in die Augen sehen und etwa sagen: „Hör mal, wir haben jetzt schon lange nicht mehr über sexuelle Themen geredet. Hast du etwas dagegen, wenn ich dir eine Frage stelle?“ Meistens denkt dann der Sohn: „Ach, du Schande – jetzt fragt er mich, ob ich schon mal mit einem Mädchen geschlafen habe!“ Und dann wird er erleichtert sein, wenn Sie eine Frage stellen, die ihn nicht so unangenehm berührt. Es kann vorkommen, daß wir auch diese Frage einmal stellen müssen, aber das ist wohl kaum ein geeigneter Einstieg in ein Gespräch.

Wir können so anfangen: „Ich möchte mich gerne mit dir über Sexualität unterhalten. Zuerst ist das vielleicht für uns beide ein bißchen unangenehm, aber es ist so wichtig, daß ich meine, wir müßten in jedem Fall einmal darüber reden. Du bist jetzt alt genug, und du hast sicher gemerkt, daß die Veränderungen, die in dir vorgegangen sind, dein ganzes Leben entscheidend beeinflussen.“

Folgende Fragen können Sie Ihrem Sohn ab etwa 13 Jahren stellen:

– Ist dir aufgefallen, daß sich dein Sexualtrieb in letzter Zeit verstärkt hat? Und stört dich das? Diese Frage hat nichts Bedrohliches an sich. Sie setzt voraus, daß es sich um ganz natürliche Gefühle handelt, und wenn der Junge sie noch nicht erfahren hat, dann wird er es bald tun. Sie sollen ihm nie einen Vortrag oder eine Predigt halten, sondern ihm kurze Erklärungen zu den Fragen anbieten, die ihn Ihrer Meinung nach in seinem Alter beschäftigen. Manchmal kann es hilfreich sein, wenn Sie Ihrem Sohn erzählen, wie es Ihnen in seinem Alter ging. So können Sie zum Beispiel sagen: „Ich weiß noch genau, wie es war, als ich so alt war wie du. Ich kam mir wegen dieser Gefühle schuldig vor, und erst später habe ich festgestellt, daß das ja etwas ganz Natürliches war und daß es allen Jungen so ging wie mir." Und vielleicht können Sie noch hinzufügen: „Als ich so alt war wie du, habe ich mit meinem Vater ein paar Gespräche über sexuelle Fragen geführt, die mir wirklich geholfen haben, mich auf das Erwachsensein vorzubereiten. Und ich hoffe, wir zwei können uns genauso gut darüber unterhalten."

– Hast du in letzter Zeit Schwierigkeiten gehabt, dich auf deine Arbeit in der Schule oder deinen Glauben oder das Bibellesen zu konzentrieren?

– Denkst du jetzt öfter an Mädchen? Und weißt du, was Jesus gemeint hat, als er sagte, daß eine Frau anzusehen und sie zu begehren schon genauso schlimm ist wie Ehebruch? Dazu lesen Sie vielleicht zusammen die Bibelstelle Matthäus 5,27-28.

– Weißt du genau, was den Geschlechtstrieb beim Mann eigentlich verursacht? Wenn Ihr Sohn das nicht versteht, kann es hilfreich sein, das Material vom vorangegangen Kapitel noch einmal durchzusehen. Er soll seinen Sexualtrieb als ein Geschenk Gottes ansehen können, als einen natürlichen Trieb, der aber beherrscht werden muß.

– Hast du nachts schon einmal einen Samenerguß erlebt? Die meisten Jungen haben Schuldgefühle, wenn sie nach einem nächtlichen Samenerguß, bei dem sie einen sexualbetonten Traum hatten, erwachen. Sie sollen verstehen, daß das ein Geschenk Gottes ist, um angestaute sexuelle Energie freizusetzen, die entsteht, wenn der Körper mehr Samenzellen und -flüssigkeit produziert, als die Speicher fassen können. Man muß dem Jungen auch sagen, daß nicht der Traum den Samenerguß auslöst, sondern daß umgekehrt der Traum durch die Menge an Samenzellen hervorgerufen wird. Wenn der Körper nicht soviel Samenflüssigkeit gebildet hätte, hätte der Junge auch diesen Traum nicht gehabt. Auf der anderen Seite muß man ihm deutlich raten, Pornographie und sexuell anzügliche Fernsehsendungen und Filme zu meiden, denn dadurch werden auch entsprechende Träume angeregt. Zusätzliche Informationen dazu finden Sie im Abschnitt „Nächtlicher Samenerguß" auf Seite 83.

– Hast du schon Probleme mit der Selbstbefriedigung? Diese Frage zu beantworten fällt Ihrem Sohn wahrscheinlich am allerschwersten. Er braucht die Gewißheit, daß Sie als Mann wissen und verstehen, daß fast alle Männer einmal solche Erfahrungen gemacht haben. Man sagt: „99 Prozent aller Männer haben ab und zu masturbiert, und das übrige Prozent besteht aus Lügnern." Ich habe tatsächlich einen jungen Mann kennengelernt, der behauptete, niemals masturbiert zu haben, und weil er heute ein aufrichtiger Geistlicher ist, glaube ich ihm auch. Aber er ist ein sehr seltener Fall. Auch dies ist übrigens ein Thema, das Sie im letzten Kapitel noch einmal gründlich lesen sollten, um richtig informiert zu sein.

Weißt du genau darüber Bescheid, wie Kinder gezeugt werden? Das gibt Ihnen Gelegenheit, zu sehen, wieviel Ihr Sohn schon weiß. Hören Sie bei seiner Beschreibung ganz genau zu, lassen Sie ihn erzählen, was er weiß. Wenn Sie ihn in früheren Jahren gut informiert haben, müssen Sie ihm jetzt nicht mehr viel dazu sagen. Wichtig ist aber, daß Sie ihn nicht kritisieren, wenn er etwas nicht weiß. Betonen Sie lieber, daß er ja schon vieles weiß, und fügen Sie dann an, was noch zu ergänzen ist.

– *Was meinst du, wie alt ein Mädchen sein muß, um schwanger werden zu können?* Sie werden von seiner Antwort vielleicht überrascht sein. Erklären Sie ihm, daß ein Mädchen Kinder bekommen kann, sobald die Menstruation eingesetzt hat.

– *Was denkst du, wie viele Jugendliche in deinem Alter schon sexuelle Beziehungen haben?* Die Statistiken zu diesem Punkt sind besorgniserregend. Die Umfragen sind so verschieden, daß sie eigentlich gar nichts beweisen, außer daß junge Leute heute auf diesem Gebiet so aktiv sind wie zu keiner anderen Zeit in unserer Geschichte. Manche Schätzungen gehen bis zu 73 Prozent bei Jungen und 58 Prozent bei Mädchen. Man nimmt an, daß ungefähr die Hälfte aller Jugendlichen im Alter von etwa 17 Jahren schon sexuelle Erfahrungen gemacht hat. Auch junge Christen sind auf diesem Gebiet aktiver als noch vor zehn Jahren. Die meisten Eltern, Pfarrer und gläubigen Lehrer wären sehr erstaunt, wenn sie wüßten, wie weit verbreitet vorehelicher Geschlechtsverkehr bei Jugendlichen ist, die aus christlichen Elternhäusern kommen. Sie dürfen nicht glauben, daß Ihr Sohn „so etwas niemals täte". Es ist für Sie beide wichtig, daß Sie früh anfangen, darüber zu reden, damit er schon im voraus weiß, daß Sie ihn eines Tages fest ansehen und fragen werden, ob er Geschlechtsverkehr mit einem Mädchen gehabt hat. Allein diese Aussicht kühlt in ihm möglicherweise einmal die leidenschaftlichen Gefühle ab, die in irgendeiner Nacht mit ihm durchgehen wollen.

– *Kennst du Mädchen, die sexuell sehr freizügig sind?* Sie brauchen keine Namen zu nennen, und es ist sehr wichtig, daß Sie Ihrem Sohn glaubhaft versichern, daß Sie alles, was er Ihnen unter vier Augen erzählt, vertraulich behandeln. Sie sollten nicht einmal Ihre Frau in das, was er Ihnen anvertraut, einweihen; es sei denn, er gibt sein Einverständnis.

– Würdest du mit einem Mädchen, das bekanntermaßen freizügig ist, ausgehen?

– Kennst du Mädchen, die noch während ihrer Schulzeit schwanger geworden sind?

– Was weißt du über Geschlechtskrankheiten? Ihr Sohn sollte etwas von Syphilis, Gonorrhöe und Herpes wissen. Er sollte verstanden haben, daß Herpes unheilbar ist und sich in den USA schon epidemieartig verbreitet hat. Im vorletzten Kapitel dieses Buches finden Sie mehr darüber.

– Was weißt du über AIDS? Diese fürchterliche Geschlechtskrankheit überschreitet mittlerweile die Grenzen der homosexuellen Kreise und ist eine echte Gefahr für Prostituierte und ihre Kunden geworden, ebenso für Empfänger von Blutkonserven und manchmal auch für medizinisches Personal.

– Hast du Freunde oder kennst du irgendwelche Jungen, die homosexuell sind? Einerseits möchten wir in unseren Söhnen keinen Haß auf Homosexuelle schüren. Andererseits möchten wir aber auch nicht, daß sie mit Homosexuellen befreundet sind. Homosexuelle sind gegen andere Menschen oft feindselig eingestellt und werden einen schädlichen Einfluß auf unsere Söhne haben. Wenn es sich nicht um reuige Homosexuelle handelt, die durch Gottes Gnade und Kraft ihre sexuellen Probleme überwinden wollen, sollten Sie Ihrem Sohn nicht erlauben, mit ihnen zusammenzusein. Denken Sie an die Worte des Apostels Paulus, daß schlechte Freunde gute Sitten verderben.

– Was hältst du von oralem Geschlechtsverkehr? Diese Frage sollten Sie stellen, wenn Ihr Sohn ungefähr 16 oder 17 ist und sich regelmäßig mit einem Mädchen trifft. Sie dürfen ihn damit nicht einfach überfallen, sondern müssen das Thema vorsichtig anschneiden. Aber Sie sollten schon einmal nachfragen, denn der orale Geschlechtsverkehr ist eine weit verbreitete Form der Ge-

burtenkontrolle, die heutzutage von Jugendlichen vor der Ehe praktiziert wird.

– Hat Gott uns die Sexualität nur dazu gegeben, um Kinder in die Welt zu setzen?

– Weißt du, warum Mädchen eine Monatsblutung haben? Ist dir klar, was manche Mädchen empfinden, wenn sie ihre Menstruation haben?

– Wie sollte ein Junge darauf Rücksicht nehmen, wenn er weiß, daß ein Mädchen seine Periode hat?

– Braucht ein junger Mann sexuelle Erfahrungen vor der Ehe, um später ein guter Liebhaber zu werden?

– Was hast du für eine Meinung zur Abtreibung bei unverheirateten Mädchen unter 20 Jahren?

– Wo liegt deiner Meinung nach die Verantwortung des Jungen, wenn ein Mädchen abtreibt?

– Weißt du, was zum Thema vorehelicher Geschlechtsverkehr in der Bibel steht? Welche Stellen fallen dir dazu ein?

– Gibt es einen Unterschied zwischen Ehebruch und Unzucht?

– Wie weit kann ein Liebespaar gehen?

Warum man mit der sexuellen Beziehung noch warten sollte

In einer Zeit, in der enormer Druck auf Jugendliche ausgeübt wird, sich doch sexuell zu betätigen und Erfahrungen zu sammeln, muß ein Junge schon wissen, weshalb er sexuelle Beziehungen noch bis zur Heirat aufschieben soll. Vielleicht hat er in der Schule Sexualkundelehrer, die den jungen Leuten nahelegen, ihre Sexualität auszuleben, oder die sagen, jeder habe das Recht, „über seinen eigenen Körper zu verfügen“ oder „seine eigenen Entscheidungen zu treffen“. Man muß dem Jugendlichen deshalb die Gründe nennen, weshalb er mit dem Geschlechtsverkehr bis zur Ehe warten soll, damit er diesem Druck standhalten kann.

Leider wird im Fernsehen kaum ein Film gezeigt, ohne leidenschaftliche Umarmungen oder andere Verhaltensweisen, die schließlich in sexuellen Beziehungen enden oder sie zumindest nahelegen. Untersuchungen zum Fernsehprogramm in den USA haben gezeigt, daß in der Hauptsendezeit 2,7mal pro Stunde ausgesprochen sexuelle Szenen vorkommen; mehr als drei Viertel dieser dargestellten Beziehungen bestehen zwischen unverheirateten Leuten oder Homosexuellen. Das ergibt 13,5 mal an einem Abend oder 67,5 mal in der Woche! Wessen moralische Wertvorstellungen stehen hier eigentlich unter Beschuß? Ihre eigenen und die Ihres Sohnes! Hierbei und bei den vielen anderen sexuell aufreizenden Einflüssen in unserer Gesellschaft – von denen ein sehr wichtiger vielleicht die hübsche Freundin ist, mit der Ihr Sohn sich häufiger trifft – braucht er Ihre Hilfe. Die Freundin ist wahrscheinlich genauso unschuldig wie er, aber um das zu bleiben, brauchen die beiden in diesem Alter überzeugende, logische Gründe dafür, daß sie sich von sexuellen Erfahrungen noch fernhalten sollen.

Viele gleichaltrige Freunde leben vielleicht schon sehr freizügig auf sexuellem Gebiet, und manche drängen sie wahrscheinlich auch, sich der neuen Moral anzuschließen, wenn es sich auch in Wirklichkeit nicht um „Moral“, sondern um „Unmoral“ handelt. Ihr Sohn muß von Ihnen erfahren, warum er sich nicht auf voreheliche sexuelle Erfahrungen einlassen soll. Hier ein paar Vorschläge, was Sie dazu sagen könnten:

1. Dein Körper gehört Gott, nicht dir.

In 1. Korinther 6,15-20 steht einiges dazu: „Wißt ihr nicht, daß euer Körper ein Stück von Christus ist? Soll ich nun einen Teil vom Leib Christi nehmen und mit dem Körper einer Hure verbinden? Das darf nicht sein! Ihr müßt doch wissen, daß einer, der sich mit einer Hure verbindet, mit ihr ein Körper geworden ist. Es heißt ja: Die zwei werden ein Leib. Aber wer sich mit dem Herrn verbindet, ist mit ihm eins im Geist. Hütet euch um jeden Preis vor der Unzucht! Alle anderen Sünden, die ein Mensch begehen kann, beflecken nicht den Körper. Wer aber Unzucht treibt, beschmutzt sich selbst. Wißt ihr denn nicht, daß euer Körper der Tempel des heiligen Geistes ist? Gott hat euch seinen Geist gegeben, der jetzt in euch wohnt. Darum gehört ihr nicht mehr euch selbst. Gott hat euch als sein Eigentum erworben. Macht ihm also mit eurem Körper Ehre!"

Jeder Jugendliche muß wissen, daß Geschlechtsverkehr außer zwischen verheirateten Partnern eine Sünde gegen seinen eigenen Körper ist, der (wenn er ein Christ ist) doch der Tempel Gottes ist. Er befleckt damit also nicht nur sich selbst, sondern Gottes Tempel.

2. Ehebruch ist eine Sünde und wird von Gott in der Heiligen Schrift mehrmals ausdrücklich verboten.

„Du sollst nicht ehebrechen." Das finden wir in 2. Mose 20,14; 5. Mose 5,18; Matthäus 5,27; 19,18; Römer 13,9 und Jakobus 2,11.

3. Es wird von dir erwartet, daß du in einer Freundschaft zu einem Mädchen die geistliche Führung übernimmst.

Es ist nicht möglich, daß du ein Mädchen im Glauben leitest, wenn du gleichzeitig eine verbotene sexuelle Beziehung zu ihr hast. Du bist Gott, deinen Eltern, ihren Eltern, dem Mädchen selbst und sogar ihrem zukünftigen Ehemann gegenüber dafür verantwortlich, ihr im Glauben weiterzuhelfen, solange ihr befreundet seid. Zusammen ausgehen und etwas unternehmen kann auch ohne sexuelle Erfahrungen sehr schön und interessant sein. Die Zeit, die ihr miteinander verbringt, stillt ein ganz wichtiges Bedürfnis im Reifeprozeß jedes jungen Menschen. Aber für sexuelle Beziehungen ist die Zeit noch nicht reif.

4. Dein eigenes Glaubensleben hängt von der Reinheit deiner Gedanken und deiner Taten ab.

Wenn du so werden willst, wie Gott dich haben möchte, mußt

du dir auch einige Zeit für dein geistliches Wachstum nehmen. Du mußt in der Bibel lesen, deinen Glauben bezeugen und auch beten. Die Jahre zwischen dem 13. und 20. Lebensjahr sind in geistlicher und geistiger Hinsicht ein bedeutsames Entwicklungsstadium. Vorehelicher Geschlechtsverkehr behindert dein geistliches Wachstum deutlich.

5. Voreheliche sexuelle Beziehungen halten dich davon ab, bedeutsame Entscheidungen unter dem Segen Gottes zu treffen.
Im Alter zwischen 18 und 24 wirst du wahrscheinlich in fünf wesentlichen Lebensbereichen Entscheidungen treffen, die Auswirkungen auf dein ganzes weiteres Dasein haben. Wenn du dich dann mit vorehelichen sexuellen Beziehungen beschäftigst, hält dich das davon ab, diese wichtigen Dinge bewußt und unter dem Segen Gottes zu entscheiden. Die Fragen, die es zu entscheiden gibt, sind:
a) Was willst du nach dem Schulabschluß machen? Willst du studieren oder eine Lehre anfangen?
b) Was für einen Beruf willst du ergreifen?
c) Wen willst du heiraten?
d) Wo willst du arbeiten und wohnen?
e) Zu welcher Kirchengemeinde willst du gehören?
Diese Fragen werden wahrscheinlich deinen Lebenslauf für die nächsten 50 Jahre festlegen. Da kommt es darauf an, diese Entscheidungen mit klarem Kopf und mit der Hilfe des Heiligen Geistes zu fällen.

6. Voreheliche sexuelle Beziehungen können dazu führen, daß du plötzlich die Verantwortung für ein uneheliches Kind tragen mußt.
Gott hat dir die Gabe gegeben, neues Leben zu zeugen. Möchtest du, daß ein Kind, das du gezeugt hast, von jemand anderem aufgezogen wird? Oder willst du ein Mädchen heiraten, bevor du sie und dein Kind angemessen versorgen kannst? Welche Zukunft hat ein uneheliches Kind, verglichen mit dem glücklichen Zuhause, in dem du aufgewachsen bist?

7. Willst du die Verantwortung dafür tragen, daß du die Zukunft eines Mädchens zerstört hast?
Nichts kann dem Leben einer jungen Frau so sehr schaden wie eine ungeplante und ungewollte Schwangerschaft. Das ist eine schwere Last, die du dann auf dem Gewissen hast. Keine noch so große Leidenschaft wiegt die Jahre des Kummers auf, die ihr beide, aber auch das Kind und die Großeltern, dadurch haben würdet.

8. Möchtest du dafür verantwortlich sein, ein junges Mädchen zur Unzucht verleitet zu haben?
Sexualität vor der Ehe fängt gewöhnlich mit zwei jungen Leuten an, die sich sehr lieben. Sie rechtfertigen das damit, daß sie sich nie im Leben irgend jemand anders hingeben würden und daß intime Beziehungen zwischen zwei Liebenden doch erlaubt sein müßten. Aber wenn sie schon im Alter von 16 oder 18 intime Beziehungen aufnehmen, kann die Liebe füreinander später auch wieder nachlassen. Doch da sie dann schon sexuelle Erfahrungen gemacht haben, fällt es ihnen leicht, auch mit anderen Partnern intim zu werden.

Auch wenn du dir das jetzt nicht vorstellen kannst, zeigen Fallbeispiele doch, daß viele Prostituierte und Frauen mit ausschweifendem Lebenswandel ihre Unschuld an einen Mann verloren, den sie mit 16 oder 17 liebten. Wenn du mit einem Mädchen zusammen bist, solltest du nie etwas tun, was ein anderer junger Mann mit deiner zukünftigen Frau auch nicht tun sollte.

9. Behandle jedes Mädchen so, wie du das von anderen Jungen im Umgang mit deiner Schwester auch erwartest.
Wenn du dich mit einem Mädchen triffst, trägst du für sie die Verantwortung. Du bist für den kostbarsten Besitz eines anderen Mannes, nämlich ihres späteren Ehemannes, verantwortlich. Behandle also deine Freundin mit Achtung und Anstand, damit du ihr Vertrauen verdienst.

10. Es ist wichtig, Selbstbeherrschung zu lernen.
Jeder weiß, daß Sexualität etwas Aufregendes und Schönes ist, aber es schadet dir nicht, wenn du dir die Gelegenheit für sexuelle Beziehungen vor der Heirat versagst. Es stärkt vielmehr deinen Charakter. Du stellst fest, daß du Leidenschaften und Wünsche kontrollieren kannst. Wenn du dich auf diesem Gebiet in der Selbstdisziplin geübt hast, kannst du sie auch in anderen Bereichen lernen. Nur wer auch einmal „nein" sagen kann, hat gelernt, sich zu beherrschen, und Selbstbeherrschung ist der wichtigste Charakterzug eines Menschen.

11. Hebe deine Sexualität für deine spätere Frau auf.
Moralisch gesinnte Mädchen – besonders, wenn sie Christinnen sind – werden früher oder später immer ihrem Partner die Frage stellen: „Hast du schon einmal mit einer anderen Frau geschlafen?" Kannst du ihr dann in die Augen sehen und mit reinem Gewissen nein sagen? Wenn du das tun kannst, wird ihre Achtung für dich steigen, denn sie wird erkennen, daß du jemand Besonderes bist. Man schätzt, daß nur 20 Prozent der Männer in den USA eine Ehe eingehen, ohne vorher schon sexuelle Erfahrungen gemacht zu haben.

Wenn deine Frau weiß, daß du schon vor der Ehe Selbstkontrolle geübt hast, wächst ihr Vertrauen zu dir. Sie fühlt sich in eurer Beziehung sicher, denn wenn du dich zurückgehalten hast und vor der Ehe keine sexuellen Beziehungen eingegangen bist, ist es sehr wahrscheinlich, daß du auch keinen Versuchungen zu außerehelichen Beziehungen nachgibst.

Wenn wir Väter diese Fragen und Argumente gründlich durchlesen, sind wir gerüstet, unsere Söhne so vorzubereiten, wie es heute nur noch mit wenigen jungen Männern geschieht. Die sich anschließenden Gespräche können auch eine lebendige Beziehung zwischen Vater und Sohn aufbauen, die ein Leben lang dauern wird.

Müttern und Töchtern fällt es oft leichter als Vätern und Söhnen, über sexuelle Fragen zu reden. Wenn sie von ihrem Temperament her nicht ernsthafte Konflikte miteinander haben, fragt eine Tochter oft ihre Mutter um Rat, vor allem wenn sie das Gefühl hat, daß ihre Eltern eine positive Beziehung zueinander haben und wenn die Mutter nicht zu kritisch und zu streng in ihrem Urteil ist.

Nichts macht das Gespräch zwischen Jugendlichen und Eltern so schwierig wie beißende Kritik seitens der Erwachsenen. Junge Leute schockieren ihre Eltern gerne mit ausgefallenen Ideen, die sie meist von ihren gleichaltrigen Freunden übernehmen. Wenn die Eltern mit Ablehnung reagieren oder mit heftiger Kritik an den Freunden, sind zukünftige Gespräche bereits gefährdet. Manchmal ist es am klügsten zu schweigen, damit mögliche Gespräche nicht von vornherein abgeblockt werden. Wenn wir nichts sagen, heißt das ja nicht, daß wir den neuesten Ideen unserer Kinder zustimmen, sondern wir warten einfach ab, bis sie selbst etwas Zeit hatten, über das Gesagte nachzudenken. Vielleicht ist dann der Moment gekommen zu fragen: „Was meinst du denn dazu?" oder: „Was hältst du davon?" Solche Fragen werden normalerweise nur von den Eltern gestellt, die mit ihren Heranwachsenden wirklich offen reden. Man sollte einsehen, daß sie eine ausgezeichnete Möglichkeit bieten, einem Jugendlichen, der bis oben hin voller Gefühle steckt, Gelegenheit zum Reden zu geben. Wenn wir uns angewöhnen, derartige Fragen zu stellen und dann ohne Unterbrechung zuzuhören, wird sich die Tür zum Gespräch weit öffnen, denn unsere Töchter werden sich über unsere Offenheit und Aufnahmebereitschaft freuen. Zuhören und nicht Ratschläge erteilen – das ist das wesentliche Element in der Beziehung zwischen Müttern und Töchtern.

Noch eines möchte ich Müttern raten: Versuchen Sie, stets ruhig zu bleiben und sich nicht schockieren zu lassen! Junge Leute reden oft drauflos, ohne auch nur ein bißchen zu überlegen, und sie geben ihren augenblicklichen Gefühlen ungehindert Ausdruck. Manche haben auch einfach Spaß daran, ihren Eltern einen Schock zu versetzen. Versuchen Sie, darauf nur zu entgegnen: „Meinst du das wirklich ernst?“ Wenn wir uns auf Überraschungen und Schocks gefaßt machen, wird es nur noch wenige Hindernisse zwischen uns und unseren Töchtern geben, und sie werden das Gefühl haben, alles mit uns bereden zu können – solange sie uns vertrauen können. Unsere Kinder müssen wissen: Was ich meinen Eltern anvertraue, wird niemandem weitergesagt.

Manche von den Fragen der Väter an die Söhne sind mit kleinen Veränderungen auch für Mütter und Töchter geeignet. Sie können sie je nach Bedarf abändern. Der jeweilige Schwerpunkt hängt vom Alter des Mädchens ab.

Mädchen reden eher mit ihren Müttern als Väter mit ihren Söhnen, weil das Einsetzen der Monatsblutung schon Gespräche und Erklärungen erforderlich macht. Es kommt selten vor, daß ein Mädchen, wie gut das Verhältnis zum Vater auch sein mag, in dieser Situation bei ihm Rat sucht. Die ersten krampfartigen Schmerzen lassen sie normalerweise nach der Hilfe der Mutter fragen. Ich nehme einmal an, daß Sie als Mutter Ihre Tochter auf dieses Ereignis vorbereitet haben. Wenn nicht, nehmen Sie die ersten Menstruationsbeschwerden als ein Zeichen dafür, daß Sie im Hintertreffen sind und einiges nachzuholen haben. Abgesehen von der Menstruation wird auch die Entwicklung der Brust und der Schamhaare im Alter zwischen 12 und 14 einige offene Gespräche zwischen Mutter und Tochter nötig machen. Auch hier ist es die Pflicht der Mutter, nicht der Tochter, das Gespräch zu eröffnen. Indem Sie selbst Fragen aufwerfen, können Sie ihr Interesse wecken und es ihr leichter machen, selbst Fragen zu stellen.

– Ich denke, ein Thema, über das wir mal zusammen reden müßten, ist die Monatsblutung.
Möchtest du jetzt mit mir darüber sprechen? So könnte man das Gespräch mit einem 11- bis 13jährigen Mädchen recht taktvoll eröffnen. Wenn Sie selbst Ihre Kenntnisse über dieses Thema auffrischen wollen, lesen Sie noch einmal das 5. Kapitel und

besprechen Sie dann mit Ihrer Tochter, was die Menstruation verursacht und wie sie verläuft. Vergessen Sie dabei auch nicht mögliche seelische Tiefs während der Menstruation: Niedergeschlagenheit, Reizbarkeit und Tränen. Je besser Sie ihre Tochter darauf vorbereiten, desto eher können Sie ihr peinliche Erlebnisse ersparen.

– *Interessieren sich ein paar von deinen Freundinnen in letzter Zeit besonders für Jungen?*
Hast du bei dir selbst auch festgestellt, daß du dich jetzt mehr für Jungen interessierst als früher? So könnte ein Gespräch über romantisch-sexuelle Sehnsüchte beginnen. Viele Mädchen erleben eine Welle von „Verliebtheit“, kurz nachdem die Monatsblutung eingesetzt hat. In dieser Zeit möchten sie sich gerne besonders hübsch machen und sich für Jungen attraktiv kleiden. Es fällt ihnen dann schwer, sich auf die Schule zu konzentrieren. Ihre Noten werden vielleicht schlechter. Sie sind jetzt wahrscheinlich öfter in Verlegenheit zu bringen und genieren sich in der Gegenwart von Jungen eher als früher. Wenn man das gemeinsam bespricht, wird sich vielleicht für Ihre Tochter dadurch gar nichts ändern, aber es wird zwei Dinge klären: erstens begreift sie eher, was genau in ihr vorgeht, und zweitens weiß sie von jetzt ab, daß ihre Mutter sie versteht. Machen Sie ihr eindeutig klar, daß die Menstruation ein natürlicher Vorgang ist, der sie darauf vorbereitet, eine Frau zu werden.

– *Weißt du eigentlich, was Jungen „auf Touren bringt“?* Die meisten jungfräulichen Mädchen haben keine Ahnung, daß beispielsweise ein engsitzender Pullover über einer deutlich sichtbaren Brust schon ein sexueller Reiz für Jungen ist – genauso wie eng anliegende Jeans, sexuell aufreizende Bewegungen oder knapp sitzende Badeanzüge.

Manche christliche Frauen und genauso ihre Töchter gehen sehr sorglos mit Dingen um, die Jungen als aufreizend empfinden. Unser Herr hat gesagt, daß ein Mann schon in Gedanken Ehebruch mit einer Frau begeht, wenn er sie nur ansieht und Verlangen nach ihr hat (siehe Matthäus 5,28). Sie sollten Ihrer

Tochter erklären, daß ihr eigener Körper entweder ein Symbol der Weiblichkeit sein kann oder aber ein Zeichen körperlicher Lust, die in Männern angefacht wird und sie in ihrem Glauben zu Fall bringt. Das Mädchen wendet vielleicht ein, es müsse doch nicht „seines Bruders Hüter" sein. Aber gerade dann haben Sie Gelegenheit dazu, ihr klarzumachen, daß Frauen, die Gott gefallen, immer zurückhaltende Frauen sind. Die meisten noch unschuldigen Mädchen sind verwirrt, daß die Grenze zwischen bescheidener Weiblichkeit und koketter Herausforderung so schmal ist. Sprechen Sie in diesem Zusammenhang mit Ihrer Tocher auch über den Rat des Paulus an alle Christen: „Wenn ein Nahrungsmittel dazu führt, daß mein Bruder schuldig wird, will ich lieber nie mehr Fleisch essen. Denn ich will nicht, daß mein Bruder verlorengeht!" (1. Korinther 8,13).

– *Bist du dir darüber klar, daß du einen Jungen sexuell erregst, wenn du ihn nur berührst?* Noch in einem frühen Stadium seiner Entwicklung sollte jedes Mädchen wissen, daß Jungen eine hohe Empfindsamkeit für die Berührung durch ein weibliches Wesen haben, und zwar noch bevor Mädchen das richtig merken. Man muß hier erklären, daß die Brust einer reifen Frau ein sehr empfindliches Organ ist und im ehelichen Liebesvollzug auch als ein Mittel zur sexuellen Anregung dient. Bei manchen jedoch entwickelt sich diese Empfindlichkeit noch nicht gleich mit dem Wachstum der Brüste. Deshalb kann ein Mädchen, wenn es sich nicht vorsichtig bewegt, einen Jungen auch unabsichtlich sexuell erregen, indem es ihn anrempelt oder ihm gedankenlos zu nahe kommt.

– *Weißt du etwas darüber, wie der Sexualtrieb in einem Jungen wirkt und wodurch er angeregt wird?* Im Gespräch über diese Frage können Sie Ihrer Tochter erklären, wie die männlichen Geschlechtsorgane zusammenwirken, damit sie deren Funktion versteht und sich entsprechend verhält. Sie soll darauf achten, daß ihr Körper nicht Anlaß zu sexuellen Phantasien und körperlicher Lust bietet.

– Hast du schon einmal ein sexuell betontes Liebesgefühl gehabt? Diese Frage sollten Sie stellen, wenn Sie glauben, daß Ihre Tochter unbedacht sexuell anzüglichen Darstellungen ausgesetzt war, sei es durch das Fernsehen, ein Buch oder einen Film. Es ist wichtig, daß sie sich ihrer Gefühle bewußt wird. Vielleicht ist das auch eine gute Gelegenheit, ihr den „Zyklus einer Frau" im Zusammenhang mit der monatlichen Periode zu erklären. Wahrscheinlich wird Ihre Tochter feststellen, daß sie meist zu bestimmten Zeiten des Monats besonders liebebedürftig ist. Sie soll die Art dieser Gefühle und ihren Zusammenhang mit dem Hormonzyklus verstehen lernen.

– Kennst du Mädchen in deinem Alter, die schon sexuelle Erfahrungen gemacht haben? Und reden deine Freundinnen viel über sexuelle Erfahrungen? Sie müssen wissen, wie Ihre Tochter zu diesem Problem steht und wie ihre Wertvorstellungen in diesem Bereich aussehen. Sie muß auch über die Regeln Bescheid wissen, die in Ihrer Familie herrschen, wenn es um gemeinsame Unternehmungen mit einem Jungen geht (siehe dazu das 8. Kapitel). Und sie muß daran erinnert werden.

– Kennst du Mädchen, die vor der Heirat schwanger geworden sind? Fragen Sie, was Ihre Tochter dazu meint, wie dem betreffenden Mädchen wohl zumute ist und was sie mit dem Baby machen soll. Sie sollten dabei auch den neuen Trend ansprechen, daß manche Mädchen mit Absicht schwanger werden. Fragen Sie Ihre Tochter, ob das wohl fair gegenüber dem Kind ist. Und dann lassen Sie sie freimütig antworten, ohne daß Sie gleich Ihre eigene Beurteilung abgeben. Wenn Sie immer gleich verkünden, was richtig ist, brechen Sie damit vielleicht viele Gesprächsmöglichkeiten ab. Regen Sie sich nicht auf, wenn Ihre Tochter eventuell mit einer ausgefallenen Antwort kommt, nur um Sie zu schockieren. Versuchen Sie erst einmal, ihre Meinung zu respektieren, und stellen Sie dann weitere Fragen: „Meinst du wirklich...?" Oder: Was hältst du von ...?"

– Vielleicht hast du oder eine deiner Freundinnen schon einmal das Märchen gehört, das Jungen gerne erzählen, wenn ein Mädchen ihnen sehr gefällt: sie sagen dann nämlich, wenn sie jetzt nicht mit ihm schlafen würde, könnten sie körperliche oder psychische Schäden davontragen. Ihre Tochter wäre Ihnen in bezug auf die vereinbarten Regeln schon ungehorsam geworden, wenn sie einen Jungen so weit gebracht hätte, daß er sie derartig bedrängt. Aber selbst dann sollte sie wissen, daß sein unbefriedigtes sexuelles Verlangen keinen Schaden bei ihnen zurichtet. Es sollte ihr aber klar werden, daß sie schon längere Zeit mit dem Feuer spielt.

Erklären Sie ihr, daß körperliche Nähe und Zärtlichkeit von Gott dazu gedacht sind, Ehepaare auf den Geschlechtsverkehr vorzubereiten. Sagen Sie ihr auch, daß schon viele Mädchen von ihren Freunden vergewaltigt wurden, weil die Jungen zu stark erregt waren, keine Kontrolle mehr über ihre Leidenschaften hatten und schließlich ihre größere Körperkraft dazu benutzten, die Freundin zu überwältigen. Auch wenn ein Mädchen niemals die Absicht hat, so weit zu gehen, bleibt die Tatsache bestehen, daß sie so ihre Unschuld verlieren und möglicherweise sogar schwanger werden kann und zum Teil selbst für die unerfreuliche Situation verantwortlich ist. Viele unglückliche Ehen haben auf diese Weise begonnen; zahlreiche zerbrochene Träume fingen einmal mit intimer Zärtlichkeit an, die eigentlich nie außer Kontrolle geraten sollte. Ihre Tochter muß wissen, daß der Sexualtrieb bei Jungen und Mädchen zwischen 16 und 22 Jahren nichts ist, womit man spielen könnte.

– Meinst du oder meinen andere Mädchen in deinem Alter, daß man mit einem Jungen schlafen muß, um ihn nicht zu verlieren? Ihre Tochter sollte wissen, daß das Unsinn ist. Wenn sie sexuelle Beziehungen mit einem Jungen aufnehmen muß, um ihn nicht zu verlieren, dann interessiert er sich nicht vorrangig für sie als Person, sondern für ihren Körper. Eine solche Bindung ist außerdem meist von kurzer Dauer. Viele Frauen verstehen nicht, daß ein Mann, der mit der Sexualität nicht bis zur Hochzeit warten kann, eigentlich gar nicht wert ist, geheiratet zu werden. Wenn eine junge Frau, die sehr gerne heiraten möchte, ihren Freund

nur schwer zum Traualter bewegen kann, liegt das oft daran, daß sie unklugerweise schon vor der Ehe seinen Bedürfnissen nachgegeben hat.

– *Kann ein Mädchen Jungfrau bleiben und doch beliebt sein?* Die älteren Schulmädchen sind heutzutage einem starken Druck von gleichaltrigen Freundinnen ausgesetzt, sich auf sexuelle Beziehungen vor der Ehe einzulassen. Die Mädchen brauchen schon feste moralische Werte und viel Zuspruch von ihren Eltern, um zu erkennen, daß Beliebtheit in einer Gruppe von 16- bis 17jährigen nicht halb so wichtig ist wie Unberührtheit und Charakterstärke. Es gibt Zeiten im Leben von Heranwachsenden, wo sie am liebsten alles dafür hergeben möchten, nur um unter anderen Jugendlichen beliebt zu sein. Sie müssen aber einsehen, daß es Dinge gibt, die weit wichtiger sind als Beliebtheit. Es ist zu hoffen, daß Ihre Tochter dazu erzogen worden ist, einen jungen Mann nach seiner Charakterstärke und seinen Fähigkeiten zu beurteilen. Ihre Tochter sollte auch wissen, daß bei dem Jungen und bei ihr selbst Abscheu entstehen kann, wenn sie seinem Drängen nachgibt. Damit macht sie sich in seinen Augen überhaupt nicht beliebt.

Außerdem sollten Sie Ihre Tochter darauf aufmerksam machen, daß viele Männer miteinander reden und mit ihren „Eroberungen" angeben. Sie versprechen vielleicht, daß sie niemandem von ihrer intimen Beziehung erzählen, solange sie „fest mit einem Mädchen gehen". Aber wenn die Freundschaft in die Brüche gegangen ist, kann es sein, daß die ganze Schule davon erfährt. Mädchen mit einem ausschweifenden Lebenswandel werden nur in bezug auf ihre sexuellen Qualitäten bewundert, während tugendhafte Mädchen um ihrer selbst willen geliebt werden.

Wenn Ihre Tochter 17 geworden ist, weiß sie vielleicht schon viel mehr, als Sie meinen, und die Fragen Ihrer Tochter sind unter Umständen schwerwiegender als die, die Sie selbst stellen. Eine Umfrage unter älteren Schülerinnen ergab, daß die folgenden Fragen sie am meisten beschäftigten:

- *Wie kann man sexuelle Beziehungen vermeiden und doch seinen Freund behalten?*
- *Schadet es einem Jungen körperlich, wenn man ihn sexuell erregt?*
- *Wie weit kann ein Mädchen gehen, ohne in Schwierigkeiten zu kommen?*
- *Was empfindet man beim Geschlechtsverkehr?*
- *Woran kann ich merken, daß ich für sexuelle Beziehungen bereit bin?*
- *Welche sind die sichersten Mittel der Empfängnisverhütung?*
- *Ist es besser, gegenseitige Selbstbefriedigung zu betreiben, als vor der Ehe Geschlechtsverkehr zu haben?*
- *Ist oraler Geschlechtsverkehr falsch?*
- *Warum sollte ich Jungfrau bleiben?*

Haben Sie Ihrer Tochter im Alter von 15 bis 19 Jahren die entsprechenden Antworten auf diese Fragen gegeben?

Warum Ihre Tochter noch warten sollte

Zwischen 15 und 19 Jahren treffen Mädchen Entscheidungen sehr häufig gefühlsmäßig. Das heißt allerdings nicht, daß Logik und Vernunft überhaupt nicht in den Entscheidungsprozeß einfließen. Da sie von allen Seiten gefühlsmäßig bombardiert werden, doch schon vor der Ehe sexuelle Erfahrungen zu sammeln, können ihnen nur die Eltern, die Kirche und ein paar verantwortungsbewußte erwachsene Freunde angemessene Gründe dafür liefern, warum sie noch warten sollten. Die folgende Liste ist sicher nicht erschöpfend, aber sie wird wohl die wichtigsten Antworten enthalten.

1. Dein Körper gehört nicht dir, sondern Gott
Um den Körper unserer Kinder findet ein erbitterter Kampf statt. Das müssen unsere Kinder wissen. Auf der einen Seite

will Gott ihn heilig machen und erhalten, wozu auch gehört, daß sexuelle Beziehungen erst in der Ehe erlaubt sind. Gott bietet denen, die sich selbst rein halten, eine Belohnung in diesem und im kommenden Leben an. Solche Leute haben mehr Aussicht auf Liebe und Glück in der Ehe, bleiben von Geschlechtskrankheiten verschont und erhalten einen ewigen Lohn. Auf der anderen Seite will Satan ihren Körper dazu benutzen, die Gebote Gottes zur Sexualität zu verletzen. Er facht ihre Leidenschaft an, um sie seinem Willen gefügig zu machen. Er benutzt körperliche Anziehungskraft, während bei Gott geistliche Qualitäten zählen, und viele junge Christen lassen sich durch die äußerliche Attraktivität von Satan verleiten. Aber Jesus hat uns vor Satan gewarnt, der ein Lügner ist. Voreheliche sexuelle Beziehungen bringen eben nicht nur Lust und Vergnügen, wie er verspricht. Die Freude daran ist nur von kurzer Dauer, während die möglichen Folgen wie Schuldgefühle, Angst, Scham, ein schlechter Ruf, uneheliche Schwangerschaften, Geschlechtskrankheiten usw. das Glück eines Jugendlichen lange Zeit – vielleicht ein Leben lang – trüben können.

Eine junge Christin hat eigentlich keine Wahl, wenn sie sich mit Leib und Seele Jesus Christus verpflichtet hat. Die Bibel ist in diesem Punkt sehr deutlich. Wenn wir Christus gehorchen, halten wir unseren Leib rein; wenn wir uns auf voreheliche Beziehungen einlassen, sind wir Gott ungehorsam und entehren ihn damit. Betrachten Sie dazu die folgenden Bibelstellen:

„Laßt also euren vergänglichen Körper nicht von der Sünde beherrschen. Gehorcht nicht euren Leidenschaften. Liefert auch nicht den kleinsten Teil eures Körpers der Sünde aus, damit sie ihn nicht als Waffe gegen das Gute benutzen kann. Stellt euch vielmehr Gott zur Verfügung als Menschen, die aus dem Tod ins neue Leben gelangt sind. Gott soll euch mit all euren Fähigkeiten als Waffe im Kampf für das Gute benutzen können. Die Sünde hat künftig keine Macht mehr über euch. Denn ihr lebt nicht unter dem Gesetz, sondern unter der Gnade Gottes“ (Römer 6,12-14).

„Zieht nicht mit den Ungläubigen am selben Strick. Was ergäbe das für ein ungleichsames Gespann! Recht und Unrecht passen genausowenig zusammen wie Licht und Dunkelheit. Christus und der Teufel können doch nicht dasselbe Ziel verfolgen! Kann denn ein Christ mit einem Ungläubigen gemeinsame Sache machen? Oder haben die Götzen etwas im Tempel Gottes zu suchen? Wir sind doch der Tempel des lebendigen Gottes! Gott hat gesagt: Ich will bei ihnen wohnen und mitten unter ihnen leben. Ich will ihr Gott sein, und sie sollen mein Volk sein. Deshalb sagt er auch: Ihr müßt sie verlassen und euch von ihnen trennen. Berührt nichts Unreines! Dann werde ich euch bei mir aufnehmen. Ich werde euer Vater sein, und ihr sollt meine Söhne und Töchter sein. Das sagt der allmächtige Herr" (2. Korinther 6,14–18).

Ihre Tochter muß von Ihnen noch einmal hören, was sie wahrscheinlich schon weiß: Gott will ihren Körper rein halten. Wenn sie sich diesen Grundsatz fest eingeprägt hat, wird das ihre Entschlußkraft stärken, falls sie in Versuchungen hineingerät.

2. Ihre Selbstachtung wird erhalten

Eins der größten Probleme bei Jugendlichen liegt heutzutage darin, daß sie keine gute Meinung von sich selbst haben. Was wir von uns selbst halten, hat aber eine wesentliche Auswirkung auf unser Gottesbild, unsere Einstellung zu anderen Menschen, zur Zukunft und zu allem anderen in unserem Leben. Wenn ein Mädchen einmal seine Unschuld verloren hat, verliert es damit auch seine Selbstachtung, und es fällt ihm schwer, sich selbst anzunehmen.

3. Seine Jungfräulichkeit verliert man nur einmal

Wenn ein Mädchen einmal seine Unschuld verloren hat, wird es auch in weiteren Freundschaften sexuelle Beziehungen eingehen und so vielleicht zu einem freizügigen Leben verleitet werden. Wie schön ist es aber, wenn ein unberührtes Mädchen dem Mann, den sie einmal heiraten wird, sagen kann, daß sie sich einzig und allein seinetwegen allen anderen verweigert hat.

4. Jungfräulichkeit ist das Fundament der Selbstbeherrschung
Ein Mädchen, das auf sexuellem Gebiet keine Selbstdisziplin lernt, wird auch in anderen Lebensbereichen Schwierigkeiten haben, sich selbst zu beherrschen, zum Beispiel was das Essen betrifft oder den Umgang mit Geld, das Studium oder die Arbeit. Die Sexualität ist so ein wichtiger Aspekt des Lebens, daß Selbstbeherrschung hier unbedingt erforderlich ist.

5. Ein ausschweifendes Leben führt oft zu einer unehelichen Schwangerschaft
Jede Mutter eines heranwachsenden Mädchens macht sich heutzutage Sorgen darüber, daß ihre Tochter womöglich vor der Ehe schwanger werden könnte. Kaum ein Ereignis kann das Leben eines Teenagers und seiner Familie schlimmer treffen als diese Nachricht. Es erschüttert das gesamte Familienleben, und für das Mädchen bedeutet es wahrscheinlich, daß sein Leben nie mehr so sein wird wie vorher. Alle Träume von einer herrlichen Hochzeit in der Kirche – normalerweise der glücklichste Tag im Leben eines Mädchens – sind dann für immer zerstört.

Die tragischste Auswirkung einer solchen Schwangerschaft ist der Schaden, der der jungen Mutter zugefügt wird. Sie ist von jetzt an gebunden, und das zu einer Zeit in ihrem Leben, zu der sie sich sehnlichst wünscht, an allen möglichen Aktivitäten und Unternehmungen teilzuhaben. Die Verantwortung eines Erwachsenen wird ihr viel zu früh auferlegt. Ihre Weiterbildung (ein Studium oder eine Lehre) ist nur unter schweren Bedingungen oder aber gar nicht mehr möglich. Sie verpaßt vielleicht auch den richtigen Mann für ihr Leben und hat sich wahrscheinlich – in Ermangelung einer angemessenen Ausbildung – zu einer lebenslangen finanziellen Mittelmäßigkeit verurteilt. Das ist ein zu hoher Preis für ein paar leidenschaftliche Augenblicke.

6. Ihr Zeugnis als Christin verliert an Glaubwürdigkeit
Kaum ein unverheiratetes Mädchen wird eine Schwangerschaft überstehen, ohne daß es gleichzeitig seine Glaubwürdigkeit als

Christin verliert. Es ist zwar ungerecht, wenn Jungen nicht gleichermaßen die Auswirkungen eines solchen Ereignisses tragen, aber die Mädchen haben doch noch mehr darunter zu leiden.

7. Man kann Geschlechtskrankheiten bekommen

Geschlechtskrankheiten hat es immer gegeben. Sie sind – ebenso wie die Sünde der Unzucht – so alt wie die Menschheit selbst. Die zwei verbreitetsten Krankheiten, Syphilis und Gonorrhöe, haben unvorstellbares Leid mit sich gebracht: mißgebildete Kinder, Hirnschäden, Impotenz, Unfruchtbarkeit und anderes menschliches Elend. Aber in den letzten Jahren ist die sexuelle Freizügigkeit so weit gegangen, daß zwei neue unheilbare Geschlechtskrankheiten, nämlich Herpes Simplex II und AIDS, auf der Bildfläche erschienen sind. Im vorletzten Kapitel wird noch mehr dazu zu sagen sein; hier soll es genügen zu erwähnen, daß diese neuen Krankheiten Angst erzeugen und auch das allgemeine sexuelle Verhalten beeinflußt haben. Millionen von Menschen haben mit ihrem ausschweifenden Lebenswandel gebrochen, nur weil sie sich davor fürchteten, krank zu werden. Diese Angst sollte auch ein Grund für junge Mädchen und Frauen sein, ihre Unschuld zu bewahren.

Eine mir bekannte Krankenschwester hat vor kurzem eine 29jährige hübsche Prostituierte behandelt, die an Herpes erkrankt war und viele Geschwüre im Mund hatte. Sie weiß, daß sie selbst niemals Mutter werden kann, denn wenn sie ein Kind bekäme, würde es schon mit Herpes auf die Welt kommen.

8. Vorehelicher Geschlechtsverkehr führt oft zu einer überstürzten Heirat

Ein Bekannter erzählte mir folgendes: „Ich wünschte, eine Familie aus unserer Gemeinde hätte Ihr Buch vor einem Jahr gelesen. Ihre 15jährige Tochter hat den 17jährigen jungen Mann geheiratet, von dem sie Zwillinge erwartete. Jetzt wohnen sie bei den Eltern, und der Junge will nicht arbeiten.“ Ob sich die Eltern für ihre heranwachsende Tochter dieses Leben vorgestellt hatten? Man kann ein Mädchen nicht davon abhalten, sich sein eigenes Leben durch voreheliche sexuelle Beziehungen zu ruinieren, aber man kann es zumindest versuchen. Vorbeugende Aufklärung durch die Eltern ist weit mehr wert als alle Verbesserungsvorschläge, die zu spät kommen. Ob die Tochter den jungen Vater heiraten soll oder nicht, ist eine Frage für sich, mit der wir uns im 10. Kapitel noch beschäftigen werden. Nach meiner Einschätzung sind die Aussichten, daß solch eine Ehe gutgeht, ungefähr zwei- oder dreimal geringer, als wenn sie gewartet hätten und das Mädchen nicht schwanger geworden wäre. Das Unglück, das sich die jungen Leute selbst durch eine vorzeitige Ehe antun, ist kaum abzuschätzen.

Gott wollte, daß Kinder ein Segen für die Eltern sein sollten. Doch eine überstürzte Heirat zwischen Minderjährigen aufgrund sexueller Freizügigkeit schafft normalerweise nur Probleme.

9. Es ist schwer, eine voreheliche Beziehung wieder aufzugeben

Wenn junge Leute einmal sexuelle Beziehungen miteinander aufgenommen haben, ist es fast unmöglich, damit aufzuhören, es sei denn, ihre Partnerschaft geht in die Brüche. Die ausschließliche Beschäftigung mit Sex hindert ein Paar daran, sich auch auf anderen Ebenen richtig kennenzulernen. Außerdem kommt es in vielen Fällen zu unehelichen Schwangerschaften. Ich wünschte, es wäre allen Jugendlichen bekannt, daß nur ein kleiner Prozentsatz der Paare, die als Jugendliche sexuelle Beziehungen miteinander haben, später auch tatsächlich heiratet.

10. Ein junges Mädchen riskiert dabei, Gebärmutterkrebs zu bekommen

Schon die natürliche Anlage des Körpers legt anscheinend nahe, daß Gott für ein junges Mädchen noch keine sexuellen Beziehungen vorgesehen hat. Dr. Rhoda Lorand, eine Psychologin aus New York, legt dar, daß bei Mädchen, die vor dem 18. Lebensjahr schon intime Beziehungen haben, Krebs am Gebärmutterhals um ein Vielfaches häufiger vorkommt als bei denen, die erst später sexuelle Beziehungen aufnehmen. Sie stellt fest, daß es bei erwachsenen Frauen ein natürlich aufgebautes Abwehrsystem gibt, das bei der Einführung des männlichen Geschlechtsorgans in die Scheide körperfremdes Material und Krankheitskeime neutralisiert. Vor dem 18. Lebensjahr besitzt eine Frau diese Immunität jedoch nicht; daraus kann man schließen, daß Gott nicht wollte, daß sehr junge Mädchen überhaupt Geschlechtsverkehr haben.

Das sind einige der Gründe, warum Ihre Tochter keine vorehelichen Beziehungen haben sollte. Diese Gründe sollten Sie mit ihrer Tochter durchsprechen. Ich will noch einmal betonen, daß gutinformierte Eltern am besten dazu geeignet sind, ihre Kinder aufzuklären. Aus moralischer Sicht ist es nicht zu verantworten, die Aufklärung Ihrer Kinder anderen zu überlassen. Unsere Söhne und Töchter müssen für alle wichtigen Entscheidungen in ihrem Leben ausgerüstet sein, und außer ihrer Entscheidung für Gott ist kein Lebensbereich so wichtig wie die Sexualität.

Zum Schluß einige Tips für die Eltern: fangen Sie früh an, ihre Kinder aufzuklären; seien Sie sachlich genau; beantworten Sie alle Fragen so ehrlich und gut, wie Sie können; behalten Sie ein offenes Verhältnis zu Ihren Kindern, und seien Sie selbst ein möglichst vorbildlicher Ehepartner.

KAPITEL 7

Bewahrung vor sexuellem Mißbrauch

Das häufigste sexuelle Verbrechen der achtziger Jahre ist der sexuelle Mißbrauch von Kindern. Alle Ehe- und Familienberater, die ich kenne, sind erstaunt darüber, wie oft das in unserer Gesellschaft vorkommt. Eine Umfrage unter 800 Studenten hat ergeben, daß 19 Prozent der jungen Frauen und 9 Prozent der Männer als Kinder sexuell mißbraucht wurden.

Steigende Statistiken können bedeuten, daß das Problem zunimmt; es kann aber auch sein, daß man heute nur offener darüber spricht und sich deshalb mehr Erwachsene getrauen, ihre Kindheitserfahrungen einzugestehen. Das Geschäft mit der Pornographie, das sich in den USA auf 8 Milliarden Dollar beläuft, und unanständige Filme im Fernsehen, haben nicht gerade zu einem züchtigen Familienleben beigetragen. Nach neueren Statistiken einer Regierungsbehörde sind 25 Prozent aller amerikanischen Mädchen im Alter von 13 Jahren schon sexuell belästigt worden, mit 17 Jahren war es schon ein Drittel. Es ist niemals dringender gewesen als heute, daß Eltern ihre Kinder in sexueller Hinsicht beschützen.

Die Zunahme von Kindesmißbrauch durch fremde Personen nimmt zwar beängstigende Formen an, doch sind Fremde keineswegs die einzigen, die ein Kind in dieser Hinsicht fürchten muß. Viele Kinder werden von Mitgliedern der eigenen Familie belästigt. Der Zusammenbruch der Familie in unserer Gesellschaft verschlimmert die Probleme nur noch. Eine bedenkliche Situation kann sich etwa dann ergeben, wenn ein Mann eine hübsche heranwachsende Stieftochter hat, die allmählich sexuell anziehender wird als ihre Mutter, oder wenn ein junges

Mädchen zu schwach ist, um sich gegen den älteren Stiefbruder zu wehren.

Schuldgefühle, die Depressionen hervorrufen, und mangelnde Selbstachtung kommen bei heranwachsenden Mädchen und jungen Frauen, die als Kinder sexuell mißbraucht wurden, häufiger vor. Außerdem werden sie später oft rebellisch, frigide oder sexuell sehr freizügig; manche nehmen auch Zuflucht zu anderen Frauen und werden lesbisch. Viele von ihnen heiraten den Nächstbesten, sobald sie erwachsen sind – nur wegen der Schuld und Schande, die sie bedrückt. So machen sie sich für ihr ganzes Leben unglücklich, und schuld daran ist die Sünde eines anderen.

Meistens sind Mädchen die Opfer

Mädchen sind in viel größerem Maße Opfer sexuellen Mißbrauchs als Jungen. Ich werde schon wütend, wenn ich nur daran denke, daß ein Mann ein Kind vergewaltigt. Und meine Wut steigt noch bedenklich, wenn ich davon erfahre, daß der eigene Vater eines Mädchens diese Tat begeht. Fast schäme ich mich, von dem ersten Fall dieser Art zu berichten, mit dem ich in meinem Beratungszimmer zu tun bekam. Da kam ein hübsches 15jähriges Mädchen zu mir und fragte, wie es seinen Vater dazu bringen könne, keine sexuellen Forderungen mehr an sie zu stellen. Er dürfe aber auf keinen Fall davon erfahren, daß sie mir ihre ausweglose Lage anvertraut hätte. „Wenn er wüßte, daß ich Ihnen das erzählt habe, würde er mich glatt umbringen", sagte sie. Als ich ihr riet, sie müßte unbedingt mit ihrer Mutter darüber reden, erwiderte sie: „Das habe ich ja schon getan, aber sie hat Angst, daß sie meinen Vater verliert, wenn sie ihn nicht weitermachen läßt."

Die Leute waren Mitglieder meiner Kirchengemeinde. Ich konnte dafür sorgen, daß diese Belästigungen aufhörten, aber zwei Jahre später nahm das Mädchen sexuelle Beziehungen mit verschiedenen Partnern auf und wurde schwanger. Schließlich hatte sie ja auch aufgrund der Vorfälle mit ihrem Vater keine

Jungfräulichkeit mehr zu verteidigen. Viele Jahre später starb der Mann einen langen und qualvollen Tod. Ich konnte mich nicht gegen den Gedanken wehren, daß er damit vielleicht die gerechte Strafe für seine Taten erleiden mußte.

Kleine Mädchen und Heranwachsende sind in bezug auf sexuellen Mißbrauch besonders gefährdet – manchmal sogar durch die eigenen Brüder. Da Männer und Jungen ihnen rein körperlich überlegen sind, werden sie meistens einfach überwältigt, oder aber sie werden verführt, und dann befiehlt man ihnen, nur ja zu schweigen. Man droht ihnen mit Rache, wenn sie jemandem etwas davon erzählen sollten. Manchmal, wenn ein Opfer durch Schuldgefühle oder Wut dazu getrieben wird, die Sache zu gestehen, glaubt die Mutter diese schmutzige Geschichte nicht einmal oder weigert sich, der Wahrheit ins Auge zu sehen.

Welche Art von Männern oder Jungen sind überhaupt fähig, ein hilfloses Mädchen so zu belästigen? Einige ihrer typischen Vertreter sind:

– von Sexualität besessene Männer, die pornographische Schriften lesen oder anzügliche Filme sehen;

– Alkoholiker oder gewohnheitsmäßige Trinker, die beim Trinken zwar die Selbstbeherrschung, nicht aber ihren Sexualtrieb verlieren;

– unsichere Männer, die Angst haben, von einer Frau ihres Alters zurückgewiesen zu werden, und sich deshalb ein Kind aussuchen;

– kindlich gebliebene Männer, die keine Beziehungen zu Erwachsenen aufbauen können und statt dessen viel Zeit mit Kindern verbringen;

– Männer mit herrschsüchtigen, dominierenden Ehefrauen, die sie sexuell unterdrücken, so daß sie sich ihren eigenen Kindern oder Stiefkindern zuwenden, weil diese sich ihnen eher unterordnen;

– Männer ohne Disziplin, die bei fast allem, was sie in Angriff nehmen, Niederlagen einstecken müssen. Für sie ist der sexuelle Sieg über ein Kind quasi ein Erfolgserlebnis und verschafft ihnen ein Gefühl der Überlegenheit;

– Opfer einer humanistischen Gehirnwäsche, die sich lange genug eingeredet haben, daß es für Kinder richtig sei, sich schon früh im Leben sexuell zu betätigen, und daß eine sexuelle Beziehung zwischen Erwachsenen und Kindern eine „liebevolle Erfahrung" sei, die dem Kind guttue.

Solche Menschen sind krank vor Sünde. Und unsere Kinder müssen vor ihnen geschützt werden.

Warum hat der Kindesmißbrauch in letzter Zeit so zugenommen?

Wir haben die möglichen Ursachen für das Anwachsen der Kindesbelästigungen schon kurz gestreift, aber es erscheint mir sinnvoll, sie noch einmal ausführlich darzulegen, und zwar aus den drei folgenden Gründen:

1. Damit wir mögliche Gefahren und Gefahrenquellen rechtzeitig erkennen können;
2. damit wir aktiv werden, wenn gesetzliche Änderungen in bezug auf den sexuellen Mißbrauch von Kindern geplant sind;
3. damit wir auch gesetzliche Reformen fordern. Dem Verkauf von pornographischen Zeitschriften und Filmen muß Einhalt geboten werden. Fernsehprogramme, Kinofilme und Zeitschriften müssen zensiert werden, und das wird nur geschehen, wenn es genügend Leute, die sich der Moral verpflichtet haben, verlangen.

Niemals haben wir mehr von den Tragödien sexuellen Kindesmißbrauchs gehört als heute. Geistliche und Politiker sind gleichermaßen besorgt. Manche haben sich auch im Fernsehen zu Wort gemeldet und auf das beunruhigende Anwachsen dieses Problems aufmerksam gemacht. Leider sprechen alle nur sehr selten von den wahren Gründen, vielleicht weil sie sie nicht verstehen.

Im folgenden lege ich meine Vermutungen dar, was Erwachsene – besonders Männer – dazu veranlaßt, Kinder sexuell zu mißbrauchen. Solange sich die sozialen Bedingungen nicht ändern, werden wir zusehen müssen, wie eine ständig steigende Zahl von unschuldigen Kindern jedes Jahr im eigenen Heim vergewaltigt werden.

Die sich immer weiter ausbreitende Publikation pornographischer Schriften

In diesem Jahr wird die pornographische Industrie einen Umsatz von mindestens 8 Milliarden Dollar machen. Nach den Worten von Bruce Taylor, dem Vizepräsidenten der Vereinigung „Citizens for Decenca Through Law“ (deutsch: „Bürger für Anstand durch Gesetzgebung“), steckt die Mafia Millionen von Dollars aus dem Drogenhandel und der Prostitution in Sexshops, Peepshows und ähnliche Einrichtungen. Wir wissen gar nicht genau, wie groß das Geschäft mit der Pornographie eigentlich ist. Aber wir sind sicher, daß es um Milliardenbeträge geht.

Ich sehe in dieser Form der gedanklichen Sittenlosigkeit den hauptsächlichen Grund für das besorgniserregende Anwachsen von Kindesmißbrauch und Vergewaltigungen. Ich weiß von Fällen, in denen heranwachsende Jugendliche die pornographischen Zeitschriften ihrer Väter gelesen haben und davon so stark erregt wurden, daß sie ihre eigenen Schwestern vergewaltigten. Nur Gott weiß, wie oft das passiert, denn Scham und Angst halten viele Mädchen davon ab, von einem solchen Verbrechen zu berichten.

Aber Zeugenaussagen von Frauen zeigen, daß es das Problem schon seit Jahren gibt und daß es immer häufiger vorkommen wird, solange verkommene Leute so leichten Zugang zu pornographischen Schriften haben. Solche Zeitschriften wirken auf die Gedanken und Gefühle eines Mannes genauso, als wenn man Benzin ins Feuer gießt; sie sind zu den gefährlichsten explosiven Kräften für das Böse in unserer Gesellschaft geworden. Solange die Gesetzgeber nicht auf den Aufschrei der vielen Menschen hören, die gesetzliche Änderungen zum Schutz ihrer Kinder verlangen, wird dieser Zustand bestehenbleiben bzw. sich weiter verschlimmern.

Unanständige oder anzügliche Filme in Kino und Fernsehen

Da fast alle Familien ein Fernsehgerät haben (in der BRD ca. 97%), ist der Einfluß der Fernsehprogramme enorm groß. Viele der Filme sind sexuell anzüglich oder unanständig. Sie wirken auf Männer und unreife, aber sexuell schon voll entwickelte Jungen aufreizend. Wenn die Fernsehprogramme weiter einen solchen Niedergang erleben wie bisher, dann wird bald der Grundsatz herrschen: „Alles ist erlaubt." Ich sage voraus, daß es bald einen Wettbewerb um immer aufreizendere, unmoralischere Filme zwischen den Fernseh- und Videoprogrammen geben wird. Entweder wird diesen Programmen und Filmen durch die Gesetzgebung Einhalt geboten, oder eine immer größere Zahl von unschuldigen Mädchen wird sexuellen Belästigungen und Vergewaltigungen zum Opfer fallen.

Berufstätige Frauen, die ihre Kinder für lange Zeit ohne Aufsicht zu Hause lassen, schaffen damit Versuchungen für Väter und Brüder

Heutzutage arbeiten 60 Prozent der verheirateten Frauen in den USA außerhalb des Hauses. Man schätzt, daß sich diese Zahl bis zur Jahrtausendwende auf 75 Prozent steigern wird. Das bedeutet, daß Millionen von Kindern allein gelassen oder in Kindertagesstätten untergebracht werden. Daß diese Tagesstätten die Kinder nicht immer und überall so schützen und beaufsichtigen, wie man früher dachte, ist mittlerweile bekannt.

Scheidung und Wiederheirat

1984 ließen sich mehr als 1,3 Millionen Ehepaare in den Vereinigten Staaten scheiden. Von ihnen werden fast eine Million wieder heiraten. Das schafft eine starke Versuchung für Stiefbrüder und Stiefväter, besonders wenn sie regelmäßig pornographische Schriften lesen oder unmäßig viel fernsehen.

Drogen und Alkohol

Alkohol und andere Drogen heben die normale Zurückhaltung eines Menschen auf und fachen gefährliche Leidenschaften an, die sehr leicht zum sexuellen Mißbrauch von Kindern führen können.

Allzu sorglose Eltern

Die Wohnverhältnisse mancher Familien räumen den Eltern keinen Privatbereich ein, und viele Leute haben auch den Sinn für ein natürliches Maß an Zurückhaltung verloren. Wenn Geschwister ihre Eltern beim Geschlechtsverkehr beobachten können, führt das manchmal dazu, daß sie selbst sexuelle Experimente unternehmen. Jede Art von Zurschaustellen in der Familie kann schädliche Auswirkungen auf die Sicherheit kleiner Mädchen haben.

Der allgemeine Zusammenbruch moralischer Wertvorstellungen

In Zeiten der Versuchung ist es gut, wenn man durch moralische Entschlossenheit gestärkt wird. Das kann man jedoch nur erreichen, indem man die überlieferten moralischen Wertbegriffe der Bibel immer wieder betont. Kirchliche Gruppen tun dies auch, aber die meisten Kinder gehen nicht zur Kirche und ihnen werden diese Werte weder zu Hause noch in der Schule eingeprägt. Die Schulen haben die Verantwortung dafür abgelehnt, traditionelle Werte zu vermitteln, und manchmal greifen Lehrer sie sogar direkt an. So bekommen viele Kinder keine moralische Unterweisung und entwickeln deshalb keine biblischen Wertvorstellungen.

Solange diese und andere Gründe für sexuelle Kindesbelästigungen bestehenbleiben, müssen wir mit einer ständigen Verschlimmerung des Problems rechnen. Wenn wir es nicht durch gesetzliche Maßnahmen angehen oder aber eine moralische und geistliche Erneuerung erleben, kann ich voraussagen, daß in den USA im 21. Jahrhundert der Prozentsatz der weiblichen Opfer sexuellen Mißbrauchs bei den unter 17jährigen auf über 50 Prozent anwachsen wird.

Was durch die Täter, ihre Opfer und diejenigen, die nichts dagegen unternehmen können oder wollen, an Enttäuschung und Schuld verursacht wird, an Vereinsamung, Wut und menschlichem Elend, das kann gar nicht in Zahlen erfaßt werden. Stellen Sie sich nur die Verzweiflung der berufstätigen Mutter vor, die zu mir kam, weil sie sich plötzlich in „einer zweiten Ehe gefangen" sah. Ihr Mann, mit dem sie fünf Jahre verheiratet war, hatte das sexuelle Interesse an ihr verloren und angefangen, unmäßig zu trinken. Dann fing er an, begehrliche Blicke auf seine 14jährige Stieftochter zu werfen. Diese war empört und beklagte sich bei der Mutter, daß sie die Art, wie er sie „mit seinen Pfoten anfaßt", nicht mehr länger ertragen könne. Diese Mutter – zu der Zeit schwanger und finanziell von ihrem Mann abhängig – machte sich die größten Sorgen, was er ihrer Tochter alles antun könne, und ihre Tochter war doch der Mensch in ihrem Leben, den sie am meisten liebte.

Gott hat die Familie dazu bestimmt, für das Kind ein Ort der Geborgenheit zu sein und es vor schlechten Einflüssen zu schützen. Durch die humanistische Philosophie, die unsere Medien, die Regierung und das Erziehungswesen durchdringt, gelangen diese schlechten Einflüsse bis in die Familien und gefährden unsere Kinder.

Das Zuhause ist jedoch nicht der einzige Ort, wo sexuelle Mißhandlung von Kindern stattfindet. Anfang der achtziger Jahre wurden in den USA zahlreiche Kinderpornographie-Vereinigungen aufgedeckt, die in angesehenen Tagesstätten arbeiteten. Sie machten plötzlich Schlagzeilen in den Zeitungen und wurden Gesprächsgegenstand von Fernsehsendungen.

Kee MacFarlane, die Direktorin einer Abteilung am Children's Institute International von Los Angeles, in dem sexuell mißbrauchte Kinder behandelt werden, meint, daß es ein landesweites Netz von Kriminellen gibt, die selbst Tagesstätten und Horte eröffnet haben, um Zugang zu kleinen Kindern zu bekommen. Frau MacFarlane sagte dazu:

„Ich glaube, daß wir es hier mit einer regelrechten Verschwörung zu tun haben. Das Vorgehen der Betreffenden ist gut organisiert, um möglichst unentdeckt zu bleiben. Manche Kinderhorte und Kindergärten sind in den USA zu Stätten des Verbrechens an Kindern geworden. Wenn dazu auch noch Pornographie mit Kindern oder Kinderprostitution gehört, wie oft behauptet wird, dann hat eine solche Verbrecherorganisation größere finanzielle, rechtliche und organisatorische Mittel zur Verfügung als diejenigen, die sie entlarven wollen."[23]

Viele verantwortungsbewußte Beobachter befürchten, daß das Problem des sexuellen Mißbrauchs in Kindertagesstätten viel ernster ist, als die meisten Menschen glauben. Eltern müssen sorgfältiger darauf achten, wem sie ihre Kinder anvertrauen.

Der Schaden, der den Kindern zugefügt wird

Kinder, die sexuell mißbraucht worden sind, leiden oft unter nicht wiedergutzumachenden seelischen, körperlichen und geistigen Schäden. Sie tragen Verwundungen der Genitalien oder Verletzungen des Mastdarms davon; sie haben in späteren Jahren mit einem weitaus höheren Risiko von Gebärmutterkrebs zu rechnen. Cliff Linedecker, Autor des Buches „Kinder in Ketten", das Kinderpornographie, -prostitution und sexuellen Mißbrauch von Kindern beschreibt, erzählt die Geschichte eines 14jährigen Jungen in Chicago, der in einer Pflegefamilie aufwuchs. Sein Pflegevater entpuppte sich als ein Sexualverbrecher, der ihn zu regelmäßigem oralen Geschlechtsverkehr zwang. Als der Junge schließlich zur nächsten Polizeistation flüchtete, um Schutz zu suchen, stellte sich heraus, daß er im Hals bereits an akuter Gonorrhöe erkrankt war.

Der seelische Schaden, der durch sexuellen Mißbrauch entsteht, ist – rein menschlich gesehen – meist unheilbar. Cliff Linedecker sagt dazu: „Kinder, die von Erwachsenen sexuell mißbraucht oder verführt worden sind oder gezwungen wurden, Modell für pornographische Fotos zu stehen, tragen fast unweigerlich schwere psychische Verletzungen davon, die nie wieder richtig heilen."[24] Einige dieser seelischen Verletzungen sind das Gefühl der Wertlosigkeit, Schuldgefühle, Wut, Ohnmacht, Mißtrauen und das Bewußtsein, betrogen worden zu sein. Wenn Opfer von Kindesmißbrauch erwachsen werden, sind sie oft nicht fähig, normale Beziehungen zu anderen Menschen aufzunehmen. Sie kommen sich unerwünscht, verdorben und nutzlos vor.

Der Bericht eines Ausschusses der texanischen Regierung, der sich 1978 mit Kinderpornographie befaßte, stellte 17 kurzzeitig festzustellende Folgen von sexuellem Mißbrauch an Kindern zusammen: 1. kleinkindhaftes Verhalten, 2. kriminelles Verhalten, 3. sexuelle Freizügigkeit, 4. kaum Beziehungen zu Gleichaltrigen, 5. mangelnde Bereitschaft, an Sport- oder Freizeitaktivitäten teilzunehmen, 6. Fortlaufen aus dem Elternhaus, 7. Drogen- und Alkoholmißbrauch, 8. allgemeine Verwirrung, 9. Depressionen, 10. Angst, 11. Mißtrauen, 12. Alpträume, 13. Ruhelosigkeit, 14. Verändertes Verhalten im Vergleich zu früher, 15. unerklärliche gesundheitliche Probleme, 16. schlechte schulische Leistungen, Schwierigkeiten mit dem Lernen und 17. Selbstverstümmelung.[25]

Charakterprofil eines Triebtäters

In einer Zeitung in San Diego erschienen am 18. November 1984 gleich zwei Berichte, die mit dem sexuellen Mißbrauch von Kindern zu tun hatten. Die Schlagzeilen lauteten: „Mutmaßlicher Triebtäter vor Gericht" und „10 Jahre Gefängnis für Mißbrauch an einem Jungen". In dem einen Artikel wurde ein 56jähriger Mann angeklagt wegen „zahlreicher Fälle von Kindesbelästigung, ungesetzlichen sexuellen Beziehungen mit Minderjährigen, oralem Geschlechtsverkehr, Kuppelei, Verführung zur Unkeuschheit, unzüchtigem Verhalten mit Kindern, Beihilfe zu kriminellen Handlungen Minderjähriger und Pornographie mit Kindern". Im anderen Fall bekam ein Mann eine Gefängnisstrafe wegen sexueller Beziehungen zu einem Jungen, den er bei einem freiwilligen sozialen Hilfsdienst kennengelernt hatte.

Im Juni 1984 erschien in der „Los Angeles Times" ein Artikel mit der Überschrift „Geistlicher beging Sexualverbrechen, um sich innerlich zu befreien". Es war die Geschichte eines Pfarrers, der vor kurzem erst aus einer psychiatrischen Klinik entlassen wurde, in der er als „psychisch gestörter Sexualtäter" sechs Jahre lang behandelt worden war. Er war Leiter einer christlichen Schule gewesen, bis man ihn schließlich aufgrund von Anklagen wegen sexuellen Mißbrauchs mehrerer heranwachsender Jungen festgenommen hatte.

Was für ein Mensch ist ein Triebtäter eigentlich? Dr. Bruce Gross leitender Direktor des USC Instituts für Psychiatrie, hat in den letzten zwölf Jahren mit mehr als 1000 Menschen zu tun gehabt, die Kinder sexuell mißbrauchten. Er sagt: „Rein äußerlich scheinen sie ganz normale Menschen zu sein." Jugendpfarrer, Leiter von Jungengruppen, Flughafenangestellte, Geistliche, Sicherheitsbeamte, Pfadfindergruppenleiter, Grundschullehrer – Angehörige aller dieser Berufsgruppen sind in den letzten Jahren in Kalifornien wegen Kindesmißbrauchs verurteilt worden.

Triebtäter passen nicht in das Klischee vom „bösen alten Mann", wenn auch 90 Prozent der wegen Kindesmißbrauchs Inhaftierten Männer sind. Es sind Männer der verschiedensten Rassen und aller sozialen Schichten. Auffallend ist, daß die meisten Triebtäter für die Kinder keine Fremden sind; es sind Freunde, denen sie vertrauen, Verwandte, Gruppenleiter oder andere Autoritätspersonen. Cliff Linedecker erklärt: „Der Mann, der heutzutage Kinder verführt oder Pornographie mit ihnen betreibt, ist eher intellektuell, flexibel, gebildet und wohlhabend. Oft steht er in leitender Position und ist sehr geachtet wegen seines Engagements in der Jugendarbeit (wie etwa bei den Pfadfindergruppen, in kirchlichen Jugendgruppen, Zeltlagern und ähnlichem). Einige Männer, die mit Kinderpornographie und Kinderprostitution in Verbindung stehen, sind Millionäre."[26]

Wenn der Täter das Kind schon kennt, greift er auch nur selten auf Gewalt zurück. Er ist in seiner gefühlsmäßigen Entwicklung gehemmt und äußert einfach kindliche Gefühle und Haltungen. Dr. Shirley O'Brien beschreibt einen solchen Menschen als seelisch unreif:

„Manche Männer, die zum sexuellen Mißbrauch von Kindern neigen, sind verheiratet und haben auch selbst Kinder. Dennoch können sie unreife Eigenschaften zur Schau stellen und sexuell unbefriedigt und unausgeglichen sein. Wenn sie von ihrer Ehefrau unter Druck gesetzt oder abgelehnt werden, suchen sie dafür möglicherweise Ausgleich mit einem Kind. Sie suchen jemanden, der offen für sie ist und sie annimmt, der ihren Bitten nachgibt und sich nicht über sie lustig macht."[27]

Ein Triebtäter glaubt tatsächlich, daß er das Kind „liebt", mit dem er sexuelle Beziehungen aufnimmt. Er umwirbt es so, wie ein Mann es mit einer Frau tut, oft fotografiert er das Kind sogar. Häufig wird mit den Bildern auch gehandelt, und manche von den Fotos erscheinen möglicherweise in irgendeiner pornographischen Zeitschrift.

Triebtäter als Opfer sexuellen Mißbrauchs

Es gibt hinlängliche Beweise dafür, daß erwachsene Triebtäter häufig in ihrer Kindheit selbst Opfer sexueller Verbrechen waren. A. Nicholas Groth, der als Psychologe für die Behandlung von Triebtätern für ein Gefängnis in Connecticut zuständig ist, hat 18 Jahre lang mit sexuellen Straftätern gearbeitet. Er hat dabei die folgenden immer wiederkehrenden Tatbestände festgestellt: labile, ungeklärte Familienverhältnisse; keine konsequente oder gerechte Disziplin zu Hause; sexueller Mißbrauch oder Vernachlässigung der Familie. Groth schreibt: „Bei ungefähr einem Drittel der Straftäter, die behandelt wurden, war irgendeine schmerzliche sexuelle Erfahrung in ihrer Lebensgeschichte nachzuweisen. Diese Angaben sind bedeutsam, wenn man sie mit einer Statistik von nicht straffällig gewordenen Männern vergleicht. Hier sind es nur etwa 10 Prozent, die in der Kindheit sexuell mißbraucht worden sind.[28]

Eine neue Generation von Sexualverbrechern

Dr. Bruce Gross ist beunruhigt über eine mögliche neue Generation von Männern, die Kinder sexuell belästigen. Was wird aus denen, die verurteilt worden sind und ihre Gefängnisstrafe abgesessen haben? Wenn solche Leute wieder anfangen, Kinder zu verführen, ist nach Meinung von Gross „die Wahrscheinlichkeit sehr groß, daß sie ihre Opfer auch umbringen."[29] Da sie schon eine Verurteilung hinter sich haben, befürchten diese Triebtäter, daß sie bei einer erneuten Verhaftung eine wesentlich höhere Gefängnisstrafe bekommen könnten. Deshalb spielen sie möglicherweise mit dem Gedanken, die Kinder zu töten, nur um mögliche Zeugen aus dem Weg zu schaffen.

Wie wir unsere Kinder schützen können

Im folgenden werden die Methoden aufgeführt, die Triebtäter häufig anwenden. Die Liste wurde von Kenneth Wooden zusammengestellt, dem leitenden Direktor der „National Coalition for Children's Justice". Diese Punkte sollten Eltern mit ihren Kindern besprechen.

Zuneigung und Liebe

Die meisten Sexualverbrechen und Morde an Kindern werden von Personen begangen, die dem Kind bekannt oder sogar Mitglieder der eigenen Familie sind.

Hilfeleistung

Triebtäter nähern sich einem Kind oft damit, daß sie es um irgendwelche Hilfe bitten: sie fragen nach dem Weg zu einer bekannten Sehenswürdigkeit, zu einem in der Nähe gelegenen Restaurant oder zur Schule; sie bitten das Kind, mit ihnen einen entlaufenen jungen Hund zu suchen oder einen Arm voller Pakete zu einem Auto zu tragen.

Autoritätspersonen

Weil Kinder Respekt vor Autoritätspersonen haben, verschaffen sich Sexualverbrecher oft einen Vorteil dadurch, daß sie sich als Polizisten, Pfarrer oder Feuerwehrleute verkleiden.

Bestechung

Das ist eine der ältesten Listen. Die Verführer bieten den Kindern Spielsachen, Süßigkeiten oder andere Belohnungen an.

Berühmtheit

Manchmal versprechen sie den Kindern eine Stellung als Fotomodell oder aber die Möglichkeit, bei einem Schönheitswettbewerb mitzumachen oder der Star in einem Werbespot für das Fernsehen zu werden.

Notfall

Die Vortäuschung eines Notfalls soll bewirken, daß das Kind verwirrt und verängstigt wird.

Spiel und Spaß

Bei dieser Art der Verlockung führen scheinbar unschuldige Spiele oft zu intimem körperlichem Kontakt.

Gelegenheitsarbeiten

Ältere Kinder werden durch das Angebot von gutbezahlten oder interessanten Arbeitsstellen angelockt.

Drohungen und Einflößen von Angst

Manche Triebtäter drohen mit Gewalt und zücken Gewehre oder Messer.

Wenn wir diese verschiedenen Taktiken mit unseren Kindern besprechen, können wir das Risiko schon etwas herabsetzen, daß sie sexuellem Mißbrauch zum Opfer fallen. Da jedes Jahr 100 000 bis 500 000 Kinder Triebtätern in die Hände fallen, ist es ganz wesentlich, daß wir unsere Kinder über sie aufklären. So können wir hoffentlich verhindern, daß sie deren Opfer werden.

Wir müssen mit unseren Kindern besprechen, wann Berührungen erlaubt sind und wann nicht, wann es angebracht ist, daß jemand sie in den Arm nimmt und wann dies nicht zu geschehen hat. Unsere Kinder sollten wissen, daß sie das Recht haben, nein zu sagen, wenn jemand sie berühren will, und daß niemand ihren Intimbereich verletzten darf.

Wir müssen auf bestimmte Anzeichen achten

Es gibt bestimmte Anzeichen von möglicher Kindesmißhandlung, auf die wir achten müssen. Es sind:

1. Ungewöhnliche Spuren, Schrammen oder Rötungen im Bereich des Afters und der Genitalien.

2. Persönlichkeitsveränderungen

Plötzliche Veränderungen im Verhalten können ein Hinweis auf sexuelle Probleme sein. Dr. Shirley O'Brien sagt eindringlich: „Wenn die Persönlichkeit eines Kindes sich über Nacht verändert zu haben scheint und es bei diesem Verhalten bleibt, ist das ein Zeichen dafür, daß etwas nicht stimmt."[30]

3. Depressionen

Ist das Kind auf einmal ständig niedergeschlagen, ohne daß es dafür einen einsichtigen Grund gibt?

4. Heimlichkeit

Gibt das Kind plötzlich nur noch ausweichende Antworten zu dem, was es tut? Ist es schon dabei erwischt worden, daß es lügt, wenn es gefragt wird, wo es seine Zeit verbringt?

5. Wortschatz

Zeigt das Kind auf einmal detaillierte Kenntnisse sexueller Ausdrücke oder Vorgänge?

6. Materielle Werte

Hat das Kind vor kurzem Spielsachen oder Kleider gekauft oder besitzt es Geld, über dessen Herkunft es keine Rechenschaft ablegen kann? Dann könnte Bestechung der Grund sein.

Das Reden mit unseren Kindern über die Gefahren des sexuellen Mißbrauchs ist ein wichtiger Bestandteil der Aufklärung. Wenn wir diese Bedrohung nicht erwähnen, bleiben sie in dieser Hinsicht gefährdet. Wir sollten ihnen Mut machen, uns alles zu erzählen, auch wenn sie beispielsweise eine Situation erlebt haben, die sie nicht ganz verstehen. Da die Zahl der Mädchen, die sexuell verführt werden, immer weiter steigt, müssen wir besonders unsere Töchter durch frühzeitige Gespräche über dieses Thema schützen. Es mag zwar für ein kleines Kind schwierig sein, mit der Mutter über dieses heikle Thema zu reden, aber unsere Töchter müssen eins wissen: wenn jemand ihre Geschlechtsteile anfaßt, müssen sie zu uns kommen und uns das sagen. Wenn sie darüber reden können, vermindert das Schuldgefühle, die bei Kindern so häufig vorkommen, und es hilft uns, die Unschuld unserer Kinder zu bewahren. Wenn ein Kind sicher ist, daß es jederzeit ein Gespräch über dieses Thema mit uns anfangen darf, ist das unser bestes Mittel, es auch zu schützen.

Wie soll man reagieren, wenn ein Kind mißbraucht worden ist?

Wenn eins unserer Kinder mißbraucht worden ist, müssen wir ihm zu allererst versichern, daß wir uns um es kümmern und es auch weiter liebhaben. Oft wird sich ein Kind, das Opfer eines Triebtäters geworden ist, selbst die Schuld geben. Wir müssen ihm zu verstehen geben, daß alles wieder gut werden wird und daß niemand es für das verantwortlich macht, was geschehen ist.

Man sollte sich Zeit lassen, wenn man herausfinden will, was genau passiert ist und wer ihm etwas angetan hat. Man darf das Kind nicht drängeln. Es erlebt jetzt einen heftigen Widerstreit der Gefühle und braucht dringend unsere Liebe und Achtung. Außerdem hat es vielleicht das Gefühl, daß es einen „Freund" verrät, wenn es Einzelheiten berichtet, denn normalerweise läßt ein Triebtäter das Kind versprechen, nichts weiterzuerzählen. Da wir ja unsere Kinder dazu erziehen, Versprechungen auch zu halten, verwirrt es sie vielleicht, wenn wir sie jetzt darum bitten, eines zu brechen.

Wenn es sichtbare Spuren an der Kleidung oder am Körper des Kindes gibt, lassen Sie sie zunächst unverändert. Sie sollten zum Beispiel dem Kind nicht die Genitalien abwaschen, bevor es ärztlich untersucht worden ist; sonst könnten Sie Beweise zerstören. Wenn Sie herausbekommen haben, daß das Kind wirklich sexuell mißbraucht worden ist, sollten Sie Kontakt mit der örtlichen Polizeidienststelle aufnehmen. Von dort aus wird man sie an eine geeignete medizinische Stelle weiterleiten.

Wir müssen darauf achten, daß die Kommunikation mit unseren Kindern stets offen bleibt. Wir müssen sie liebhaben, ihnen Aufmerksamkeit schenken und immer wieder unsere Bereitschaft betonen, auch sexuelle Fragen mit ihnen zu bereden. Und vor allen Dingen: wir müssen täglich für sie beten.

Weitere Möglichkeiten der Bewahrung beschreibt Paulus im Epheserbrief 6,13-18: „Darum greift zu den Waffen Gottes! Wenn dann der schlimme Tag kommt, werdet ihr den Angriff des Feindes bestehen und bis zuletzt standhalten können. Seid also bereit! Legt die Wahrheit Gottes als Gürtel um. Zieht das neue Leben als Panzer an. Tragt als Schuhe die Bereitschaft, die Gute Nachricht vom Frieden zu verkünden. Haltet dazu den Glauben als Schild vor euch. Damit könnt ihr die Brandpfeile des Satans abfangen. Die Hoffnung auf Rettung ist euer Helm und das Wort Gottes das Schwert, das der Geist euch gibt. Vergeßt dabei nicht das Gebet: Bittet Gott immerzu mit Hilfe seines Geistes. Bleibt wach und hört nicht auf, für das ganze Volk Gottes zu beten."

KAPITEL 8

Freundschaften

Wenn ein junger Mann und ein Mädchen eine Freundschaft beginnen, ist das nicht nur für sie selbst, sondern auch für ihre Väter und Mütter aufregend. Manche Eltern leiden entsetzlich; andere dagegen schaffen es, diesem Erziehungsabschnitt auch erfreuliche Seiten abzugewinnen.

Normalerweise trifft die Zeit der Freundschaften die Heranwachsenden und ihre Eltern ganz unvorbereitet. Die jungen Leute haben oft kaum Ahnung davon, was ihre Eltern von ihnen erwarten, und die Eltern sind sich manchmal noch nicht einmal untereinander darin einig, was sie erlauben sollen und was nicht. Das allein schafft schon Probleme. Wir bereiten unsere Kinder auf die Schule vor, auf die Sonntagsschule, auf Geburtstage, Weihnachten, Schwimmkurse und fast jedes andere Ereignis im Leben. Warum besprechen wir dann nicht auch das Thema „Freundschaften", bevor sie einen Freund bzw. eine Freundin haben? Meine Frau und ich haben für das erste Kind von vornherein bestimmte Regeln für Verabredungen aufgestellt. So war es ziemlich leicht, die jüngeren Geschwister davon zu überzeugen, daß sie dieselben Grundsätze einhalten mußten. Wenn die Eltern dagegen schon beim ersten Kind ins Schwimmen geraten, werden sie möglicherweise bei den anderen ganz untergehen.

Diese neue Situation macht vielen Eltern angst, und zwar aus verschiedenen Gründen. Erstens sind Freundschaften ein riesiger Schritt zur Unabhängigkeit. Es kommt ja nur selten vor, daß die Eltern das junge Paar begleiten; sie verlieren also einen erheblichen Teil ihrer Kontrolle über die Kinder, wenn die beiden sich treffen und zwei oder drei Stunden lang zusammen fort sind. Zweitens haben manche Eltern nicht gelernt, ihren Kindern zu vertrauen, und wenn die Tochter dann einen Freund hat (bzw. der Sohn eine Freundin), dann wächst das Mißtrauen noch weiter. Drittens haben viele Eltern keine klaren Grundsätze aufgestellt, und so steigern sich ihre Befürchtungen ins Unermeßliche.

Meine Frau und ich hatten die Möglichkeit, unsere Richtlinien für Verabredungen an zehn Kindern auszuprobieren: an unseren vier eigenen und an sechs Missionarskindern, die während der letzten Schuljahre bei uns lebten, während ihre Eltern noch auf dem Missionsfeld waren. Wenn wir heranwachsende Kinder bei uns aufnahmen, stellten wir die Bedingung, daß sie sich auch an unsere Regeln hielten. Obwohl es zeitweise heftige Diskussionen gab, und zwar bei den Missionarskindern genauso wie bei unseren eigenen, war diese Zeit im Grunde für uns alle ein schönes Erlebnis.

Grundsätze für Verabredungen mit Freund oder Freundin

Im folgenden stellen wir die Liste der Prinzipien vor, die wir im Laufe der Jahre entwickelt haben. Sicher sind sie nicht vollkommen, aber sie haben bei uns funktioniert und sind von Tausenden von Familien übernommen worden, die an unseren Familienseminaren teilgenommen haben. Wenn Sie diese Grundsätze ebenfalls durchsetzen wollen, werden Sie sich zumindest zeitweise bei Ihren Kindern unbeliebt machen, aber wenn Sie überhaupt keine Richtlinien haben, werden Sie und auch Ihre heranwachsenden Kinder das später bedauern. Sich beliebt zu machen ist nicht das wichtigste.

Verabredungen mit einem Freund, bzw. einer Freundin sind erst ab 15 erlaubt

Diese Altersgrenze ist für Jungen normalerweise kein Problem, weil viele von ihnen sich sowieso erst später für Mädchen interessieren. Bei Mädchen ist das anders. Wie wir schon gesehen haben, werden sie früher reif als Jungen, sowohl körperlich als auch in bezug auf zwischenmenschliche Beziehungen. Deshalb möchten sie oft gerne schon früher mit einem Jungen ausgehen. Die Jungen in ihrem Alter haben aber andere Interessen oder sind für sie nicht besonders anziehend. Daher dürfen Sie sich nicht wundern, wenn sie mit älteren Jungen ausgehen wollen. Das schafft natürlich ganz besondere Probleme.

Die Empfehlung, erst ab 15 Jahren miteinander auszugehen, hindert ja junge Leute nicht daran, gemeinsam an Gruppenveranstaltungen teilzunehmen. So können sie zum Beispiel bei Ausflügen kirchlicher Jugendgruppen, auf Freizeiten, auf Schulfesten und -veranstaltungen, Geburtstagsfeiern und ähnlichem zusammensein. Aber daß ein Junge und ein Mädchen sich verabreden und zu zweit etwas unternehmen, sollte nicht vor dem 15. Geburtstag erlaubt werden.

Keine Verabredung mit Nichtchristen

Im Wort Gottes gibt es einen ganz wichtigen Grundsatz: „Ziehe nicht mit dem Ungläubigen am selben Strick" (2. Korinther 6,14). Verabredungen können zu festen Beziehungen oder sogar zu einer Ehe führen. Wenn man sich dann in einen Nichtchristen sehr verliebt hat, den man nach Gottes Wort doch nicht heiraten soll, verursacht das seelische Qualen.

Wir können unseren Jugendlichen helfen, das zu vermeiden, indem wir ihnen von vornherein nicht erlauben, sich mit Nichtchristen zu verabreden. Normalerweise lernt man Jugendliche des anderen Geschlechts nämlich nur dann näher kennen, wenn man mit ihnen ausgehen darf.

Dieser Grundsatz verursacht möglicherweise Tränen, etwa dann, wenn man einem heranwachsenden Mädchen verbietet, mit dem gutaussehenden Schulsprecher auszugehen, für den sie doch so schwärmt. Aber es wird einem viel späteres Unglück dadurch erspart. Vielleicht hat der Apostel Paulus auch an so etwas gedacht, als er schrieb: „Schlechter Umgang verdirbt den Charakter" (1. Korinther 15,33). Jeder junge Mensch, der nicht aus einem Elternhaus kommt, das dieselben moralischen Wertvorstellungen hat wie wir, wird einen schädlichen und sogar „verderblichen" Einfluß auf unsere Söhne und Töchter haben.

Im Laufe der Jahre haben meine Frau und ich erleben müssen, wie nette Christen, die es mit ihrem Glauben ganz ernst nahmen, eben weil sie sich diesem Grundsatz nicht verpflichtet hatten, den Kontakt zu ihren Kindern verloren, die sie sehr liebten. Wir haben erst vor kurzem mit mehreren von ihnen gebetet und geweint, die das heute bedauern. Zwei Töchter, die mit 18 heirateten und mit 19 schon wieder geschieden waren, haben ihren Eltern unendlichen Kummer bereitet und die ersten Jahre ihres Erwachsenseins schwer belastet.

Lernen Sie den Jungen kennen, mit dem Ihre Tochter sich verabredet

Sie sollten den Freund Ihrer Tochter schon bei der ersten Verabredung kennenlernen. Deshalb heißt eine der Richtlinien, daß der Junge ihre Tochter zu Hause abholen soll, damit sie mit ihm reden und sich ein Bild von ihm machen können. Immerhin vertrauen Sie ihm etwas sehr Kostbares, nämlich Ihre Tochter, an. Wenn ein Junge sich mit Ihrer Tochter verabreden und einen Treffpunkt ausmachen möchte, kann sie ihm sagen, daß ihre Eltern Wert darauf legen, zu wissen, mit wem sie zusammen ist, und deshalb möchten, daß er sie zu Hause abholt. Manche Anwärter werden hiervon vielleicht abgeschreckt, aber die gehören zu einer Gruppe, die Ihre Tochter nach Möglichkeit sowieso meiden sollte. Jeder Junge, der nicht den Mut hat, dem Vater eines Mädchens ins Gesicht zu sehen, ist es auch nicht wert, mit ihr auszugehen.

Dieses Gespräch gibt dem Vater die Gelegenheit, gleich vier Dinge zu klären. Erstens kann er selbst sehen, ob der junge Mann wirklich ein Christ ist (leichtfertige Versicherungen der Tochter sind nicht immer richtig). Zweitens kann er feststellen, ob der Junge altersgemäße Ziele oder Pläne für sein Leben hat oder ob das Mädchen sein einziges augenblickliches Ziel ist. Drittens kann der Vater die Richtlinien klarstellen, an die sich die beiden halten sollen. Das kann man nicht unbedingt von der Tochter erwarten. Es wäre peinlich für sie, wenn das von ihr verlangt würde, und außerdem könnte dabei etwas vergessen werden. Viertens kann der Vater so einen Eindruck vom Familienleben des jungen Mannes bekommen. Wenn er seine Eltern liebt und achtet, kann man das auch in der Ehe von ihm erwarten. Und das Gegenteil ist genauso wahr.

Haben Sie einen Sohn, der mit einem gläubigen Mädchen ausgehen will, so ist es etwas einfacher für Sie, ihm Ihre Richtlinien mitzuteilen. Wenn er sich zwei oder dreimal mit demselben Mädchen verabredet und Sie es noch nicht persönlich kennen, sagen Sie ihm, er sollte die Freundin zu einem Familienausflug mitbringen; oder arrangieren Sie ein Gespräch mit den beiden jungen Leuten. Ich meine, die Mutter sollte an diesem Gespräch teilnehmen, weil Väter sich auch einmal irren können. Man braucht schon eine Frau, um eine andere Frau einzuschätzen, besonders wenn es um die Freundin des eigenen Sohnes geht.

Alle Verabredungen müssen vorher mit den Eltern abgesprochen werden

Wenn Ihre Tochter mit ihrem Freund – oder Ihr Sohn mit seiner Freundin – zu einer Veranstaltung gehen will, die Sie eigentlich nicht für richtig halten, sollten Sie sich nicht zu einer vorschnellen Einwilligung überreden lassen. Wir haben unseren Teenagern erklärt, daß wir immer unsere Zustimmung geben zu Aktivitäten oder Ausflügen der Kirchengemeinde, zu Feiern unter der Aufsicht Erwachsener, zu sportlichen Aktivitäten und zu besonderen Veranstaltungen, die vorher mit uns abgesprochen wurden. Nicht erlaubt dagegen waren Kinobesuche, Tanzveranstaltungen, Parties ohne Erwachsene und alle Veranstaltungen, bei denen auch Alkohol getrunken wurde.

Bis zum Alter von 17 Jahren ist nur das gemeinsame Ausgehen von zwei Paaren erlaubt

Die Forderung, gegen die unsere heranwachsenden Kinder wohl am meisten protestiert haben, war die, daß sie nur mit einem anderen Paar von jungen Christen zusammen ausgehen durften. Diese Gruppengröße bietet eine gewisse, wenn auch geringe Sicherheit. Der Hauptgrund für diese Regelung ist, daß die jungen Leute schon vorher gezwungen sind zu planen und daß lange Zeitstrecken vermieden werden, in denen sie zu intime Gespräche führen könnten. In einer Aufwallung von Verliebtheit und dem romantischen Gefühl des Augenblicks können Jugendliche leicht vorschnelle Liebesgeständnisse und Versprechen ablegen, deren Tragweite ihnen nicht richtig bewußt ist. Wenn noch ein anderes Paar dabei ist, ist das zwar auch nicht auszuschließen, aber es wird unwahrscheinlicher.

Absolutes „Parkverbot"

Ein Parkplatz an einem Aussichtspunkt mit Blick über die erleuchtete Stadt mag zwar romantisch sein, ist aber keineswegs ein idealer Ort, um jugendliche Versuchungen zu überwinden. In diesem Lebensalter ist die Berührung des anderen Geschlechtes ganz besonders anziehend, erregend und gefährlich. Wir sehen das gemeinsame Ausgehen als eine Gelegenheit für Spaß und Geselligkeit, aber nicht als Test für die Selbstbeherrschung.

Eines von unseren Kindern hat an diesem Punkt immer heftig protestiert: „Papa, ich habe den Eindruck, du vertraust uns nicht!" Und ich habe erwidert: „Da hast du ganz recht. Ich traue dir nicht und mir auch nicht, überhaupt niemandem, wenn es um menschliche Schwächen geht." Sie können jetzt zurückfragen: „Und, haben sich Ihre Kinder wirklich in all den Jahren, in denen sie mit Freund oder Freundin im Auto unterwegs waren, an das „Parkverbot" gehalten?" Wir sind nicht so naiv, daß wir meinen, sie hätten nie gegen diese Regel verstoßen, aber wenn sie es taten, war ihnen bewußt, daß das gegen unsere Vereinbarung war. Ein Mädchen hat einmal zugegeben: „Immer wenn ich in Versuchung war, mit einem Jungen im Auto auf einem Parkplatz stehenzubleiben, hatte ich Angst, mein Vater könnte plötzlich hinter dem Rücksitz auftauchen."

Zu Hause oder in einem anderen abgeschlossenen Bereich darf man sich nicht aufhalten, wenn nicht ein verantwortungsbewußter Erwachsener in der Nähe ist

Früher wurden in den USA vor allem im Auto Zärtlichkeiten ausgetauscht und geschlechtliche Beziehungen aufgenommen. Diese Zeiten sind vorbei. Heute haben junge Leute, vor allem, wenn die Eltern beide berufstätig und nicht zu Hause sind, Zugang zu den Wohnungen. Diese Umgebung ist noch viel verführerischer als ein Auto. Auch den vertrauenswürdigsten Teenagern sollte man nicht erlauben, allein in der Wohnung zu bleiben. In der Bibel heißt es: „Mit dem Bösen sollt ihr überhaupt nichts zu tun haben" (1. Thessalonicher 5,22). Wenn ein Junge und ein Mädchen vielleicht auch gar nichts Falsches tun, wenn sie allein sind, so kann es doch ihrem guten Ruf schaden und sollte schon deshalb ausdrücklich untersagt sein.

Die gegenseitige Zuneigung soll in der Öffentlichkeit nicht unangemessen zur Schau gestellt werden

Liebe ist etwas Schönes für Jugendliche und Erwachsene, aber manche Arten öffentlicher Bekundung der Zuneigung wirken anzüglich, sind schädlich für das persönliche Ansehen und könnten andere zur moralischen Zügellosigkeit verleiten. Eine christliche Gemeinde sieht es gerne, wenn sich Jugendliche lieben, aber sie müssen genug Selbstachtung haben, daß sie sich in der Öffentlichkeit nicht gerade gegenseitig „auffressen". Richtige Freundschaften sollten einen jungen Menschen nicht von seinem Zeugnis als Christ und dem Wachstum im Glauben ablenken. Außerdem könnte einem später, wenn man vielleicht das Interesse an dem augenblicklichen Freund oder der Freundin wieder verlieren sollte, peinlich sein, daß man seine Zuneigung damals so zur Schau gestellt hat.

Küsse, Umarmungen und andere Liebkosungen, die erregend wirken, müssen vermieden werden

Vielleicht ist das die härteste Regel von allen. Aber das gegenseitige Streicheln oder „Petting" ist ja nichts anderes als das sogenannte Vorspiel, das zur Vorbereitung auf den Geschlechtsverkehr dient. Nur ganz Naive sehen nicht ein, daß diese Vorgänge nicht nur bei Erwachsenen, sondern genauso auch bei Teenagern ablaufen, wenn sie sich auf leidenschaftliche Umarmungen und Liebkosungen einlassen. Die meisten ersten sexuellen Erfahrungen vor der Ehe ergeben sich aus solchem Verhalten, selbst dann, wenn das zunächst nicht die Absicht von beiden Partnern war.

Die Schwierigkeit bei der sexuellen Erregung liegt darin, daß die meisten Menschen irgendwann einen Punkt überschreiten, von dem aus es kein Zurück mehr gibt. Niemand kann genau voraussagen, wann das ist, und da der Sexualtrieb schwankt, ist ein Mensch zu manchen Zeiten nicht mehr fähig, seine Leidenschaften zu bezähmen, wenn sie sich bis zu einem gewissen Punkt aufgeheizt haben. Deshalb müssen erregende Gefühle von vornherein vermieden werden. Sexuelle Leidenschaft ist etwas Schönes, aber man sollte sie für die Ehe aufheben. Unverheiratete Jugendliche sollten diese Art der Versuchung meiden. Weil sexuelle Erregung aufregender ist als alles andere, wird das junge Paar, das sich einmal darauf eingelassen hat, mit allen anderen lohnenden und sinnvollen Aktivitäten, die man gemeinsam unternehmen könnte, unzufrieden bleiben. Wenn man das Petting einmal ausprobiert hat, scheint es wichtiger als alles andere zu sein und nimmt normalerweise immer mehr Zeit in Anspruch; leidenschaftliches Küssen und Streicheln führt eben gewöhnlich zum Geschlechtsverkehr. Wenn eine Heirat noch nicht möglich ist, sollten sich auch Verlobte auf diese Zärtlichkeiten nicht einlassen. Um geistliche und emotionale Konflikte zu vermeiden, sollten sich alle Paare so etwas ausschließlich für die Ehe aufheben.

Ein Grund für die hohe Scheidungsrate heutzutage liegt darin, daß die jungen Leute sich auf so weit gehende Zärtlichkeiten eingelassen haben, daß sie sich gegenseitig fast nur auf der Ebene der körperlichen Intimität kennengelernt haben. Andere Ebenen wurden stark oder ganz vernachlässigt, und so konnten sie nicht wirklich prüfen und erkennen, ober der Freund (oder die Freundin) ein passender Ehepartner ist.

Für die körperliche Liebe hat man nach der Hochzeit noch sehr viel Zeit. Vorher sollten die jungen Leute an allen möglichen Aktivitäten teilnehmen. So können sie zusammen Spaß haben und sich gleichzeitig in den verschiedensten Lebensbereichen gut kennenlernen. Solche gemeinsamen Erlebnisse werden vernachlässigt, wenn man sich nur mit Petting und Sex befaßt. Teenagern sollte man raten, die Freiheit der Jugend zu genießen. Es ist eine Zeit, die schnell vorbeigeht und die man sich nicht durch die Verantwortung von Erwachsenen erschweren sollte.

Das schlimmste aber ist, daß intime Beziehungen die Jugendlichen davon abhalten, auf den Heiligen Geist zu hören. So verfehlen sie seinen Plan für ihr Leben und möglicherweise eine Berufung in den Dienst des Herrn.

Bis zum 17. Lebensjahr sollten die Mädchen um 22.00 Uhr zu Hause sein, ab 17 um 23.00 Uhr. Den Jungen wird eine halbe Stunde länger eingeräumt, um ihre Freundin nach Hause begleiten zu können

Abgesehen von manchen Veranstaltungen unter der Aufsicht Erwachsener, von denen wir im voraus wußten, daß sie länger als 23.00 Uhr dauern würden, mußten unsere Mädchen immer um 23.00 Uhr zu Hause sein und die Jungen eine halbe Stunde später, damit sie ihre Freundin noch nach Hause bringen konnten. Gegen diese Festsetzung regte sich zunächst bei allen Widerstand, aber wir meinten, daß man in unserer Stadt nur sehr wenig Sinnvolles nach 23.00 Uhr unternehmen konnte. Außerdem finden wir, daß Jugendliche um diese Zeit auch wieder zu Hause sein sollten. Zugegeben, die meisten Eltern waren hier nachsichtiger. Eine von unseren Töchtern hat sich unter Tränen beklagt: „Papa, ich bin das einzige Mädchen in unserer Kirchengemeinde, das um 23.00 Uhr zu Hause sein muß!“ Und ich versicherte ihr liebevoll: „Du, ich kann nichts daran ändern, daß die anderen Eltern falsche Entscheidungen treffen.“ Auch unser Sohn sagte uns später einmal, er habe die festgesetzten Zeiten als zu früh empfunden. Wenn ich heute noch einmal solche Regeln aufstellen müßte, würde ich wahrscheinlich nachsichtiger sein. Dann würde ich den 17jährigen erlauben, erst um 23.30 Uhr nach Hause zu kommen.

Wenn es auch hin und wieder kleinere Auseinandersetzungen wegen der Zeiten gab, bedauern wir diese Regelung im nachhinein nicht. Als eine unserer Töchter, die sich oft darüber ärgerte, daß sie um 23.00 Uhr zu Hause sein mußte, selbst Mutter einer Tochter wurde, sagte sie zu uns: „Wißt ihr noch, was wir damals für Regeln fürs Ausgehen hatten? Wir haben uns schon vorgenommen, daß wir das mit Jenny genauso machen.“ Eltern sehen eben viele Dinge anders als Jugendliche.

Manche Eltern wissen vielleicht nicht, wie sie eine bestimmte Uhrzeit durchsetzen sollen. Ganz gleich, welche Zeit Sie festsetzen, Ihre Kinder werden das für zu früh halten und sich vielleicht nicht daran halten. Das gibt dann Streit zwischen Eltern und Jugendlichen. Wir haben das Problem einfach so gelöst, daß wir sagten: „Jede Minute, die ihr zu spät kommt, kostet euch eine Viertelstunde bei der nächsten Verabredung.“ Ein Junge brachte unsere Tochter einmal so spät nach Hause, daß die beiden beim nächsten Mal nur anderthalb Stunden lang ausgehen konnten. Sie mußten beim Minigolf schon bei der siebten Bahn aufhören, damit sie noch rechtzeitig nach Hause kamen. Aber in den vier Jahren danach, in denen sie miteinander ausgingen, kamen sie auch nur noch einmal zu spät, und da hatten sie eine Reifenpanne mitten auf der Autobahn. Junge Leute müssen wissen, daß die Eltern auch ihr Wort halten. Wenn die Jugendlichen Ihre Regeln testen wollen, müssen Sie aufpassen, daß Sie Ihre Prüfung auch bestehen.

Viele Eltern finden diese Richtlinien zu streng und entscheiden sich deshalb, ab und zu „ein Auge zuzudrücken“. Allzuoft sagen Eltern: „Ich kann doch meinen Kindern vertrauen.“ Und so lassen sie die Kinder eigene Grundsätze aufstellen oder allzu viele Ausnahmen machen. In manchen Fällen ist das auch recht gut gegangen, aber in vielen anderen Fällen haben wir gesehen, daß die gute Erziehung der vorangegangenen Jahre verlorenging, weil beim Ausgehen mit dem Freund oder der Freundin übergroße Freiheiten gewährt wurden. Solche Eltern haben einfach vergessen, welchen großen Einfluß Jugendliche aufeinander haben und wie stark in diesem Alter der Sexualtrieb ist.

Es ist schlimm, wenn die Teenager alles, was sie einmal zum Thema Selbstbeherrschung gelernt haben, über Bord werfen, nur weil ihre Eltern ihnen zu große Freiheiten einräumen – und das zu einem Zeitpunkt, zu dem die Jugendlichen am wenigsten fähig sind, mit ihren leidenschaftlichen Gefühlen fertig zu werden. In diesen Jahren erleben sie die größten gefühlsmäßigen Schwankungen. Daher treffen sie Entscheidungen oft auf der Basis von Gefühlen und lassen Vernunft und Wille außer acht. Es hat einmal jemand gesagt: „Wenn Gefühl und Wille miteinander im Widerstreit liegen, dann siegt am Ende immer das Gefühl." Das stimmt, und leider sind Entscheidungen, die nur gefühlsmäßig gefällt werden, fast immer falsch. Man braucht schon eine gewisse Reife, um zu wissen, daß man nur dann eine Entscheidung treffen sollte, wenn Verstand und Gefühl übereinstimmen. Und vor allem sollte man Entscheidungen am Wort Gottes prüfen. Salomo hat gesagt: „Ein weiser Sohn ist seines Vaters Freude; aber ein törichter Sohn ist seiner Mutter Grämen" (Sprüche 10,1). Und was für Söhne zutrifft, das gilt auch für Töchter.

Sie sollten an folgendes denken: immer wenn Sie bei der Anwendung Ihrer Regeln hart bleiben müssen, sollten Sie trotzdem freundlich und sehr liebevoll bleiben; gelegentlich läßt sich vielleicht ein Kompromiß finden. Aber zu lässig dürfen Sie nicht sein. In unserem Kulturkreis und unserer Zeit gelten andere Maßstäbe, als zu biblischen Zeiten. Damals war es üblich, daß die Eltern die Ehepartner für ihre Kinder aussuchten. Somit gab es normalerweise keine Verabredungen und auch keine sexuelle Freizügigkeit und uneheliche Schwangerschaften. Ich will nicht sagen, daß wir zu den Sitten von vor 2000 Jahren zurückkehren sollten, aber Eltern können Entscheidungen wie „Mit wem kann ich ausgehen?“, „Wo können wir zusammen hingehen?“, Was sollen wir zusammen unternehmen?“ oder „Wie lange darf ich abends wegbleiben?“ nicht einfach den jungen Leuten überlassen, die vor ein paar Jahren noch Kinder waren. Solche Entscheidungen Jugendlichen selbst zu überlassen, halte ich für sehr gefährlich. Hier sind schon elterliche Richtlinien nötig.

Diese Zeit, in der Teenager Freundschaften schließen, kann sowohl für sie selbst als auch für die Eltern eine sehr schöne Zeit sein. Dazu ist es aber wichtig, daß man ihnen Richtlinien an die Hand gibt und liebevoll darauf achtet, daß sie auch eingehalten werden.

KAPITEL 9

Christliche Moral- und Wertvorstellungen

In den letzten 50 Jahren haben sich die Moralvorstellungen radikal gewandelt. Vor 50 Jahren war es beispielsweise noch üblich, daß junge Mädchen von Anstandsdamen begleitet wurden. Heute ist der Begriff so gut wie ausgestorben.

Früher wurden Studenten und Studentinnen getrennt untergebracht, heute wohnen Jungen und Mädchen zusammen in Studentenwohnheimen. Die Freizügigkeit, die sich dabei oft abspielt, geht vom gemeinsamen Duschen bis hin zur „freien Liebe".

Die moralischen Werte von früher haben ihre Gültigkeit weitgehend verloren. Weit verbreitet dagegen ist eine Moral nach dem Motto „Alles ist erlaubt" oder „Jeder kann tun, was ihm Spaß macht". Wir haben schon erwähnt, daß heute ein viel kleinerer Prozentsatz von jungen Männern und Frauen die Ehe ohne jede sexuelle Erfahrungen eingeht als noch vor 20 Jahren. Wenn es auch keine offiziellen Untersuchungen über junge Christen gibt, legen die inoffiziellen Angaben und persönliche Beobachtungen nahe, daß sie sich in diesem Punkt nicht sehr von Nichtchristen unterscheiden, außer daß sie häufig längere Zeit mit demselben Partner zusammen sind und insgesamt weniger freizügig leben als ungläubige Jugendliche. Aber der Prozentsatz, der unberührt in die Ehe geht, ist beängstigend niedrig.

In einer Zeit, in der fast alle liberalen Erzieher, Psychologen, Soziologen und andere einflußreiche Personen des öffentlichen Lebens, zum Beispiel Fernsehprogrammgestalter, Rock- und

Filmstars, freie Sexualität und Unzucht befürworten, müssen wir uns auf die Grundlagen der Bibel zurückbesinnen. Es ist die Pflicht der Christen und der Kirchen, zur Rückkehr zu biblischen Werten aufzurufen.

Eine große Gefahr in bezug auf die Bildung von Wertvorstellungen ist das Fernsehen, und zwar deshalb, weil es einen ungeheuren Einfluß auf die Zuschauer ausübt. Vor kurzem wurde eine prominente Filmschauspielerin über die Moral der heutigen Jugend interviewt. Die Hauptsendezeit eines wichtigen Programms wurde dieser Schauspielerin zur Verfügung gestellt, die so ungefähr alles an unmoralischen Rollen gespielt hat, was man sich nur denken kann: Prostituierte, Nymphomaninnen, untreue Ehefrauen und Lesbierinnen. Ihre Kommentare, in denen keinerlei Werte mehr übermittelt wurden und die wohl kaum die allgemeine Moral verbessern könnten, wurden noch durch die Tatsache gekrönt, daß sie dreimal verheiratet war und im Augenblick mit einem Mann in außerehelicher Gemeinschaft zusammenlebt.

Wenn dagegen ein Evangelist oder Pfarrer im Fernsehen interviewt und nach seinen Ansichten gefragt wird, bezeichnet man seine Einstellung normalerweise als „gesetzlich", „fanatisch", „rechts", „puritanisch" oder „überholt". Da man sie mit logischen Argumenten nicht schlagen kann, versucht man, sie lächerlich zu machen, ihrem Ruf zu schaden oder ihre Meinung zu verdrehen – eine altbekannte Taktik. Wie werden aber unkritische Zuschauer durch solche wertenden Interviews beeinflußt! Bis Herpes und AIDS in die Schlagzeilen rückten, wurden diejenigen, die die Ansicht vertraten, sexuelle Erfahrungen solle man für die Ehe aufheben, als unmenschlich und altmodisch abgetan. Jetzt aber besinnen sich viele auf die alte Moral, um sich so Gesundheit und Glück zu erhalten.

Unsere Jugendlichen müssen sich entscheiden, nach welchen Grundsätzen und Werten sie leben wollen: nach denen der Menschen oder nach Gottes. Im vorliegenden Kapitel sollen die moralischen Werte der Bibel dargestellt werden. Diese Werte sind klar, absolut und unveränderlich. Alle gläubigen Eltern sollten ihre heranwachsenden Kinder mit Gottes Lehre zu diesem

Thema bekannt machen; sonst lassen sich die Jugendlichen zu sehr von menschlichen Überlegungen und Standpunkten beeinflussen, die normalerweise für große Freizügigkeit plädieren. In der Bibel heißt es: „Wohl dem, der nicht wandelt im Rat der Gottlosen" (Psalm 1,1).

Gottes Wort zu kennen hilft uns, gegen Sünde und Versuchung anzugehen. Das wußte schon König David, denn er sagte: „Ich behalte dein Wort in meinem Herzen, damit ich nicht wider dich sündige" (Psalm 119,11). Wenn sie in Versuchung kommen, brauchen unsere Jugendlichen alle nur erdenkliche Hilfe. Die folgenden Bibelstellen sollten sie sich fest einprägen.

Ehebruch und Unzucht sind immer verboten

Mit Ehebruch ist in der Bibel jede Form von sexuellen Beziehungen außerhalb der Ehe gemeint, und er wird immer untersagt. Betrachten Sie dazu die folgenden Stellen:

Altes Testament:

„Du sollst nicht ehebrechen" (2. Mose 20,14; 5. Mose 5,18).

„Darum heiligt euch und seid heilig, denn ich bin der Herr, euer Gott" (3. Mose 20,7).

„Wenn jemand die Ehe bricht mit der Frau seines Nächsten, so sollen beide des Todes sterben, Ehebrecher und Ehebrecherin, weil er mit der Frau seines Nächsten die Ehe gebrochen hat. Wenn jemand mit der Frau seines Vaters Umgang pflegt und damit seinen Vater schändet, so sollen beide des Todes sterben; ihre Blutschuld komme über sie. Wenn jemand mit seiner Schwiegertochter Umgang pflegt, so sollen sie beide des Todes sterben, denn sie haben einen schändlichen Frevel begangen; ihr Blut lastet auf ihnen. Wenn jemand bei einem Manne liegt wie bei einer Frau, so haben sie getan, was ein Greuel ist, und sollen beide des Todes sterben; Blutschuld lastet auf ihnen" (3. Mose 20,10-13).

Diese Moralgesetze wurden dem Volk Israel gegeben, als es das Land Palästina einnahm, und zwar „um das Leben zu erhalten“. Wir sind zwar nicht dafür, daß Menschen wegen Ehebruchs getötet werden, aber die harte Strafe zeigt doch, wie streng Gott es mit den Moralgesetzen hält. Offenbar hat er es sehr ernst gemeint, als er Männern und Frauen gebot, keine außerehelichen sexuellen Beziehungen einzugehen. Die folgenden Sprüche wurden aufgeschrieben, als Israel schon mehrere Jahrhunderte im Gelobten Land lebte:

„Mein Sohn, merke auf meine Weisheit; neige dein Ohr zu meiner Lehre, daß du behaltest guten Rat und dein Mund wisse Erkenntnis zu bewahren! Denn die Lippen der fremden Frau sind süß wir Honigseim, und ihre Kehle ist glatter als Öl, hernach aber ist sie bitter wie Wermut und scharf wie ein zweischneidiges Schwert. Ihre Füße laufen zum Tode hinab; ihre Schritte führen ins Totenreich, daß du den Weg des Lebens nicht wahrnimmst; haltlos sind ihre Tritte, und du merkst es nicht“ (Sprüche 5,1-6).

„Mein Sohn, bewahre das Gebot deines Vaters und laß nicht fahren die Weisung deiner Mutter. Binde sie dir aufs Herz allezeit und hänge sie um deinen Hals, daß sie dich geleiten, wenn du gehst; daß sie dich bewachen, wenn du dich legst; daß sie zu dir sprechen, wenn du aufwachst. Denn das Gebot ist eine Leuchte und die Weisung ein Licht, und die Vermahnung ist der Weg des Lebens, auf daß du bewahrt werdest vor der Frau deines Nächsten, vor der glatten Zunge der Fremden. Laß dich nach ihrer Schönheit nicht gelüsten in deinem Herzen, und laß dich nicht fangen durch ihre Augenlider. Denn eine Hure bringt einen nur ums Brot, aber eines anderen Ehefrau um das kostbare Leben. Kann auch jemand ein Feuer unterm Gewand tragen, ohne daß seine Kleider brennen? Oder könnte jemand auf Kohlen gehen, ohne daß seine Füße verbrannt würden? So geht es dem, der zu seines Nächsten Frau geht; es bleibt keiner ungestraft, der sie berührt“ (Sprüche 6,20-29). Siehe dazu auch Sprüche, Kapitel 7.

Jesus zum Thema Ehebruch

Unser Herr sagte oft etwas zu diesem Thema, und er sah nicht nur den körperlichen Liebesakt als Sünde an, sondern auch schon begehrliche Gedanken. Zwar war er gern bereit, reuigen Ehebrechern zu vergeben, aber er verurteilte Ehebruch immer als Sünde. Sehen Sie sich dazu die folgenden Aussagen an:

„Ihr wißt auch, daß es heißt: Du sollst keinen Ehebruch begehen! Ich aber sage euch: Wer eine Frau auch nur ansieht und sie haben will, hat mit ihr in Gedanken schon die Ehe gebrochen. Wenn dich dein rechtes Auge verführt, dann reiß es aus und wirf es weg. Es ist besser für dich, du verlierst ein Glied deines Körpers, als daß du ganz in die Hölle geworfen wirst. Und wenn dich deine rechte Hand verführt, dann hau sie ab und wirf sie weg; es ist besser für dich, du verlierst ein Glied deines Körpers, als daß du ganz in die Hölle kommst. Bisher hieß es: Wer seine Frau fortschicken will, muß ihr eine Scheidungsurkunde ausstellen. Ich aber sage euch: Wer sich von seiner Frau trennt, obwohl sie ihm nicht untreu war, bringt sie dazu, die Ehe zu brechen, wenn sie wieder heiratet. Und wer eine Geschiedene heiratet, wird zum Ehebrecher" (Matthäus 5,27-32).

„Darum sage ich euch: Wer sich von seiner Frau trennt und eine andere heiratet, begeht Ehebruch, es sei denn, die Frau lebt selbst in ständigem Ehebruch" (Matthäus 19,9).

„Einmal kam ein Mann zu Jesus und fragte ihn: ‚Lehrer, was muß ich Gutes tun, um das ewige Leben zu bekommen?' ‚Warum fragst du mich, was gut ist?' antwortete Jesus. ‚Es gibt nur Einen, der gut ist! Wenn du bei ihm leben willst, dann halte seine Gebote.' ‚Welche Gebote?' fragte der Mann. Jesus antwortete: ‚Du sollst nicht töten, nicht die Ehe brechen, nicht stehlen, nicht lügen, du sollst deinen Vater und deine Mutter ehren und deinen Mitmenschen lieben wie dich selbst'" (Matthäus 19, 16-19).

Andere Stellen aus dem Neuen Testament

Die Begriffe Ehebruch und Unzucht werden an manchen Bibelstellen mit gleicher Bedeutung gebraucht. Unzucht bedeutet eigentlich jede Art von sexueller Übertretung vom Ehebruch bis zur Homosexualität, und immer wird sie eindeutig verboten. Die Heidenchristen, die sich erst vor kurzem zum Glauben bekannt hatten, bekamen von den Ältesten der Gemeinde folgende Weisung:

„Es erschien nämlich dem heiligen Geist und uns richtig, euch keine weitere Last aufzuladen außer den folgenden unerläßlichen Regeln: Eßt kein Fleisch von Tieren, die als Opfer für die Götzen geschlachtet worden sind; genießt kein Blut; eßt kein Fleisch von erwürgten Tieren und hütet euch vor Blutschande. Wenn ihr diese Regeln beachtet, tut ihr recht" (Apostelgeschichte 15,28-29).

„Denkt daran: für Menschen, die Unrecht tun, hat Gott keinen Platz in seiner neuen Welt. Macht euch nichts vor! Menschen, die Unzucht treiben oder Götzen anbeten, die die Ehe brechen oder mit Partnern aus dem eigenen Geschlecht verkehren, Diebe, Wucherer, Trinker, Verleumder und Räuber werden nicht in Gottes neue Welt kommen" (1. Korinther 6,9-10).

„Aber unser Körper ist deshalb noch lange nicht für die Unzucht da, sondern für den Herrn, der auch der Herr über unseren Körper ist ... Hütet euch um jeden Preis vor der Unzucht! Alle anderen Sünden, die ein Mensch begehen kann, beflecken nicht den Körper. Wer aber Unzucht treibt, beschmutzt sich selbst. Wißt ihr denn nicht, daß euer Körper der Tempel des heiligen Geistes ist? Gott hat euch seinen Geist gegeben, der jetzt in euch wohnt. Darum gehört ihr nicht mehr euch selbst" (1. Korinther 6,13, 18-19).

„Weil ihr Gott gehört, schickt es sich nicht, daß bei euch von Unzucht und Unsauberkeit oder Gier jeder Art auch nur gesprochen wird. Es paßt auch nicht zu euch, gemeine, dumme oder schlüpfrige Reden zu führen. Benutzt eure Zunge lieber, um Gott zu danken. Ihr müßt wissen: Wer Unzucht treibt oder sonst ein ausschweifendes Leben führt oder von Habgier erfüllt ist – und Habgier ist eine Art Götzendienst –, für den ist kein Platz in der neuen Welt, in der Gott und Christus herrschen" (Epheser 5,3-5).

„Darum tötet, was vom alten Menschen noch in euch lebt:

Unzucht, Zügellosigkeit, Leidenschaft, Gier und Habsucht. Habsucht ist soviel wie Götzendienst. Wegen dieser Dinge kommt das Gericht Gottes über die Menschen, die ihm nicht gehorchen" (Kolosser 3,5-6).

„Gott will, daß ihm euer ganzes Leben gehört. Das bedeutet, daß ihr euch von Unzucht reinhalten sollt. Jeder von euch Männern soll lernen, mit seiner Frau so zusammenzuleben, wie es Gott und den Menschen gefällt. Ihr sollt nicht blind eurer Leidenschaft folgen wie die, die Gott nicht kennen. Es soll auch keiner einem Bruder Unrecht tun und ihn bei Geschäften übervorteilen. Wir haben euch das schon früher gesagt und euch gewarnt: Wer solche Dinge tut, den wird der Herr bestrafen. Gott hat uns nicht berufen, damit wir ein zuchtloses Leben führen, sondern damit wir ihm mit unserer Lebensführung Ehre machen. Wer diese Anweisungen in den Wind schlägt, lehnt sich also nicht gegen einen Menschen auf, sondern gegen Gott, der euch seinen heiligen Geist gegeben hat" (1. Thessalonicher 4,3-8).

Aus diesen Versen geht eindeutig hervor, daß Gottes Grundsätze unveränderlich und absolut sind. Wenn wir also ein heiliges Leben führen sollen, müssen wir auch unseren Sexualtrieb beherrschen und ihn auf die eine menschliche Beziehung, die Gott dafür erlaubt, nämlich auf die Ehe, begrenzen. Dies ist für die Ungläubigen, die sich so laut in den Medien, im Erziehungsbereich und in der Unterhaltungsindustrie zu Wort melden, undenkbar. Weil diese Leute oft die Existenz eines persönlichen und heiligen Gottes leugnen, bestreiten sie natürlich auch absolute moralische Werte. Aber die Heilige Schrift gibt die Gedanken Gottes wieder und stellt klar, daß Gottes Grundsätze immer die gleichen bleiben, ganz egal, ob man im Jahr 3000 vor Christi Geburt lebt oder im 21. Jahrhundert.

Wie steht es mit Zärtlichkeiten?

Wir haben schon von Zärtlichkeiten gesprochen, aber in diesem Zusammenhang muß noch einmal darauf hingewiesen werden, daß das sogenannte „Petting“ nichts anderes ist als das Vorspiel zum Geschlechtsverkehr. Die Gefahr beim Petting liegt darin, daß es nie befriedigt, sondern nur das natürliche, von Gott gegebene Verlangen nach immer mehr weckt, bis im Koitus die sexuelle Spannung der beiden Partner ihren Höhepunkt erreicht. Für ein Ehepaar ist das natürlich, schön und sinnvoll.

Weil Unzucht aber von Gott so konsequent verurteilt wird, müssen Eltern ihren heranwachsenden Kindern erklären, daß Petting – auch wenn es vielleicht der aufregendste Zeitvertreib ist, auf den sie sich je eingelassen haben – nur zu Frustration oder zum Geschlechtsverkehr führen kann. Wenn man Gott gehorchen will, muß man solche weitgehenden Zärtlichkeiten vermeiden. Liebe auf Dauer wird dadurch nicht gefördert, und wenn man es lange genug betreibt, wird es über kurz oder lang doch zum Geschlechtsverkehr führen.

Nur ganz wenige junge Christen entscheiden sich ganz bewußt dafür, eine verbotene sexuelle Beziehung einzugehen. Gewöhnlich werden verliebte Paare irgendwann intim miteinander und stehen dann auf einmal vor unwiderstehbaren Versuchungen. Deshalb ist es das beste, sich von vornherein folgendes klarzumachen: da Unzucht nach der Bibel ganz eindeutig verboten ist, sind auch alle Aktivitäten, die dazu führen, verboten.

KAPITEL 10

Was soll man tun, wenn alles schiefgegangen ist?

„Meine Tochter erwartet ein Kind, und sie ist doch erst 17!" sagte schluchzend eine völlig verzweifelte Mutter. „Was soll ich denn jetzt tun?" „Die Freundin meines Sohnes erwartet ein Kind von ihm, und die beiden gehen noch zur Schule. Was sollen wir jetzt bloß tun?" klagten andere Eltern.

Diese Hilfeschreie sind ernst zu nehmen, und sie sind nicht ungewöhnlich. Fast jeder Pfarrer hat sie schon oft gehört. Die Angst vor einer unehelichen Schwangerschaft bedrückt viele Eltern. Im letzten Jahr wurden in den USA eine Million minderjährige Mädchen schwanger, das bedeutet Kummer und schwerwiegende Krisen für zwei Millionen Familien.

Eine der ersten Reaktionen seitens der Eltern ist, daß sie irgend jemandem die Schuld zuschieben wollen. „Wo haben wir etwas falsch gemacht?" heißt es dann, oder: „Warum hat uns die Kirche da im Stich gelassen?" Aber in Wirklichkeit hat es wenig Sinn, einen Schuldigen zu suchen. Eltern können tatsächlich alles richtig machen und trotzdem eines Tages vor einer solchen Tragödie stehen.

Wie kann man uneheliche Schwangerschaften verhindern?

Eltern können ihre Kinder aufklären, ihnen Richtlinien in die Hand geben, für sie beten und vieles andere tun, aber sie können nicht in jedem Fall eine uneheliche Schwangerschaft bei ihren Teenagern verhindern, weil letzten Endes alles vom freien

Willen der jungen Leute abhängt. Niemand kann seine heranwachsenden Kinder 24 Stunden am Tag bewachen. Der Prozentsatz von Schwangerschaften bei jungen Mädchen ist aber in Elternhäusern, die ihre Kinder von Anfang an aufgeklärt haben, viel niedriger als in anderen Familien. Ich nenne Ihnen hier einige Merkmale, die meiner Meinung nach dazu beitragen können, daß sexuelle Freizügigkeit vermieden und ungewollte Schwangerschaften verhindert werden:

- Eine herzliche und liebevolle Beziehung zwischen den Eltern;
- ein starker Glaube, der auch zu Hause seinen Ausdruck findet;
- Aufklärung durch Eltern, die die Sexualität als etwas Normales und Schönes ansehen und ganz natürlich mit ihren Kindern über dieses Thema reden können;
- eine gründliche Unterweisung in biblischen Moral- und Wertvorstellungen;
- konsequentes Vermeiden von Fernsehprogrammen, Filmen und Zeitschriften oder Gesprächen innerhalb und außerhalb des Hauses, die die Sexualität abwerten;
- Interesse der Eltern an den Freunden der heranwachsenden Kinder, um Freundschaften mit denen, die die moralischen Wertvorstellungen der Familie nicht teilen, von vornherein zu vermeiden;
- striktes Einhalten der Regeln für Verabredungen;
- aktive Mitarbeit in einer Kirchengemeinde und in der Jugendarbeit;
- Hochachtung vor vorehelicher Keuschheit;
- konsequentes Betonen der Verantwortung in allen Lebensbereichen;
- sehr viel Gebet der Eltern.

Wenn Sie diesen Richtlinien folgen, ist die Wahrscheinlichkeit geringer, daß Ihre Teenager auf sexuellem Gebiet entgleisen werden. Aber denken Sie immer daran, daß das keine Garantie ist.

Gerade die netten Mädchen werden schwanger

Zu mir kam einmal ein ganz unglücklicher Mann, Vater von vier Kindern, Arzt und aktives Mitglied unserer Gemeinde, der unseren Dienst besonders unterstützte. Er sagte: „Meine älteste Tochter wird im nächsten Monat 17 Jahre, und jetzt ist sie schwanger. Sie ist eine sehr gute Schülerin mit lauter Einsen im Zeugnis und hat nur noch ein Schuljahr vor sich. Wäre es möglich, daß das Mädchen hierher nach San Diego käme und in Ihre Schule ginge? Ich würde gerne für die Unterkunft und Verpflegung in einer gläubigen Familie zahlen."

Und dann sagte der Mann etwas, was ich schon sehr oft gehört habe: „Meine Tochter hat mir erzählt, daß sie nur ein einziges Mal mit einem Jungen intim war und dann schwanger geworden ist, und ich glaube ihr." Ich erwiderte, daß es normalerweise immer die netten Mädchen sind, die schwanger werden. Freizügige Mädchen treffen nämlich Vorkehrungen, um eine Schwangerschaft zu vermeiden.

Dieses junge Mädchen hatte einen schrecklichen Fehler gemacht, der ganz und gar nicht zu ihr paßte. Obwohl es einem nicht so vorkommt, nahm sie es mit ihrem Glauben sehr ernst und hatte den aufrichtigen Wunsch, dem Herrn zu dienen. Ihre Eltern, die liebevoll und hilfsbereit zu ihr waren, bestätigten: „Sie ist niemals widerspenstig gewesen und hat uns bisher nicht einen Augenblick ernsthaften Kummer gemacht." Zum Glück bereute sie ihre Sünde, suchte ehrlich nach Gottes Führung in ihrem Leben und ist heute eine ganz normale gläubige Ehefrau und Mutter.

Da stellt sich die Frage: „Wie konnte das überhaupt passieren?" Die Antwort heißt: ganz allmählich. Dieses Mädchen beging eine Sünde, mit der es sein ganzes Leben hätte ruinieren können. Wie viele Jugendliche kamen sie und ihr Freund sich eines Abends näher – gerade als sie die fruchtbarste Zeit in ihrem monatlichen Zyklus hatte. Zu diesem Zeitpunkt sind die Gefühle eines jungen Mädchens sehr leicht erregbar. Ihre Leidenschaften gerieten außer Kontrolle, und sie tat, was sie nicht einmal im Traum für möglich gehalten hätte. Küssen führte zu weitergehenden Zärtlichkeiten und schließlich zum Geschlechtsverkehr, und als sie nach Hause kam, hatte sie große Schuldgefühle. Zudem stellte sie dann bald auch noch fest, daß sie schwanger war.

Könnte Ihrer Tochter so etwas auch passieren? Wenn die Umstände ähnlich sind, ist jeder Christ anfällig für jede Sünde, sobald er sich auf den ersten Kompromiß einläßt. Deshalb sagt die Bibel auch, daß das Spielen mit dem Feuer äußerst gefährlich ist. Wir sollten ihm ganz aus dem Weg gehen, anstatt zu versuchen, ihm so nahe wie möglich zu kommen, ohne uns die Finger zu verbrennen. Leute, die mit dem Feuer spielen, verbrennen sich meistens auch.

Dieses unglückliche Mädchen mußte nun sein Schicksal tragen: es hatte eine Sünde begangen, die die denkbar schwersten Konsequenzen nach sich zieht. In diesem Fall wogen sie acht Pfund und brachten der jungen Mutter und jedem Mitglied ihrer Familie viel Herzeleid. Sie blieb zunächst zu Hause, bis sie im vierten Monat war. Dann konnte sie ihren Zustand vor ihren jüngeren Geschwistern und Freunden nicht mehr geheimhalten, und so kam sie zu uns nach San Diego und wohnte bei einer Familie aus unserer Gemeinde. Wir konnten sie in unserer Schule zwar nicht aufnehmen, aber wir richteten es ein, daß sie Privatunterricht bekam, so daß sie ihr 11. Schuljahr beenden und nach der Geburt ihres Kindes zusammen mit ihrer Klasse den Schulabschluß machen konnte.

Was sollen die Eltern tun?

Ich habe schon viele gläubige Familien bei einer Schwangerschaft von Minderjährigen beraten und habe einige Erfahrungen gesammelt, wie man die Situation am besten angeht. Zuerst und vor allem gilt: stellen Sie sich dem Problem geradeheraus ohne alle Beschuldigungen und Vorwürfe. „Wie konntest du so etwas tun?“ sollte man einer Tochter nicht entgegenhalten, wenn sie einem die schlimme Nachricht überbringt. Wenn sie jemals Liebe und Verständnis gebraucht hat, dann in diesem

Augenblick. Sie ist schon verängstigt und schuldbeladen genug. Sie muß jetzt wissen, daß Gott ihr vergibt, wenn sie Buße getan hat, und daß ihre Eltern ihr verzeihen. Denn es fällt ihr wahrscheinlich sehr schwer, die Vergebung Gottes zu verstehen und anzunehmen, wenn sie bei ihren Eltern keine Vergebung erlebt.

Einer der traurigsten Fälle, die ich in dieser Beziehung erlebt habe, war ein 18jähriges schwangeres Mädchen aus der Jugendgruppe unserer Gemeinde. Der Vater war so wütend und fühlte sich so erniedrigt, daß er die Tochter aus dem Haus warf und sie nie wieder zurückkommen ließ. Sie wurde daraufhin genauso zornig und rebellisch, nicht nur dem Vater, sondern auch Gott gegenüber. Und das zerstörte schließlich auch noch die Ehe der Eltern.

Wahre Liebe stellt keine Bedingungen. In einem Moment wie diesem muß ein Mädchen wissen, daß es – genauso wie der verlorene Sohn – von seinen Eltern trotz allem geliebt wird. Wir haben unsere Kinder lieb, weil sie unsere Kinder sind, nicht weil sie alles richtig machen. Das wichtigste für die Eltern an diesem Punkt ist es, zu zeigen, daß es sich zwar um eine Sünde der Tochter handelt, aber daß sie ihr helfen werden, durch diese schlimme Zeit hindurchzukommen. So tragisch wie es sein mag, es ist doch kein Weltuntergang. Tausende von jungen Frauen haben eine solche Krise durchgestanden und später doch ein glückliches, sinnvolles Leben geführt. Aber das läßt sich viel leichter erreichen, wenn ein Mädchen liebevolle Eltern hat, die ihm helfen.

Soll sie den Vater des Kindes heiraten?

Soll ein Mädchen, wenn es schwanger geworden ist, den Vater des ungeborenen Kindes heiraten? In manchen Fällen ja. Aber nicht in jedem Fall. Wenn der Vater kein Christ ist, sollte sie ihn auf keinen Fall heiraten. Denn das wäre gegen die Heilige Schrift (siehe 2. Korinther 6,12), und es kann sie zu einer lebenslangen unglücklichen Ehe verurteilen. Wenn die beiden jedoch

Christen sind und schon verlobt waren oder von Ehe gesprochen haben und wenn beide Elternpaare einverstanden sind, wird es richtig sein, die Heiratspläne schnell zu verwirklichen.

Meistens aber bedeutet die Entscheidung, wegen der Schwangerschaft zu heiraten, nur, daß man nach dem ersten großen Fehler einen zweiten, noch schlimmeren begeht. Die Scheidungsrate liegt bei den jungen Leuten, die sich nur wegen eines Kindes zur Heirat entschlossen haben, katastrophal hoch. Heirat behindert meistens ihre Bildungs- und Berufsmöglichkeiten. Oft wird sich der junge Mann so schnell wie möglich auf dem Arbeitsmarkt umsehen, ohne zuvor eine Lehre oder ein Studium abgeschlossen zu haben, weil er jetzt eine Familie zu ernähren hat. Ohne eine qualifizierte Ausbildung wird er jedoch schwerlich einen gutbezahlten Arbeitsplatz finden. Ein solches Ehepaar hat damit schon in zweierlei Hinsicht einen schweren Start für das Familienleben.

Es ist viel besser für die beiden, die Folgen der ungeplanten Schwangerschaft – so gut sie können – zu bewältigen und dann möglichst wieder ein normales Leben aufzunehmen. Wenn auch eine uneheliche Schwangerschaft für alle Beteiligten eine große Belastung ist, so ist sie doch kein Weltuntergang. Den Jugendlichen die Verantwortung für Ehe und Elternschaft aufzubürden ist aber selten die beste Lösung.

Was ist mit dem Vater?

Es ist wohl so, daß die Mädchen am meisten von den Folgen der Freizügigkeit und der ungewollten Schwangerschaften betroffen sind. Gelegentlich habe ich in meiner Beratung auch mit jungen Frauen zu tun gehabt, die so wahllos sexuelle Beziehungen eingegangen waren, daß sie gar nicht wußten, wer der Vater ihres Kindes war. Doch das ist normalerweise nicht so. Meistens ist der Vater bekannt. Und wie steht es nun mit ihm? Es ist ganz wichtig, daß er die Verantwortung für das neuentstandene Leben auch übernimmt.

Ich empfehle immer, daß der Vater des Mädchens ein Treffen mit allen Beteiligten arrangiert, also mit den beiden jungen Leuten und ihren Eltern. Bei diesem Gespräch müssen die Eltern des Jungen von seiner Sünde erfahren. Das soll nicht in anklagender Art und Weise geschehen, etwa wie bei den Pharisäern, die nur die Frau steinigen wollten, als sie beim Ehebruch ertappt wurde, obwohl doch offensichtlich hier zwei Menschen beteiligt waren. Doch die Eltern müssen wissen, was ihr Sohn getan hat; wenn er noch minderjährig ist, sind sie ja auch noch für ihn verantwortlich.

Zuallererst muß der junge Vater seine Sünde einsehen und bereuen. Wenn man sich schämt, führt das oft zur Buße und einer neuen Hinwendung zum Herrn. Wenn der junge Mann Christ ist, sollte ihn das dazu bringen, wieder zu Jesus zurückzufinden; wenn er kein Christ ist, müßte er ihn erst einmal als seinen Heiland annehmen. Er und seine Eltern müssen auch anerkennen, daß er gegen moralische Grundsätze verstoßen hat. Durch eine richtige Beratung kann dieser junge Mann dazu geführt werden, daß er sein Leben ganz neu ausrichtet und auch eine neue Einstellung zur Selbstbeherrschung und zur Sexualität gewinnt. Wenn er das Angebot der Reue und Buße jedoch ablehnt, wird er wahrscheinlich weiterhin freizügig leben.

Ist Abtreibung eine Möglichkeit?

Eine Frage kommt in dieser Situation immer auf: wie steht es mit einer Abtreibung? Diejenigen, die eine Abtreibung befürworten, betonen, daß sie gesetzlich erlaubt ist – sie fällt meistens unter die „soziale Indikation" – und daß es sich um einen einfachen chirurgischen Eingriff handelt. Dann wäre die ganze Krise in einem Monat ausgestanden.

Das Problem ist nur, daß nach einem ersten Unrecht auch ein zweites folgt. Ganz gleich, was der Gesetzgeber entschieden hat, Abtreibung bleibt Mord. Für Christen kann eine Abtreibung deshalb nie in Frage kommen.

Ein junges Paar, das sich mit einer Schwangerschaft auseinandersetzen muß, braucht dringend den Segen und die Führung Gottes. Deshalb sollten die beiden auf keinen Fall eine weitere Sünde begehen, indem sie das ungeborene Kind abtreiben lassen. Außerdem wäre die Krise *eben nicht* in einem Monat vorüber. Diejenigen, die eine Abtreibung befürworten, verschweigen, daß sich nach einem solchen Eingriff sehr häufig Depressionen einstellen. Ich habe manche Frauen beerdigen müssen, die nach einer Abtreibung Selbstmord begangen haben. Außerdem haben Frauen, die abgetrieben haben, später oft Schwierigkeiten, ein Kind auszutragen; manche müssen sogar ganz auf eine Mutterschaft verzichten. Viele Frauen nehmen ihre Schuld noch mit bis ins Grab. So schwer es auch ist, eine ungewollte Schwangerschaft mit allen Konsequenzen zu tragen, so ist es doch noch viel besser, als ein Leben lang unter der Schuld einer Abtreibung leiden zu müssen.

Bei der ersten Zusammenkunft der „Concerned Women for America" (deutsch: „Besorgte Frauen für Amerika") in Washington führte meine Frau, die Vorsitzende dieser Vereinigung ist, einen anschaulichen Film vor. Es wurde geschildert, wie Abtreibungen vorgenommen werden. Noch bevor der Film zu Ende war, hatten 27 der über 2000 Frauen schon weinend den Saal verlassen. Eine von ihnen rief: „Die haben mich ja angelogen! Die haben mir nie gesagt, daß das so gemacht wird!" Alle 27 Frauen hatten Abtreibungen hinter sich, manche von ihnen schon vor vielen Jahren; aber keine von ihnen konnte mit dem Wissen fertig werden, daß sie einen Menschen getötet hatten. Doch durch den Tod Jesu am Kreuz können wir Gott um Vergebung unserer Sünden bitten und Frieden mit Gott erfahren (siehe 1. Johannes 1,7-9).

Wer soll für alles bezahlen?

Meiner Ansicht nach sollten der Junge und seine Eltern für alle Kosten aufkommen, die für das Mädchen und das Kind entstehen. Ein Mädchen zahlt schon seinen Preis, wenn es das Kind neun Monate lang austrägt, unter Umständen Schande,

Schmerzen und Entfremdung von seiner Familie aushält und nach der Geburt für das Baby sorgt. Dann sollte der Junge wenigstens die Kosten übernehmen. Vielleicht muß er das Geld erst einmal von seinen Eltern leihen, bis er etwas verdient. Es tut ihm nicht gut, wenn er der Verantwortung aus dem Weg geht. Der Junge muß sich um das Mädchen kümmern und darf auf keinen Fall seinen Eltern die finanziellen Konsequenzen seines eigenen Handelns überlassen. Um die junge Mutter und das Kind versorgen zu können, muß er normalerweise viele Stunden arbeiten. Aber es wird ihm auch helfen, erwachsen zu werden, wenn er gezwungen ist, die ganze Verantwortung für sein Handeln zu tragen.

Wenn er und seine Eltern sich weigern, die Verantwortung zu tragen, haben die Eltern des Mädchens zwei Möglichkeiten: Wenn der junge Mann kein Christ ist, sollten sie sich einen guten Anwalt nehmen und ihn gerichtlich zwingen, die Kosten zu übernehmen. Wenn er aber aus einer christlichen Familie kommt und diese sich weigert, dann sollte der Fall vor der Gemeinde verhandelt werden. Eine Gruppe von Kirchenvorstehern aus dieser Gemeinde und eventuell aus der Gemeinde des Mädchens sollte gemeinsam beraten und eine bindende Erklärung abgeben. Es ist nicht im Interesse des Jungen, wenn er sich vor der finanziellen Verantwortung drückt.

Soll die Mutter das Kind zur Adoption freigeben oder es selbst behalten?

Eine weitere Frage, die im Fall einer ungewollten Schwangerschaft immer gestellt wird, ist: „Soll man das Baby zur Adoption freigeben oder es selbst großziehen?“ In den letzten 30 Jahren hat sich die Situation grundlegend gewandelt. Heute behalten die meisten jungen Mütter ihre Babys, während eine alleinstehende Frau dies vor 30 Jahren fast nie tat. Eine Umfrage hat ergeben, daß heute 90 Prozent der unverheirateten Mütter ihre Kinder selbst erziehen.

Mein Rat war eigentlich immer der gleiche, und wenn er

auch nur selten befolgt wird, glaube ich immer noch, daß er richtig ist. Ich meine, die werdende Mutter sollte selbst entscheiden, was das Beste für ihr Kind ist, und es dann auch tun. Wenn es heute üblich ist, daß Mädchen ihre Kinder bei sich behalten, so ist das meiner Meinung nach letzten Endes im Eigeninteresse der Mutter und nicht im Interesse des Kindes.

Eine junge Schauspielerin, ein früheres Idol der Jugendlichen, erschien neulich in einer Talk-Show im Fernsehen und sprach unter anderem über ihre Schwangerschaft. Als sie gefragt wurde, ob sie ihren Freund jetzt, da sie ein Kind von ihm erwarte, heiraten werde, antwortete sie: „Aber nein, wir sind doch noch nicht reif für die Ehe." Auf die anschließende Frage, ob sie beabsichtige, das Kind zu behalten, erwiderte sie allerdings: „Aber ja, ich kann es gar nicht erwarten, das Baby endlich zu bekommen. Ich möchte sogar noch mehr Kinder." Die Moderatorin konnte ihre Überraschung nicht ganz verbergen und warf ein: „Auch außereheliche?" Und der Star antwortete: „Ja, sicher! Vielleicht möchte ich sie auch von verschiedenen Männern haben."

So verrückt diese Idee einem auch vorkommen mag, sie ist mehr als nur eine augenblickliche Laune. Ich habe eine unverheiratete Krankenschwester kennengelernt, die drei Kinder hatte – jedes von einem anderen Mann. Sie suchte sich solche Männer aus, deren geistige und körperliche Eigenschaften sie besonders bewunderte, und verführte sie dann. So hatte sie „alle Vorteile des Mutterseins ohne die Einschränkungen, die man durch einen Ehemann hat".

Wegen dieses und vieler ähnlicher Fälle rechne ich damit, daß wir bald eine Welle von bewußt eingegangenen Schwangerschaften bei unverheirateten jungen Leuten erleben werden. Das ist vielleicht der nächste Trend in der sexuellen Revolution. Wir haben in den letzten drei Jahrzehnten in moralischer Hinsicht schon unglaubliche Veränderungen erlebt. Früher war es für eine unverheiratete Frau eine Schande, wenn sie ein Kind allein großziehen mußte; heute scheint es populär zu werden und wird manchmal geradezu bewundert. Man kann nur hoffen, daß dieser Trend sich nicht auch unter jungen Christen verbreitet.

Im Falle der Arzttochter, die mit 17 schwanger wurde, riet ich dringend, sie sollte ihre Freunde nicht wissen lassen, in welchem Zustand sie war; dann sollte sie ihr Kind weit weg von zu Hause bekommen. Wir würden später mit ihr zusammen ein gläubiges Ehepaar aussuchen, das selbst keine Kinder bekommen konnte und deshalb eins adoptieren wollte. Als sie fragte: „Warum soll ich denn mein Kind nicht behalten?", nannte ich ihr die folgenden Gründe:

1. Im Idealfall braucht jedes Kind Vater und Mutter, die Christen sind, die es liebhaben, die ihm ein Vorbild sind, ihm ein ausgeglichenes Zuhause und eine Ausbildung bieten können. Das ist die beste Grundlage für das Kind, um später selbst ein glückliches Familienleben zu führen. Gott wird zwar für eine Witwe oder eine gegen ihren Willen geschiedene Mutter sorgen, die ihre Kinder allein erziehen muß; aber keine junge Frau sollte bewußt ein solches Leben wählen.

2. Eine unverheiratete Mutter wird in der Regel mit finanziellen Schwierigkeiten konfrontiert, von denen das Kind in vielerlei Hinsicht mit betroffen ist. Sie wird es sich vielleicht nicht leisten können, für eine gute Schul- und Berufsausbildung des Kindes sorgen zu können.

3. Es ist unwahrscheinlich, daß das Kind den Vorteil haben wird, zusammen mit Geschwistern großzuwerden. Normalerweise sind die Aussichten, daß die Mutter einen gläubigen Ehemann findet, äußerst gering. Ich kenne zwar einige Fälle, in denen ein gläubiger Mann eine alleinstehende Mutter geheiratet und ihr Kind adoptiert hat. Aber das sind Ausnahmen, nicht die Regel. Meistens ist es wegen des Kindes sehr schwer, nette Männer kennenzulernen, mit denen sie eine neue Liebesbeziehung aufbauen könnte.

4. Die Mutterschaft wird eine alleinstehende Frau wahrscheinlich daran hindern, den „vollkommenen Willen Gottes" für ihr Leben herauszufinden. Wenn man ein Baby zur Adoption freigibt, dient das eigentlich immer den Interessen des Kindes am besten und gibt der Mutter Gelegenheit, die Scherben ihres Lebens wiederaufzusammeln, ihre Ausbildung weiterzu-

führen und sich darauf vorzubereiten, „dem Hausherrn für die wertvollen Dinge zur Verfügung zu stehen und ihm nützlich zu sein“ (siehe 2. Timotheus 2,21). Geistlich gesehen, ist es auf lange Sicht normalerweise am besten, sowohl für die Mutter als auch für das Kind, wenn man es zur Adoption freigibt.

5. Die meisten Gründe, die eine Frau vorbringt, um ihr Kind zu behalten, sind egoistische. Viele unverheiratete Mütter, die ihre Kinder bei sich behalten haben, haben mir gesagt: „Ich brauche doch jemanden, den ich liebhaben kann.“ Oft haben junge Frauen ein ausgeprägtes Liebesbedürfnis und erwarten jetzt von ihren Kindern, daß sie dieses Bedürfnis stillen. Diese Art von Liebe kann aber zu einer „Affenliebe“ werden, die das Kind erdrückt und eine schädliche Auswirkung auf seine psychische Entwicklung hat.

6. Für eine Mutter ist es wahrscheinlich das schwerste, ihr Kind zur Adoption freizugeben. Aber wenn alle Aspekte berücksichtigt sind, entscheiden sich die meisten gläubigen Mädchen dafür. Bestimmt ist es für sie besser, ohne Behinderung durch ein Kind ins heiratsfähige Alter zu kommen. Das Leben wird weitergehen, und ihr natürliches Verlangen danach, ihr Leben mit jemand anderem zu teilen, wird noch wachsen.

Ein Wort der Warnung muß ich dazu noch sagen: Bei unverheirateten Müttern sollten wir sichergehen, daß die Kinder von Christen adoptiert werden, die sie nach denselben Glaubensvorstellungen erziehen, die wir auch haben. Wenn das geklärt ist, können wir die Kinder Gott anbefehlen und uns dem weiteren Leben zuwenden, das vielleicht noch 60 oder 70 Jahre dauert.

Die Tochter meines Freundes hielt sich an meinen Rat. Wir fanden eine nette gläubige Familie für ihren Sohn, und sie schrieb sich an einer christlichen Hochschule ein. Es fiel dieser jungen Mutter bitter schwer, ihren Jungen zur Adoption freizugeben; aber sie traf die richtige Entscheidung, und meistens ist ihr das auch tief im Herzen klar.

Soll sie ihrem späteren Ehemann davon erzählen?

Wenn eine alleinstehende Mutter, die ihr Kind zur Adoption freigegeben hat, später einmal heiratet, wird sie vor der Frage stehen: „Soll ich meinem zukünftigen Ehemann von meiner Vergangenheit erzählen?" Es gibt wohl keine allgemeingültige Antwort auf diese Frage. Manche jungen Männer haben genug Reife, um mit einem solchen Wissen fertigzuwerden, andere nicht. Wenn eine Frau ihre Erfahrungen bis jetzt geheimgehalten hat und nur geringe Wahrscheinlichkeit besteht, daß es je ans Tageslicht kommt, ist es vielleicht das beste, dem Mann nichts davon zu erzählen. Aber normalerweise ist das nicht so. Meistens gibt es jemanden, der unerwartet die Wahrheit verraten könnte.

Deshalb rate ich gewöhnlich dazu, daß die Frau ihrem Verlobten die Wahrheit sagen soll, jedoch erst dann, wenn er ihr einen Heiratsantrag gestellt hat. Sie sollte es auf keinen Fall zu früh erzählen. Aber wenn ein gläubiger Mann sie heiraten möchte, schuldet sie ihm die Wahrheit. Sie sollte nicht das Risiko eingehen, daß ihre Vergangenheit nach der Hochzeit die eheliche Beziehung belastet. Ich denke, diese Eröffnung über ihre Vergangenheit kann sogar eine gute Prüfung dafür sein, wie sehr er sie wirklich liebt. Er wird sicher enttäuscht und ernüchtert sein, wenn sie es ihm erzählt, aber wenn er sie wirklich liebt, wird er einsehen, daß sie jetzt nicht mehr derselbe Mensch ist, der sie früher war. Durch Gottes Gnade wird er sie als die gottgefällige Frau erkennen, die sie mittlerweile geworden ist. Wenn er sie wegen ihrer Vergangenheit aber nicht mehr heiraten will, kann sie daraus vernünftigerweise schließen, daß seine gesetzliche Strenge ihn sowieso zu einem schwierigen Lebenspartner gemacht hätte. Trotzdem, ihr Selbstwertgefühl leidet darunter.

Das führt uns zu einem anderen wichtigen Punkt: der Schuld. Schuldgefühle mindern das Selbstwertgefühl stark, und unter Schuldgefühlen wegen einer außerehelichen sexuellen Beziehung leiden Christinnen besonders stark. Diese Sünde kann natürlich vergeben werden wie jede andere auch. Aber zwei Dinge verstärken die Schuldgefühle: 1. die Grundsätze der Kirche in bezug auf Tugend und Moral und 2. die für jedermann deutlich erkennbare Schwangerschaft. Wir haben ja schon einen Weg vorgeschlagen, wie unverheiratete Mädchen ihre Schwangerschaft – so gut es geht – geheimhalten können, aber garantieren kann man das nur schwer.

Aus diesen und anderen Gründen hat es eine gläubige unverheiratete Mutter wahrscheinlich schwer, ihre Selbstachtung wiederzugewinnen und ein starkes Selbstbewußtsein aufzubauen. Das liegt zum Teil auch daran, daß sie mehrere Monate lang Tag für Tag ihre Sünde sichtbar vor Augen hat. Wenn das Baby dann geboren ist, ist ihre Meinung von sich selbst meist verheerend schlecht. Deswegen sollte ihre Familie sie niemals verurteilen, wenn sie einmal ihre Sünde zugegeben und Gottes Vergebung dafür empfangen hat. Sie braucht jetzt Sicherheit und Zuspruch. Sie darf nicht meinen, daß sie einen liederlichen Charakter habe, weil sie einmal die Beherrschung verloren und den Fehler begangen hat, voreheliche Beziehungen aufzunehmen. Wer von uns Erwachsenen möchte denn schon auf der Grundlage dessen beurteilt werden, wie er sich früher einmal als Jugendlicher verhalten hat?

Viele Jugendliche haben die Erfahrung gemacht, daß Gott eine uneheliche Schwangerschaft dazu benutzen kann, ihnen ihre Abhängigkeit von seiner Gnade und Macht deutlich zu zeigen und sie trotz allem zu gottgefälligen Erwachsenen heranreifen zu lassen. Eine uneheliche Schwangerschaft ist schlimm, aber doch kein Weltuntergang. Mit Gottes Hilfe und einer neuen Ausrichtung ihres Lebens können sie geistlich wachsen und stark im Herrn werden.

Neue Verhaltensregeln

Wenn das Problem einer unehelichen Schwangerschaft gelöst ist, wie ich es vorgeschlagen habe, muß auch noch ein weiterer Punkt bedacht werden: man muß eine Wiederholung verhindern. Die Erfahrungen sollten dem Jungen und dem Mädchen klargemacht haben, wie schwach das Fleisch und wie hoch der Preis der Sünde ist. Eine solche Lektion soll ihnen und ihren Eltern eine Warnung sein. Jetzt gilt es, neue Verhaltensregeln zu befolgen. Die Richtlinien für Verabredungen, wie sie in diesem Buch beschrieben sind, müssen nun ganz sorgfältig eingehalten werden, und keiner von den beiden darf sich vor einer Heirat je wieder so nah und intim auf einen anderen Partner einlassen. Wahre Liebe verlangt nie nach sexueller Betätigung, um sich zu entfalten. Nur die Lust fordert Sex. Wie wir früher schon erklärt haben, wird eine Beziehung, die sich nur auf körperliche Anziehung gründet, die anderen Eigenschaften des Partners vernebeln, selbst bei einer sonst ausgereiften Urteilsfähigkeit. Man vermeidet die Sünde eben immer am besten, indem man die Gelegenheiten für Versuchungen so gering wie möglich hält.

Eine erfreuliche Geschichte

Als ich mich bei einem Familienseminar in Virginia in den Pausen zwischen den Veranstaltungen mit einer Frau unterhielt, hatte ich das unbestimmte Gefühl, sie irgendwo schon einmal gesehen zu haben, aber sie versicherte mir, daß wir uns vorher noch nie begegnet wären. Dann fragte sie mich, ob ich mich noch an einen gutaussehenden jungen Mann aus meiner früheren Gemeinde in San Diego erinnern könne. Ja, das konnte ich. Ich hatte ihn sogar schon als Baby gekannt und miterlebt, wie er zu einem netten jungen Mann herangewachsen war. Es würde mich nicht wundern, wenn er eines Tages in den Dienst des Herrn gehen würde.

Und dann versetzte mir die Frau einen Schock, als sie sagte: „Ich bin seine Mutter!" „Wie kann das denn sein?" fragte ich. Ich kannte doch seine Eltern gut, denn sie waren aktive Mitglieder meiner Gemeinde gewesen. Aber als ich dieser Frau ins Gesicht sah, merkte ich, daß sie diesem Jungen, der nach ihren Worten ihr Sohn war, sehr ähnlich sah.

Daraufhin erzählte sie mir ihre Geschichte. Als sie noch sehr jung war, wurde sie schwanger und gab ihren Sohn zur Adoption frei. Später heiratete sie dann und bekam noch drei andere Kinder, aber ihren ersten Sohn vergaß sie nie. Ungefähr 15 Jahre nach der Adoption nahm sie Christus als ihren Heiland an, und ihr Leben veränderte sich dadurch vollkommen. Ein Jahr später wurde auch ihr Mann Christ. Eines Nachts hatte sie einen Traum, der sie tief erschütterte. Sie war so bestürzt, daß ihr Mann sie drängte, ihm doch davon zu erzählen. So berichtete sie ihm alles über ihre frühere Schwangerschaft und sagte, sie machte sich große Sorgen darüber, ob ihr Sohn auch Christ würde.

Auf die Bitten ihres Mannes hin, der sehr verständnisvoll und liebevoll zu ihr war, begann sie eine leidenschaftliche Suche nach ihrem Sohn und spürte ihn schließlich irgendwie in San Diego auf. Stellen Sie sich nur vor, wie sie sich freute, als sie entdeckte, daß er durch Gottes Vorsehung von Christen adoptiert worden war und Christus schon länger kannte als sie selbst! Seit ihrem Wiedersehen verbringt der junge Mann immer die Hälfte seiner Sommerferien bei seiner leiblichen Mutter, um sie besser kennenzulernen; die beiden Elternpaare sind übrigens gute Freunde geworden, obwohl sie ungefähr 5000 km voneinander entfernt leben.

Alle Eltern von unverheirateten Müttern und die Mütter selbst sollten sich an eins erinnern, wenn sie erwägen, ihre Kinder gläubigen Eltern zur Adoption zu überlassen. Jesus hat gesagt: „Laßt die Kinder doch zu mir kommen und hindert sie nicht, denn gerade für Menschen wie sie steht Gottes neue Welt offen“ (Matthäus 19,14). Er hat noch mehr Interesse als wir daran, daß sie zu ihm gebracht werden.

KAPITEL 11

Geschlechtskrankheiten

Eine schlimme Folge der sexuellen Revolution ist die stetige Zunahme der Geschlechtskrankheiten. Man schätzt, daß bis zu 21 Millionen Amerikaner mittlerweile an der unheilbaren Krankheit Herpes Simplex II leiden; ungefähr eine Million Männer und Frauen werden jedes Jahr mit Gonorrhöe infiziert, und mehr als 100000 Fälle von Syphilis werden jährlich bekannt. Dies sind jedoch nur die offiziell bestätigten Fälle. Zusätzlich dazu stehen wir jetzt vor der schlimmsten Bedrohung überhaupt, nämlich der epidemieartigen Ausbreitung von AIDS, einer Krankheit, die zuerst nur in Kreisen der Homosexuellen, Drogensüchtigen und bei Flüchtlingen aus Haiti festgestellt wurde. Sie verbreitet sich aber in letzter Zeit auch auf andere, sexuell normal veranlagte Menschen, besonders auch durch infizierte Blutkonserven.

Nach den Worten von King Holmes, dem ehemaligen Präsidenten der Amerikanischen Vereinigung zur Untersuchung von Geschlechtskrankheiten, gibt es „ungefähr 20 verschiedene Genitalinfektionen, von denen man weiß, daß sie durch den Geschlechtsverkehr übertragen werden. Bei einigen von ihnen ist das Vorkommen im Laufe der letzten zehn Jahre sprunghaft angestiegen.“[31] Die gefährlichsten davon sind Gonorrhöe, Syphilis, Herpes und AIDS. Andere Formen sind zum Beispiel Trichomoniase, bestimmte Formen der Harnwegentzündung, Monilia, Filzläuse und Krätze.

Gonorrhöe

Umgangssprachlich wird diese Krankheit auch Tripper genannt. Die Krankheitskeime, die Gonorrhöe verursachen, haben eine Inkubationszeit von zwei bis zehn Tagen. Danach wird das Wasserlassen sehr schmerzhaft, und der Penis sondert Eiter ab. Bei der „asymptomatischen Gonorrhöe" haben Männer keine Krankheitssymptome. Das bedeutet, daß ein infizierter Mann Gonorrhöe auf andere übertragen kann, ohne es zu wissen.

Bei Frauen gibt es normalerweise keine sichtbaren Anzeichen dieser Krankheit; deshalb ist sie besonders gefährlich. Wenn eine Frau infiziert ist, vermehren sich die Keime im Bereich des Gebärmutterhalses und bewirken die Ausscheidung eines dickflüssigen Eiters. Außerdem bewegen sie sich oft auch weiter nach oben bis in die Eileiter, wodurch eine Beckenentzündung entstehen kann. Die kann man zwar behandeln und heilen, aber vernarbtes Gewebe verstopft möglicherweise die Eileiter und führt so zur Unfruchtbarkeit. Wenn die Röhren nur teilweise undurchlässig sind, besteht zusätzlich die Gefahr einer Eileiterschwangerschaft. Gonorrhöe ist auch ein Risiko für ungeborene Babys. Wenn die Mutter infiziert ist, kann das Kind sich anstecken, während es durch den Geburtskanal geschoben wird. Seine Augen sind dafür besonders anfällig. Sind sie einmal infiziert, wird das Kind oft blind. Ärzte in den USA behandeln die Augen jedes Neugeborenen inzwischen routinemäßig mit Silbernitrattropfen oder mit einer Penicillinsalbe, um eine Infektion durch Geschlechtskrankheiten zu verhindern. Trotzdem kann ein Kind sich noch durch die Nase, den Mund oder den After anstecken.

Bei Männern kann Gonorrhöe eine Hodenentzündung hervorrufen, und sowohl bei Männern als auch bei Frauen können Unfruchtbarkeit, Arthritis und Herzkrankheiten auftreten.

Syphilis

Diese Krankheit wird durch sogenannte Spirochäten hervorgerufen, die sich im Körper sehr schnell vermehren und normales Gewebe angreifen, besonders die Knochen, Gelenke, die Leber, das Herz, große Blutgefäße, die Augen, das Rückgrat und das Gehirn. Die Krankheit vollzieht sich in vier charakteristischen Stadien. Im ersten Stadium entwickelt sich der „Schanker", das sind wunde Stellen entweder an den Lippen, in der Mundhöhle oder an den Genitalien. Im zweiten Stadium setzt ein Hautausschlag ein, außerdem fallen die Haare aus. Im dritten Stadium, das man die „latente Periode" nennt, gibt es keine sichtbaren Symptome. Dann kann ein infizierter Mensch die Krankheit auf andere übertragen, ohne es zu wissen. Im vierten, dem Spätstadium, können Herzkrankheiten, Hirnschäden, Lähmungen und Blindheit auftreten.

Herpes Simplex II

21 Millionen Amerikaner, das sind fast zehn Prozent der Gesamtbevölkerung, leiden heute schon an dieser unheilbaren Geschlechtskrankheit. In der ersten Woche nach der Infektion bilden sich Gruppen von Bläschen auf dem Penis, an den Schamlippen, an den Oberschenkeln, am unteren Bauch, am Gesäß und am After. Diese Bläschen platzen oft auf und verursachen quälende Schmerzen. Häufig kommen noch Empfindlichkeit in der Leistengegend, Magenverstimmungen und Fieber hinzu. Im Juni 1984 kündigten Wissenschaftler an, daß sie ein mögliches Behandlungsmittel gefunden hätten, das unter dem Namen Acyclovir oder Zovirax vertrieben wird. Diese Medizin hilft, die Schmerzen, die durch die Bläschen entstehen, etwas zu lindern.

Harnwegentzündungen

Hier handelt es sich um Entzündungen, die nicht von Gonokokken hervorgerufen werden, sondern von einer Bakterienart, die man „Chlamydia trachomatia" nennt. Diese Erreger werden nach einer Inkubationszeit von etwa fünf Tagen aktiv und rufen eine Entzündung der Harnröhre hervor, die das Urinieren sehr schmerzhaft macht. Die allgemeinen Symptome bei dieser Art der Geschlechtskrankheit sind dieselben wie bei der Gonorrhöe. Es gibt jährlich schätzungsweise vier bis neun Millionen neue Fälle.

Trichomoniasse

Diese Krankheit wird durch Bakterien hervorgerufen, die man „Trichomonas vaginalis" nennt. Sie kommt zwischen vier und zwanzig Tagen nach der Ansteckung zum Ausbruch, normalerweise nach sieben Tagen. Bei Frauen verursacht sie ein Jucken in der Scheide, Schmerzen in der Beckengegend und einen gelbgrünen Ausfluß. Männer klagen nur selten über bestimmte Symptome, nur manchmal über Juckreiz und eine weiße Absonderung aus dem Penis, die besonders morgens, manchmal auch abends vorkommen kann.

Monilia

Der Monilia-Pilz, auch Hefepilz genannt, kommt oft in den Geschlechtsorganen oder Därmen der Frau vor. Die Infektion ruft Schwellung, Rötung und ein brennendes Gefühl in den Genitalien hervor und führt zu einem weißlichen Ausfluß.

Filzläuse

Das ist eine bestimmte Körperlaus, „Phtirus pubis" genannt, deren Biß einen Juckreiz hervorruft.

Krätze

Die winzige Milbe mit dem Namen „Sarcoptes sabiei" verursacht Rötung und einen juckenden Hautauschlag. Auf dem Körper sind dann in Linien angeordnete kleine Löcher zu sehen.

Das sind die wichtigsten Geschlechtskrankheiten mit Ausnahme von AIDS. Als ich einige Bücher zum Thema Geschlechtskrankheiten jetzt noch einmal durchsah, war ich über die Meinung der Autoren sehr verwundert. Die allgemeine Einstellung in Amerika kommt in einem Kommentar in Eric Johnsons Buch „Geschlechtskrankheiten" deutlich zum Ausdruck: „Passivität oder Gleichgültigkeit ist ein Hauptfeind im Kampf gegen die Geschlechtskrankheiten. Zwei andere Feinde sind Scham und Schuldgefühle, die aufkommen, wenn die Menschen moralische Fragen und Gesundheitsfragen miteinander verwechseln. Natürlich stimmt es: wenn sexuelle Beziehungen auf Ehepaare beschränkt blieben, die sich gegenseitig treu sind, dann wäre das Problem der Geschlechtskrankheiten viel einfacher zu lösen. Aber, ob wir das gerne sehen oder nicht, es gibt keine solche Beschränkung des Geschlechtsverkehrs oder anderer sexueller Kontakte."[32]

Meiner Meinung nach sieht Johnson das falsch. Geschlechtskrankheiten sind ganz sicher ein Gesundheitsproblem, aber sie stellen gleichzeitig ein sehr ernstes moralisches Problem dar, denn sie sind das direkte Ergebnis davon, daß Männer und Frauen traditionelle Moralbegriffe einfach über Bord werfen. In einer anderen Zusammenstellung heißt es: „Außer durch Enthaltsamkeit kann die Verbreitung von Geschlechtskrankheiten durch den Verkehr nur dadurch vermieden werden, daß der Mann ein Kondom benutzt, das man ja in jeder Drogerie erhalten kann." Sowohl Johnson als auch der Verfasser dieses Textes kennen die eigentliche Lösung des Problems: völliger Verzicht auf Geschlechtsverkehr bis zur Heirat und danach Treue zum Ehepartner. Diese Art moralischen Verhaltens sollte für jemanden, der sich Christ nennt, selbstverständlich sein.

Jugendliche oder junge Erwachsene brauchen niemals Angst

vor irgendeiner Form von Geschlechtskrankheit zu haben, wenn sie in ihrem sexuellen Verhalten dem Wort Gottes gehorsam sind. Nur die, die sexuell sehr freizügig und unmoralisch leben, riskieren, sich mit Geschlechtskrankheiten anzustecken und dadurch vielen anderen Schaden anzutun, indem sie die Krankheit durch sexuelle Kontakte weiterverbreiten. Ich frage mich, wie viele untreue Ehemänner ihre Frauen mit unheilbarer Herpes angesteckt haben oder wie viele untreue Frauen ihre noch ungeborenen Kinder mit Geschlechtskrankheiten infiziert haben. Nach meinen Erfahrungen als Seelsorger scheint es mir, daß solche Fälle viel häufiger sind, als die meisten Leute ahnen.

Die Verbreitung von Geschlechtskrankheiten in unserer Gesellschaft ist die Strafe dafür, daß man Gottes Anweisungen zur Sexualität einfach nicht beachtet. Die beängstigendste Krankheit ist wahrscheinlich AIDS, von der jetzt nicht mehr nur Menschen betroffen sind, die Unzucht treiben, sondern auch ganz unschuldige.

AIDS

Dr. James Curran, Leiter der Sonderkommission für AIDS im Zentrum für Krankheitsüberwachung in Atlanta, gab vor kurzem folgenden ernüchternden Kommentar ab: „AIDS gefährdet nicht mehr nur Homosexuelle. Diese Krankheit verbreitet sich sehr schnell, und jeder von uns kann sie bekommen. Bis jetzt können wir noch nicht sagen, wann sie zum Stillstand gebracht wird. Wir haben keine Heilmittel. Ich glaube, Tausende werden noch an dieser Krankheit sterben müssen, bevor sie besiegt ist.“[33] Mervyn Silberman, früherer Leiter des Gesundheitsministeriums in San Francisco, hat AIDS die „verheerendste Epidemie unseres Jahrhunderts“ genannt.[34]

AIDS (Abkürzung für „Acquired Immune Deficiency Syndrome“, deutsch: erworbene Immunschwäche) wird, so glaubt man, durch den Virus HTLV-III hervorgerufen, der das Immunsystem des Körpers angreift und damit seine Fähigkeit zur Abwehr von Krankheitserregern zerstört. Wenn das geschieht, kann jede kleine gesundheitliche Störung sehr schnell zu einer Frage von Leben und Tod werden. Viele AIDS-Opfer sterben an Lungenentzündung oder bekommen seltene Formen von Krebs.

Die Krankheit tauchte zuerst in homosexuellen Kreisen auf, hat sich aber seitdem auch auf Flüchtlinge aus Haiti und auf Drogensüchtige ausgebreitet, die sich das Rauschgift einspritzen. Die medizinische Wissenschaft hat noch kein Heilmittel gefunden, und so führt AIDS bei seinen Opfern unweigerlich zum Tod. Im Dezember 1984 stellten die Mediziner 7270 Krankheitsfälle und 3449 Todesfälle durch AIDS fest. Mitte 1985 teilten die Gesundheitsbehörden mit, daß 50 Prozent der bekannten AIDS-Opfer schon gestorben waren. Studien wiesen außerdem darauf hin, daß 300000 andere Menschen dem AIDS-Virus ausgesetzt waren; von ihnen werden etwa 10 Prozent die Krankheit bekommen.

Wie zieht man sich nun AIDS zu? Homosexuelle infizieren sich durch intimen Kontakt, wenn Samenflüssigkeit in die Blutbahn gelangt. Dies kann beim analen oder oralen Geschlechtsverkehr geschehen. Drogenabhängige bekommen AIDS durch infizierte Spritzennadeln, und auch auf unschuldige Opfer kann die Krankheit durch Bluttransfusionen übertragen werden. Denn wenn ein AIDS-Opfer in einem Krankenhaus oder beim Roten Kreuz Blut spendet, infiziert es diese Blutkonserve mit der tödlichen Krankheit.

Bluterkranke haben besonders unter der AIDS-Epidemie zu leiden. Im Oktober 1984 mußte das amerikanische Rote Kreuz 1900 Flaschen mit Blutgerinnungsmitteln wieder einziehen, das von Bluterkranken benötigt wird. Ein AIDS-Opfer hatte nämlich in einem Rot-Kreuz-Zentrum Blutplasma gespendet.

AIDS hat auch schon das Leben von unschuldigen Menschen gefordert. Im September 1983 starb in einem Krankenhaus in Boston ein neugeborenes Baby nach der Transfusion einer infizierten Blutkonserve; im Dezember 1984 zog sich ein medizinisch-technischer Assistent die Krankheit zu, als er sich versehentlich mit einer infizierten Spritzennadel verletzte. Und im April 1984 starb ein Patient in der Klinik der Universität von

West-Virginia, nachdem er eine durch AIDS kontaminierte Blutkonserve übertragen bekommen hatte.

Die Krankheit beschränkt sich nicht auf homosexuelle Kreise oder auf Drogensüchtige, sondern breitet sich schnell auch unter Personen aus, die sexuell sehr freizügig leben. Dr. Anthony Fauci, Leiter des Nationalen Instituts für Allergien und Infektionskrankheiten in Bethesda in Maryland, sagte hierzu: „Es dauert vermutlich nicht mehr lange, bis auch heterosexuelle Männer und Frauen, die ihre Partner häufig wechseln, eine weitere sehr gefährdete Gruppe bilden."[35]

AIDS bedroht Tausende von unschuldigen Leuten mit dem Tode, nur weil sich unmoralische Menschen pervers verhalten. Wie stehen die Homosexuellen zum Problem AIDS? Nach einem Artikel der Zeitschrift „Time" sorgen sich die Homosexuellen mehr um die Erforschung eines Heilmittels als um eine Änderung ihres Lebensstils. Der Artikel enthielt auch ein Foto, auf dem Männer zusammen in einer Bar für Homosexuelle saßen. Auf der Theke stand ein Schild, das sie vor AIDS warnte. Darauf hieß es: „AIDS geht jeden an. Schützen Sie sich selbst und die, die Sie lieben. Benutzen Sie Kondome. Vermeiden Sie jeden Austausch von Körperflüssigkeiten. Beschränken Sie Ihren Gebrauch von Freizeitdrogen. Genießen Sie mehr Zeit mit weniger Partnern. AIDS verbreitet sich nicht nur durch bloßen oberflächlichen Kontakt."[36]

Im Mai 1983 sagte Robert Schwab, ein AIDS-Opfer und homosexueller Aktivist in Texas: „Wenn Drohungen und blutige Aktionen notwendig sind, damit wir das Geld und die Forschungsmittel kriegen, die wir brauchen, dann muß das wohl sein. Das heißt nicht, daß ich das befürworte ... Aber ich meine, solange schwule Leute in Massen sterben ..., da glaube ich schon, daß jede Aktion gerechtfertigt ist, um die Aufmerksamkeit des ganzen Landes zu erregen. Wenn dazu auch blutiger Terrorismus gehört, dann läßt sich das eben nicht ändern."[37]

Würden Homosexuelle wirklich zu blutigen Terrorakten greifen und eine unschuldige Bevölkerung bedrohen? Wer weiß? Ich glaube jedenfalls, daß Amerika vor einer der schwerwiegendsten Epidemien in seiner Geschichte steht. Bluterkranke, Babys, medizinisches und technisches Personal und wir alle gehen das Risiko ein, durch infizierte Blutkonserven eine unheilbare Geschlechtskrankheit zu bekommen. Nur Gott weiß, wo diese neue Seuche einmal enden wird. Aber wenn die medizinische Wissenschaft keine Heilungsmöglichkeiten findet und sich die sexuellen Lebensgewohnheiten in unserem Land nicht ändern, könnte diese Krankheit bis zum Jahr 2000 die Hälfte unserer Bevölkerung dahinraffen.

Eine Krankenschwester, die ich kenne, hätte sich um ein Haar mit AIDS angesteckt. Als sie einem Patienten, bei dem der Verdacht auf AIDS bestand, Blut abnahm, schlug dieser wild um sich, die Nadel der Spritze rutschte heraus und stach die Schwester in die Hand. Zum Glück stellte sich heraus, daß der Befund des Patienten negativ war. Wenn er tatsächlich ein AIDS-Opfer gewesen wäre, hätte die Schwester eine Chance von 50 Prozent gehabt, daran sterben zu müssen.

Wenn bereits sehr viele Leute aus medizinischen Berufen als unschuldige Opfer an dieser Krankheit gestorben wären, hätte es bestimmt im ganzen Land einen Aufschrei des Protests gegeben. Aber muß man denn erst warten, bis „genügend" Menschen gestorben sind, bevor unsere Gesellschaft sich dazu entschließt, Schritte gegen die Bedingungen zu unternehmen, die der Krankheit eine solche Ausbreitung erlauben? Für mich ist es unbegreiflich, daß niemand einsehen will, daß unser Land dringend eine moralische und geistliche Erneuerung braucht.

KAPITEL 12

Was alle Eltern über Sexualität wissen müssen, falls die Kinder Fragen stellen

Dieses Buch wäre nicht vollständig, wenn es nicht auch eine alphabetische Liste aller Themen enthielte, über die Eltern wißbegieriger Kinder Bescheid wissen müssen. Wenn die Kleinen ihre nicht enden wollenden Fragen stellen, ist das für uns ein gesundes Zeichen. Das bedeutet, daß wir ein gutes Verhältnis zu ihnen haben und ihnen etwas erklären können, und zwar besser als andere, die unsere Wertvorstellungen nicht teilen.

Wenn ein Kind eine Frage stellt, auf die Sie keine Antwort wissen, brauchen Sie nicht gleich in Panik zu geraten. Sehen Sie ihm einfach in die Augen und sagen Sie: „Da bin ich selbst nicht sicher. Laß mir ein bißchen Zeit, dann suche ich die Antwort heraus." Oder Sie können auch sagen: „Wir wollen einmal zusammen in diesem Buch nachsehen."

Niemand kann alle Fragen zum Thema Sexualität beantworten. Deshalb brauchen Sie nicht beunruhigt zu sein, wenn Sie einmal nicht weiterwissen. Es gibt heute in jeder christlichen Buchhandlung gutes Material dazu. Wenn Ihr Kind eine Frage stellt, die Sie nicht unter einem der vorangegangenen Kapitel finden sollten, dann sehen Sie sich bitte das anschießende Stichwortregister an. Sie können auch mein Buch „Wie schön ist es mit dir" zu Rate ziehen oder das von Dr. Ed Wheat, „Liebe ist Leben", das besonders als Vorbereitung auf die Ehe gedacht ist.

Abtreibung

Heute gibt es in den Vereinigten Staaten und anderen westlichen Ländern kaum ein Thema, das so gefühlsgeladen ist wie das der Abtreibung. Fünf Jahrzehnte lang ist die Evolutionslehre jetzt verbreitet worden. Das hat zu einer so geringen Achtung vor dem menschlichen Leben geführt, daß die Abtreibung weithin einfach als ein kleiner chirurgischer Eingriff ohne weitere Konsequenzen betrachtet wird. Wenn schließlich auch Menschen nichts weiter als Tiere sind, dann ist ein ungeborener Fötus „lebendes Gewebe" ohne Persönlichkeitsmerkmale. So sieht es auch der Gesetzgeber.

Seit der Reform des Abtreibungsgesetzes von 1973 sind in den USA mehr als 17 Millionen Kinder durch Abtreibung ermordet worden. Wenn auch oft die „soziale Indikation" als Grund für eine Abtreibung angegeben wird, so ist die Wahrheit doch, daß sie meistens aus egoistischen Motiven der Mutter heraus vorgenommen wird.

Medizinische Untersuchungen ergaben, daß nur 3 Prozent der Abtreibungen aus gesundheitlichen Gründen oder infolge von Vergewaltigung durchgeführt werden. Das würde bedeuten, daß 97 Prozent aller Abtreibungen, die heute in den USA vorgenommen werden, nichts weiter als kaltblütiger Mord sind. Die Kirchen haben sich zu diesem Thema in den siebziger Jahren zwar sehr gleichgültig verhalten, aber jetzt endlich haben einige den Mut gefunden, sich überkonfessionell zusammenzuschließen, um Einfluß zu gewinnen und politischen Druck auszuüben. Mittlerweile ist in den USA schon ein allgemeiner Trend gegen die Abtreibung zu verzeichnen. Wenn das Thema heute durch eine Volksabstimmung entschieden würde, dann würde meiner Meinung nach ein entsprechendes Gesetz erlassen werden, jedenfalls für die Zeit nach der 13. Schwangerschaftswoche. Wie ich schon früher beschrieben habe, ist der Fötus nach dem dritten Monat schon ein vollständiges menschliches Wesen. Wenn die Leute das einmal begriffen haben, ist die überwältigende Mehrheit gegen die Abtreibung.

Medizinisch gesehen, bedeutet Abtreibung oder „Abort" die

Beendigung einer Schwangerschaft, bevor das befruchtete Ei beziehungsweise der Embryo oder der Fötus sich genügend entwickelt hat, um außerhalb des Mutterleibes leben zu können. Es gibt zwei Arten von Abort, den „spontanen Abort", landläufig Fehlgeburt genannt, und den „eingeleiteten Abort", bei dem der Fötus mit Absicht und künstlich entfernt wird.

Nicht alle Fehlgeburten kann man erklären. Manche Frauen scheinen überhaupt Schwierigkeiten zu haben, ein Kind auszutragen, besonders in den ersten drei Monaten. In anderen Fällen sieht es so aus, als sei das der Weg der Natur, einen Fötus mit Mißbildungen oder möglichen schweren organischen Fehlern vor einem zum Scheitern verurteilten Leben zu bewahren. Eine Fehlgeburt ist eine Tat Gottes, und die Mutter sollte keine Schuldgefühle haben, wenn ihr Kind auf diese Weise stirbt.

Bei einem eingeleiteten Schwangerschaftsabbruch sieht die Sache allerdings ganz anders aus. Er wird bewußt durchgeführt, indem man den Fötus mit Gewalt aus der Gebärmutter entfernt. In manchen Fällen geschieht das mit einem Sauggerät, in anderen mit einer speziellen Zange. Der Muttermund wird geweitet und der Embryo durch die Scheide herausgezogen. Vorher wird die Gebärmutterwand mit einem speziellen Messer, das man „Kürette" nennt, ausgeschabt. Deshalb heißt der Eingriff auch oft Ausschabung.

Ich habe Bilder von manchen solcher chirurgischen Eingriffe gesehen. Darauf konnte man erkennen, wie der Arzt die einzelnen Körperteile des Babys stückweise aus dem Mutterleib zog. Abtreibungen sind unmenschlich und eine furchtbare Todesqual für das ungeborene Kind.

Im Frühjahr 1984, noch vor seiner Wiederwahl, wurde Präsident Ronald Reagan von manchen Befürwortern der Abtreibung lächerlich gemacht, weil er medizinische Forschungsergebnisse zitiert hatte, in denen es hieß, daß Ungeborene die Schmerzen während einer Abtreibung durchaus empfinden können. Später verstummte die Kritik, als es unwiderlegbare medizinische Beweise dafür gab, die diese Berichte bestätigten. Ich habe Filme gesehen, die mit einem Fluoroskop gemacht wurden und deutlich zeigten, wie ein vier Monate alter Fötus vor Schmerzen zusammenzuckte, als eine Metallsonde seinen Kopf berührte. Er reagierte so, wie jeder andere normale Mensch auch reagiert hätte. Ebenso habe ich den unmißverständlichen Ausdruck von Schmerz auf dem Gesicht dieses Fötus gesehen, kurz bevor er durch die Abtreibung sterben mußte. Vielleicht finden Sie meine Schilderung widerlich, aber es ist schon so, wie Frau Dee Jepsen, eine frühere enge Beraterin des Präsidenten, es 1984 vor der Vereinigung der „Concerned women for America" gesagt hat: „Uns vergeht höchstens einmal der Appetit, wenn wir so etwas hören – die Ungeborenen aber lassen ihr Leben!"

Es ist gar keine Frage: Abtreibung ist Mord und sollte von Christen gar nicht erst in Erwägung gezogen werden. Zugegeben, eine Teenagerschwangerschaft beschert jeder Familie viele Probleme und viel Kummer. Aber das ist nicht halb so schlimm wie die seelische Belastung, die ein Mord mit sich bringen würde. Ich habe Fälle kennengelernt, in denen autoritäre gläubige Eltern darauf bestanden, daß ihre Töchter eine Abtreibung vornehmen ließen; aber danach haben sie es bitter bereut. Gerade vor ihren Töchtern haben sie damit ihr Zeugnis als Christen und ihre moralische Glaubwürdigkeit verloren. Im Gegensatz dazu sind mir mehrere Familien bekannt, die in dieser Krise mit ihren Kindern auf Gott vertrauten, die zusammenstanden und deren Leben sich dadurch von Grund auf verändert hat.

Wie ich schon früher erwähnt habe, sagen die Befürworter der Abtreibung nichts von den Schuldgefühlen, die die Frauen oft nach einem solchen Eingriff plagen. Dr. Grace Ketterman, eine Psychologin, hat von ihrer Arbeit als Leiterin eines Mutter-und-Kind-Hauses berichtet, in dem sie für mehr als 900 junge schwangere Frauen sorgte. Die Entscheidung des Obersten Gerichtshofes von 1973 ließ die Abtreibung auf einmal als ein vielversprechendes Mittel für die sofortige Lösung aller Probleme erscheinen. Doch Frau Dr. Ketterman sagt, daß nach einiger Zeit „eine sehr große Anzahl von Mädchen zu mir in die Beratung kamen, die dringend Hilfe brauchten. Sie alle hatten Abtreibungen vornehmen lassen; manchmal sogar mehrere. Sie machten sich starke Vorwürfe, weil sie in unverantwortlicher Weise Menschen das Leben genommen hatten, zwar ungeborenen, aber eben doch Menschen."[38]

Ich frage mich, ob die hohe Selbstmordrate unter Jugendlichen heute nicht auch von den Depressionen herrührt, die sich aus den Schuldgefühlen nach einer Abtreibung ergeben.

Eine weitere schädliche Auswirkung der Abtreibung ist, daß sie zu Unfruchtbarkeit führen kann oder daß es für eine Frau möglicherweise äußerst schwierig wird, eine spätere Schwangerschaft ganz durchzuhalten. Ich habe einige Frauen beraten, die wegen Abtreibungen später keine Kinder mehr bekommen konnten. Jede hatte an ihrer Schuld schwer zu tragen und wußte, daß sie niemals ein eigenes Kind in den Armen halten und stolz ihrem Mann zeigen würde, der doch auch gerne Vater geworden wäre.

In der Bibel heißt es: „Der Verächter Weg bringt Verderben" (Sprüche 13,15). Wir schaffen die Sünde der Unzucht nicht damit aus der Welt, daß wir sie mit der Sünde des Tötens zudekken, vielmehr sprechen wir uns damit noch ein zusätzliches Urteil. Unsere heranwachsenden Kinder müssen verstehen, daß Gott dem menschlichen Leben immer einen hohen Wert eingeräumt hat. Von allen seinen Geschöpfen liebt er die Menschen am meisten, denn für sie hat er seinen einzigen Sohn geopfert. Wenn Ihr Familienleben durch eine ungewollte Schwangerschaft belastet wird, dann stehen Sie vor einer harten Prüfung. Aber geben Sie sich die größte Mühe, gerade jetzt zu Ihrem Kind zu stehen und es nicht im Stich zu lassen, denn das könnte sehr schlimme Folgen haben.

Eine wichtige Schriftstelle in diesem Zusammenhang steht im 2. Buch Mose 21,22-23: „Wenn Männer miteinander streiten und stoßen dabei eine schwangere Frau, so daß ihr die Frucht abgeht, ihr aber sonst kein Schaden widerfährt, so soll man ihn um Geld strafen, wieviel ihr Ehemann ihm auferlegt, und er soll's geben durch die Hand der Richter. Entsteht ein dauernder Schaden, so sollst du geben Leben um Leben."

Gott hat Mose diese Worte gegeben, damit er den Kindern Israel einschärfen sollte, daß ein ungeborenes Kind einen hohen Schutz verdient.

Beschneidung

Jeder kleine Junge wird mit einer Hautfalte geboren, die die Spitze des Penis bedeckt. Diese Falte heißt auch Vorhaut. Wenn sie durch einen Arzt chirurgisch entfernt wird, spricht man von „Beschneidung". Zu Zeiten des Alten Testaments führten die Juden die Beschneidung als einen religiösen Ritus durch, und zwar acht Tage nach der Geburt des Jungen. Sie taten dies nach dem Gebot Gottes, das Abraham erhalten hat und von dem im 1. Buch Mose 17,10–14 berichtet wird. Gott sprach zu Abraham: „Das aber ist mein Bund, den ihr halten sollt zwischen mir und euch und deinem Geschlecht nach dir: Alles, was männlich ist unter euch, soll beschnitten werden; eure Vorhaut sollt ihr beschneiden. Das soll das Zeichen sein des Bundes zwischen mir und euch. Jedes Knäblein, wenn's acht Tage alt ist, sollt ihr beschneiden bei euren Nachkommen. Desgleichen auch alles, was an Gesinde im Haus geboren oder was gekauft ist von irgendwelchen Fremden, die nicht aus eurem Geschlecht sind. Beschnitten soll werden alles Gesinde, was dir im Hause geboren oder was gekauft ist. Und so soll mein Bund an eurem Fleisch zu einem ewigen Bund werden. Wenn aber ein Männlicher nicht beschnitten wird an seiner Vorhaut, wird er ausgerottet werden aus seinem Volk, weil er meinen Bund gebrochen hat."

Für die alten Hebräer war es keine Frage, ob man Jungen beschneiden sollte oder nicht. Es war vielmehr ein besonderes Gebot Gottes, dem man gehorchen mußte. Ein unbeschnittener Mann wurde aus seinem Volk ausgestoßen.

Unter dem Neuen Bund, der von Jesus Christus gestiftet wurde, sind die Christen frei von diesem Gebot, das Abraham einst erhielt. In vielen Ländern wird die Beschneidung noch allgemein vorgenommen. Aber jetzt hat diese alttestamentliche Sitte eine neue geistliche Bedeutung bekommen. Im Kolosserbrief 2,9–12 schreibt Paulus dazu: „Christus ist Herr über alle Mächte und Gewalten. In ihm wohnt Gott mit der ganzen Fülle seines Wesens leibhaftig, und durch ihn habt ihr die volle Verbindung mit Gott. Durch ihn seid ihr auch beschnitten worden. Ich spreche nicht von der Beschneidung, die am Körper vorgenommen wird. Bei der Beschneidung durch Christus habt ihr gleichsam den ganzen Körper, der unter der Herrschaft der Sünde steht, abgelegt. Denn ihr seid durch die Taufe mit Christus begraben worden, und ihr seid auch schon mit ihm zusammen zum neuen Leben gelangt. Denn ihr habt euch der Macht Gottes anvertraut, der Christus vom Tod erweckt hat."

Für einen Christen spielt es keine Rolle mehr, ob ein Mann an seinem Penis beschnitten ist oder nicht. Worauf es wirklich ankommt, ist die Beschneidung des Herzens, das heißt, ob die alte sündige Natur abgelegt worden ist.

Paulus und Barnabas standen vor einem großen Problem, als sie sich mit der Beschneidung bei Heiden- und Judenchristen beschäftigen mußten. Die Judenchristen glaubten, daß die Beschneidung immer noch verbindlich wäre, aber Paulus redete vor dem Rat der Gemeinde in Jerusalem über das mosaische Gesetz und konnte die Gemeindeleiter davon überzeugen, daß die zeremoniellen Gesetze von dem Neuen Bund durch Jesus Christus aufgehoben worden sind. Als Reaktion darauf schrieben die Gemeindeleiter einen Brief an die Heidenchristen und gaben ihnen folgende einfache Anweisungen: „Es erschien nämlich dem heiligen Geist und uns richtig, euch keine weitere Last aufzuladen außer den folgenden unerläßlichen Regeln: Eßt kein Fleisch von Tieren, die als Opfer für die Götzen geschlachtet worden sind; genießt kein Blut; eßt kein Fleisch von erwürgten Tieren und hütet euch vor Blutschande. Wenn ihr diese Regeln beachtet, tut ihr recht" (Apostelgeschichte 15,28-29).

Die körperliche Beschneidung wird heute oft aus hygienischen Gründen vorgenommen. Wenn die Vorhaut entfernt wird, ist es leichter, den Penis von möglichen Infektionen, Entzündungen und Drüsenabsonderungen freizuhalten, die vielleicht gesundheitliche Probleme hervorrufen können. In manchen Gegenden der Erde ist die Beschneidung immer noch ein religiöser Ritus oder ein Initiationsritus, durch den deutlich wird, daß ein junger Mann erwachsen geworden ist.

Ehebruch

Gott verbietet Ehebruch ausdrücklich in den Zehn Geboten. Im 2. Buch Mose 20,14 heißt es: „Du sollst nicht ehebrechen." In Matthäus 5,27-28 bestätigt Jesus dieses Verbot und erweitert es sogar noch auf lustvolle Gedanken. Er sagt in der Bergpredigt: „Ihr wißt auch, daß es heißt: ‚Du sollst keinen Ehebruch begehen!' Ich aber sage euch: Wer eine Frau auch nur ansieht und sie haben will, hat mit ihr in Gedanken schon die Ehe gebrochen." Die Worte Ehebruch und Unzucht werden im Alten und im Neuen Testament im gleichen Sinn gebraucht. Beide Ausdrücke beziehen sich auf Geschlechtsverkehr mit jemandem, mit dem man nicht verheiratet ist. Zur Unzucht gehören auch noch andere sexuelle Sünden wie beispielsweise Inzest.

Der Geschlechtsverkehr ist ausschließlich gedacht für einen Mann und eine Frau, die in der Ehe miteinander verbunden sind. Alle anderen Formen sexueller Beziehungen werden in den Augen Gottes als Ehebruch oder Unzucht angesehen und als Sünde verurteilt. Der Mensch, der Ehebruch begeht oder Unzucht übt, sündigt damit nicht nur gegen Gott, sondern, wie der Apostel Paulus lehrt, auch gegen seinen eigenen Körper. Im 1. Korintherbrief, Kapitel 6,15-18 schreibt Paulus: „Wißt ihr nicht, daß euer Körper ein Stück von Christus ist? Soll ich nun einen Teil vom Leib Christi nehmen und mit dem Körper einer Hure verbinden? Das darf nicht sein! Ihr müßt doch wissen, daß einer, der sich mit einer Hure verbindet, mit ihr ein Körper geworden ist. Es heißt ja: ‚Die zwei werden ein Leib.' Aber wer sich mit dem Herrn verbindet, ist mit ihm eins im Geist. Hütet euch um jeden Preis vor der Unzucht! Alle anderen Sünden, die ein Mensch begehen kann, beflecken nicht den Körper. Wer aber Unzucht treibt, beschmutzt sich selbst."

Alle sexuellen Sünden fangen in den Gedanken an und werden dann zur Tat. Der Mann, der Ehebruch begeht, entschließt sich nicht irgendwann einmal plötzlich, eine Liebesaffäre zu beginnen. Es gibt da vielmehr wie bei einer Krankheit eine lange Inkubationszeit, bis er schließlich seine Frau betrügt. Lustvolle Gedanken, die durch „schmutzige" Zeitschriften und Filme angeregt werden; das Beobachten von sehr knapp bekleideten oder nackten Frauen am Strand; die Lektüre von aufreizenden Romanen – all das und noch mehr bringt einen Mann ganz allmählich dazu, eine sexuelle Sünde zu begehen. Paulus sagt, daß man vor jeder Versuchung zur Unmoral fliehen soll. Der Mensch, der sich dauernd für sexuell anregendes Material interessiert und offenhält, wird irgendwann einer Sünde nicht mehr widerstehen können. Wenn die sexuelle Begierde erst einmal entfacht ist, dann reicht es schon aus, nackte Frauen in einem Film anzusehen oder eine pornographische Zeitschrift zur Hand zu nehmen, um voller Verlangen zu sein.

Ejakulation und Orgasmus

Wenn der Penis eines Mannes bei der Masturbation oder beim Vorspiel gestreichelt und gerieben wird, füllt er sich mit Blut, wird steif und richtet sich auf und wird so auf den Geschlechtsverkehr vorbereitet. Eine Mischung von Absonderungen aus der Prostatadrüse, den Samenblasen und den Hoden ergibt zusammen die Samenflüssigkeit, die die Samenzellen zu ihrem Bestimmungsort transportiert.

Außerdem gibt die Cowpersche Drüse eine Flüssigkeit ab, die durch die Harnröhre fließt, sie für den Geschlechtsverkehr gleitfähig macht und dabei auch die Säuren des Urins neutralisiert. Gleichzeitig schließt sich automatisch eine Art Ventil und verhindert, daß Urin aus der Blase gelassen werden kann. Während des Geschlechtsverkehrs bewirkt die Reibung, die durch die rhythmischen Bewegungen des Penis in der Vagina der Frau entsteht, eine weitere Steigerung der sexuellen Erregung des Mannes, bis es zu einem mehrfachen Ausstoßen von Samenflüssigkeit aus der Harnröhre kommt. Das nennt man auch Ejakulation. Bei der Masturbation wird genau das gleiche durch äußere Reibung bewirkt. Bei jeder Ejakulation entladen sich durchschnittlich etwa 500000 Samenzellen, doch es wird nur eine einzige Zelle benötigt, um eine Eizelle zu befruchten; alle anderen werden ausgeschieden. Die Ejakulation beim Mann nennt man auch Orgasmus.

Bei der Frau entsteht der Orgasmus zum Beispiel durch das Streicheln der Klitoris und der Scham während des Vorspiels. Diese äußeren Sexualorgane verändern sich dabei spürbar. Die Klitoris wird härter und empfindlicher, ganz ähnlich wie der Penis des Mannes, wenn er sich aufrichtet. Wenn die Klitoris weiter gestreichelt wird, bewegt sich die Frau auf den Orgasmus zu. Man nennt die Klitoris auch den „sexuellen Auslöser" der Frau. Manchmal kommt es vor, daß eine Frau den Orgasmus beim Geschlechtsverkehr erst dann erreichen kann, wenn sie einmal einen sexuellen Höhepunkt dadurch erlebt hat, daß ihr Mann sie mit den Fingern streichelte. Manche Frauen haben zwar ein ungutes Gefühl, wenn man ihnen zu dieser Manipulation mit den Händen rät, aber die meisten gläubigen Eheberater stimmen darin überein, daß dies ein berechtigter Teil der ehelichen Liebe zwischen Mann und Frau ist.

Fehlender Orgasmus

Dr. David Reuben, der Autor des Buches „Was Sie schon immer über Sexualität wissen wollten", gebraucht den Ausdruck „Orgasmusbeeinträchtigung", womit er die Unfähigkeit der Frau meint, während des Liebesaktes einen Orgasmus zu erleben.[39] Wie schon oben erklärt, ist die Klitoris der Frau der sexuelle Auslöser und mit dem Penis vergleichbar. Wenn der Ehemann dieses Organ mit seinem Finger oder mit dem Penis sanft bearbeitet, wird seine Frau normalerweise auch so zu einem Orgasmus kommen.

Leider wissen manche Männer und Frauen einfach immer noch zu wenig über sexuelle Vorgänge und Techniken. Ich glaube, falsche Vorstellungen und mangelnde Aufklärung über die Entstehung eines Orgasmus sind die Hauptgründe für sexuelles Versagen bei Frauen. Früher meinte man, Frauen dürften überhaupt keinen Orgasmus haben; sexuelle Befriedigung wäre nur das Vorrecht des Mannes. Zum Glück haben sich unsere Vorstellungen hier geändert, aber manche Frauen haben immer noch Schuldgefühle in bezug auf Sex. Solche Gefühle können bei einer Frau das Vergnügen am Geschlechtsverkehr erheblich beeinträchtigen.

Angst kann ein anderer Grund für das Ausbleiben des Orgasmus sein. Manchmal befürchtet eine Frau, sie würde sexuell nicht das „leisten", was ihr Mann erwartet. Das Ergebnis ist dann natürlich, daß sie das, was sie sich nicht zutraut, auch nicht erreicht.

In der Beratung von verlobten oder verheirateten Paaren versuche ich immer, den beiden alle möglichen Schuld- oder Angstgefühle in bezug auf den Geschlechtsverkehr zu nehmen. Der Liebesakt in der Ehe ist von Gott eingesetzt und von ihm gesegnet. Er stellt den höchsten körperlichen Ausdruck der Liebe zwischen einem Mann und einer Frau dar. Das Schlafzimmer soll ein Ort der Freude sein und nicht der falschen Hemmungen. Er ist der einzige Ort, an dem man alle Zurückhaltung ablegen kann, damit Mann und Frau das volle Glück der sexuellen Liebe erfahren können.

Geburtenkontrolle

Es gibt in der Heiligen Schrift keine Stelle, die sich speziell auf die Geburtenkontrolle bezieht. Daher ist dies meiner Meinung nach ein moralisch neutrales Thema. Ich denke schon, daß Christen normalerweise Kinder bekommen sollten, aber ich glaube nicht, daß ein Mann seiner Frau gegen ihren Willen die Verpflichtung auferlegen darf, immer wieder Kinder zu gebären. Die Entscheidung, Eltern zu werden, sollte von Mann und Frau nach gemeinsamen Gesprächen und Gebeten zusammen getroffen werden. Man kann von keiner Frau erwarten, daß sie von der Heirat an bis zu den Wechseljahren pausenlos Kinder bekommt. Ich kenne einen Mann, der kurz hintereinander fünf Kinder gezeugt hat. Mehrere von ihnen wurden gegen den Willen seiner Frau empfangen. Dieses, wie ich meine, unfaire Verhalten des Ehemans führte zur körperlichen und seelischen Erschöpfung seiner Frau.

Von den verschiedenen Methoden zur Geburtenkontrolle befürworte ich persönlich nur solche, die keine befruchteten Eizellen zerstören. Es gibt manche, die die Samenzellen daran hindern, das Ei zu erreichen, und andere, die einen schon entwikkelten Embryo abtöten.

Die *Antibabypille* ist das bekannteste und wahrscheinlich auch verläßlichste künstliche Mittel der Empfängnisverhütung, das heute auf dem Markt ist. Die Pille verändert den Hormonhaushalt einer Frau und verhindert dadurch einen Eisprung. Es wird also keine Eizelle in die Eileiter abgegeben. Als die ersten Präparate aufkamen, wurde über einige Nebenwirkungen berichtet. Mittlerweile enthalten die Präparate aber niedrigere Dosen, so daß Nebenwirkungen kaum mehr zu befürchten sind. (Leider ist die Pille für die Frauen auch das Mittel zur „Emanzipation" oder „Befreiung" von den traditionellen Moralvorstellungen geworden. Sie hat den vor- und außerehelichen Geschlechtsverkehr „sicher" gemacht, obwohl er aus Gottes Sicht immer noch unmoralisch ist.)

Jeder, der sich überlegt, ob er sich für diese Methode entscheiden soll, muß folgendes wissen: viele Wissenschaftler meinen, daß die Pille manchmal eine Reizung an der Gebärmutter bewirkt, wodurch ein befruchtetes Ei ausgestoßen wird. Wenn dies geschieht, löst sie – wenn auch zu einem sehr frühen Zeitpunkt – Fehlgeburten aus. Ich habe verschiedene Ansichten von Fachleuten zu diesem Punkt gelesen. Es scheint so, daß die schwächere Dosierung der Pille zwar die unangenehmen Nebenwirkungen verringert, aber eine Empfängnis eher möglich macht und dann den Embryo reizt und so eine Fehlgeburt bewirkt. Aus diesem Grund empfehle ich die Pille nicht mehr als eine annehmbare Methode der Geburtenkontrolle.

Das *Kondom,* auch „Präservativ" genannt, ist das zweithäufigste Verhütungsmittel in den Vereinigten Staaten. Es war schon im 15. Jahrhundert bekannt, damals als Schutz gegen die Syphilis. Es ist eine gummiartige Hülle, die über den Penis gezogen wird. Während des Geschlechtsverkehrs fäng das Kondom die austretende Samenflüssigkeit auf und verhindert so, daß sie in die Scheide der Frau gelangt.

Das Kondom hat mehrere Vorteile. Es ist in Drogerien frei erhältlich, es verursacht keinerlei Nebenwirkungen, und es ist einfach zu handhaben. Außerdem legt es dem Mann die Verantwortung für die Geburtenkontrolle auf und nicht der Frau.

Aber das Kondom hat auch gewisse Nachteile. Es beeinträchtigt die körperlichen Empfindungen des Mannes, während es für die Frau oft unangenehm ist, wenn das Kondom nicht gut gleitet. Die meisten Kondome sind deswegen schon mit einem Gleitmittel beschichtet. Die Präparate, die in den USA hergestellt werden, müssen strengen Sicherheitsanforderungen genügen.

Schaumpräparate gibt es schon fast 30 Jahre lang, und die Ergebnisse sind recht positiv. Statistiken haben ergeben, daß auf 1000 Frauen, die solche Mittel anwenden, durchschnittlich etwa 76 Schwangerschaften kommen. Man nennt diese Mittel auch Spermizide, weil sie die Samenzellen abtöten. Das zarte Scheidengewebe wird dabei nicht angegriffen. Diese Mittel sind als Schaum, Creme oder Gel erhältlich. Schaum gibt es dabei in verschiedenen Ausführungen, in Sprühdosen oder als Zäpfchen, die in der Scheide schmelzen.

Oft wurden Frauen trotz der Verwendung dieser Präparate schwanger. Meistens haben sie sich nicht genau an die Anleitung gehalten. Manche Wissenschaftler vermuten, daß Frauen, die Spermizide falsch anwenden und dann schwanger werden, dabei riskieren, ein Kind mit Geburtsfehlern zur Welt zu bringen oder eine Fehlgeburt zu erleiden. Der beste Schutz dagegen ist, die Gebrauchsanweisungen ganz genau zu beachten.

Die *Knaus-Ogino-Methode,* manchmal auch *Zeitwahlmethode* genannt, ist eine unzuverlässige Art der Geburtenkontrolle. Nach dieser Methode wird eine Schwangerschaft durch Enthaltsamkeit vom Geschlechtsverkehr unmittelbar vor und nach dem

Eisprung vermieden. Es gibt zwei Möglichkeiten, den Eisprung vorauszuberechnen. Die eine ist die „Temperaturmethode“, bei der die Frau jeden Morgen vor dem Aufstehen ihre Körpertemperatur mißt und auf einer Karte aufzeichnet. Ein leichtes Abfallen der Temperatur, gefolgt von einem deutlichen Ansteigen, zeigt an, daß der Eisprung während des Temperaturabfalls stattgefunden hat. Diese Aufzeichnungen muß man monatelang gewissenhaft durchführen, denn nur nach Aufzeichnen der Temperatur über mehrere Monate kann man die Zeit des Eisprungs einigermaßen verläßlich voraussagen.

Die zweite Technik ist die „Kalendermethode“. Auch dafür muß man acht bis zwölf Monate lang den Menstruationszyklus der Frau aufzeichnen. Anhand der aufgezeichneten Daten kann man dann nach einer Formel die Tage feststellen, an denen der Eisprung aller Wahrscheinlichkeit nach stattfindet. Eine Frau mit einem regelmäßigen Zyklus von 28 Tagen wird normalerweise am 14. Tag ihren Eisprung haben. Etwa vom 18. Tag an wäre keine Eizelle mehr vorhanden, die befruchtet werden könnte. Die Tage vor dem 11. Tag des Zyklus können auch als unfruchtbar angenommen werden. Die Schwierigkeit liegt nur darin, daß der Eisprung bei manchen Frauen sehr unregelmäßig stattfindet. Dadurch wird diese Methode völlig unzuverlässig. Ganz allgemein gelten aber die Woche vor Einsetzen der Periode, die Zeit während der Periode und die ersten fünf Tage danach als absolut unfruchtbar.

Das *Pessar* (oder Diaphragma) ist auch in meinem Buch „Wie schön ist es mit dir“ beschrieben. Es handelt sich hier um eine starke, leichte Gummikappe, etwas kleiner als die Handfläche. Es war die erste medizinisch anerkannte Methode zur Schwangerschaftsverhütung und wurde vor etwa achtzig Jahren entwickelt. Der dünne Rahmen des Pessars besteht aus einer ringförmigen, gummiüberzogenen Metallfeder. Da die Feder elastisch ist, kann man das ganze Pessar zusammendrücken und leicht in die Vagina einführen. Man läßt es dann im oberen Teil der Vagina los, wo es den Gebärmuttermund wie ein Kuppeldach abdeckt.

Die Entfernung zwischen der Rückwand der Vagina und dem Schambein ist von Frau zu Frau verschieden. Aus diesem Grunde fertigt man Pessare in verschiedenen Größen an. Während einer Untersuchung des Beckenraums, die der Frau keine Unannehmlichkeiten bringt, muß der Arzt diese Entfernung messen, um das richtige Pessar auszuwählen. Nach den entsprechenden ärztlichen Anweisungen muß man das Pessar vor dem Geschlechtsverkehr einsetzen, am besten einige Stunden vorher. Wenn das Pessar gut paßt, sollte kein Partner etwas von seiner Anwesenheit spüren.

Das Pessar wirkt als Barriere und Sperre und verhindert, daß Samen in den Uterus eindringt, aber zur vollen Wirksamkeit muß man es an der dem Cervix zugewandten Seite mit einem spermiziden Gel oder Creme einreiben. Wenn man ein künstliches Gleitmittel beim Verkehr wünscht, wählt man ein Gel, wenn man kein Gleitmittel braucht, nimmt man eine empfängnisverhütende Creme.

Die spermiziden Mittel bringt man auf das Pessar, um alle Spermien bei Berührung zu töten. Wir müssen aber warnen: Ein Pessar ohne spermizide Mittel ist fast nutzlos. Man kann dasselbe Pessar viele Jahre lang verwenden, wenn man keine Risse darin findet.

Das Pessar ist eine weitverbreitete, bewährte Methode, die vielen Frauen zusammen mit dem Spermizid die Sicherheit einer mechanischen Sperre bietet. Es hat keine Auswirkungen auf eine zukünftige Schwangerschaft.“[40]

Die *intrauterine Spirale* ist kein empfängnisverhütendes Mittel im eigentlichen Sinne, sondern eher ein Mittel zur Abtreibung. Sie verhindert nicht die Befruchtung des Eis, sondern vielmehr die Einnistung der befruchteten Eizelle in die Gebärmutterwand. Mit anderen Worten vernichtet die Spirale eigentlich den menschlichen Embryo. Als Mittel der Geburtenkontrolle ist sie in 90 Prozent aller Fälle wirksam, aber von ihrer Technik her gesehen ist sie eben kein Verhütungs-, sondern ein Abtreibungsmittel.

Intrauterine Verhütungsmittel gibt es seit mehr als 2500 Jahren, denn sie wurden schon in der primitiven Zeit des Nahen Ostens von arabischen Kameltreibern erfunden. Diese Männer, die oft jahrelang mit Wüstenkarawanen umherzogen, hatten Ärger mit schwangeren Kamelen. Solche Tiere waren für die Treiber nicht zu gebrauchen, aber sie wollten sie auch nicht von den Karawanen trennen. Irgend jemand kam auf die Idee, den Stein einer Aprikose in die Gebärmutter der weiblichen Kamele einzuführen, um so eine Schwangerschaft zu verhindern. Man wußte zwar nicht, auf welche Weise dieser Aprikosenstein wirkte, aber es stellte sich heraus, daß das eine wirksame Methode der Geburtenkontrolle war.

Die Spirale besteht aus Plastik, und es gibt sie in verschiedenen Größen und Formen. Manche enthalten Kupfer oder das weibliche Hormon Progesteron, das in den Körper der Frau abgegeben wird. Meist ist es eine weiche, biegsame Plastikspirale oder auch eine unregelmäßig geformte Scheibe, die ein Arzt durch den Muttermund hindurch in die Höhle der Gebärmutter einführen muß, wobei er einen kleinen Schlauch von Trinkhalmgröße verwendet. Aus dem Muttermund hängt dann ein kleiner Faden, der der späteren Entfernung dient. Wenn eine Frau gern schwanger werden will, muß sie zum Arzt gehen und sich die Spirale wieder herausnehmen lassen. Interessanterweise sind sich die Ärzte letztlich nicht sicher, wie eine solche Vorrichtung in der Gebärmutter wirkt. Sie glauben, daß dieser Fremdkörper die Gebärmutterschleimhaut verändert und so die Einnistung des befruchteten Eis verhindert.

Die Spirale ist zuverlässig, aber sie hat mehrere Nachteile. Manche Frauen bekommen davon krampfartige Schmerzen, Blutungen oder ein unangenehmes Gefühl in der Beckengegend. Bei anderen Frauen wird die Spirale einfach als Fremdkörper wieder ausgestoßen. Eine weitere, schlimme Nebenwirkung kann ein Durchbruch der Gebärmutterwand sein. Vor kurzem wurde außerdem entdeckt, daß langjähriges Tragen auch noch einige andere gefährliche Nebenwirkungen hervorrufen kann. Weil die Spirale eigentlich ein Mittel zur Abtreibung ist, kann ich sie nicht empfehlen.

Koitus interruptus ist eine denkbar unwirksame Form der Geburtenkontrolle. Dabei zieht der Mann seinen Penis ganz kurz vor der Ejakulation aus der Scheide der Frau heraus. Diese Methode ist bekannterweise unzuverlässig, weil Samenzellen schon oft vor der Ejakulation zusammen mit Gleitflüssigkeiten abgegeben werden. Außerdem wird durch den Koitus interruptus das gefühlsmäßige Liebesspiel zwischen Mann und Frau plötzlich unterbrochen. Statt in ihrer Liebe füreinander allen Gefühlen freien Lauf zu lassen, sind dann beide Partner voller Spannungen, weil sie befürchten, daß doch Samenflüssigkeit austreten könnte. In Wirklichkeit gibt es wahrscheinlich nur sehr wenige Leute, die diese Methode der Geburtenkontrolle über längere Zeit mit Erfolg anwenden.

Abstinenz bedeutet Verzicht auf jeden sexuellen Kontakt. Dies ist für unverheiratete Männer und Frauen der einzige absolut sichere Weg, um eine unerwünschte Schwangerschaft und die damit verbundenen Schwierigkeiten und Konflikte zu vermeiden. Christen, die nicht verheiratet sind, müssen Abstinenz üben, wenn sie die Lehren der Heiligen Schrift zum Thema Sexualität befolgen wollen.

Verheiratete Männer und Frauen werden in der Schrift dagegen zum Geschlechtsverkehr ermutigt. Im 1. Korintherbrief 7,3-5 schreibt der Apostel Paulus: „Der Mann soll seine Frau nicht vernachlässigen, und die Frau soll sich ihrem Mann nicht versagen. Die Frau verfügt nicht über ihren Körper, sondern der Mann; ebenso verfügt der Mann nicht über seinen Körper, sondern die Frau. Keiner soll sich dem anderen entziehen – höchstens wenn ihr euch einig werdet, eine Zeitlang auf den ehelichen Verkehr zu verzichten, um ungestört beten zu können."

Geschlechtsverkehr

Damit ist die geschlechtliche Vereinigung von Mann und Frau in der Ehe gemeint. Der Mann führt seinen Penis in die Scheide der Frau ein. Mit Hilfe seiner Beckenmuskeln macht er dann stoßende Bewegungen, bis sich schließlich bei der Ejakulation Samenflüssigkeit in die Scheide ergießt. Der Geschlechtsverkehr ist Gottes Art, für die Fortpflanzung der Menschen zu sorgen. Er ist auch ein Ausdruck der Liebe zwischen Ehepartnern und ist zur gegenseitigen Freude gedacht.

Es gibt keine Angaben darüber, wie oft eine Ehepaar im Monat oder in der Woche Geschlechtsverkehr haben sollte. Hier geht es um persönliche Wünsche, und Mann und Frau sollten sich diesbezüglich einigen. Nach den mir bekannten Umfragen, liegt der Durchschnitt bei zwei- bis dreimal in der Woche. Das heißt aber nicht, daß Ehepartner, die häufiger oder seltener miteinander intim sind, nicht „normal" seien. Allerdings würde ich in Frage stellen, ob ein Mann und eine Frau, die nur noch selten oder nie Geschlechtsverkehr miteinander haben, eine glückliche Ehe führen. Der Liebesakt ist ein guter Hinweis darauf, wie es mit der gegenseitigen Liebe bestellt ist, und das Verlangen danach, in der körperlichen Vereinigung „eins zu werden", sollte in einer guten Ehe häufig vorhanden sein.

Homosexualität

„Heterosexuell" ist ein Mensch, der seine sexuellen Wünsche auf das entgegengesetzte Geschlecht richtet. Heterosexuelles Verhalten ist die von Gott für Menschen und Tiere erdachte Art der Fortpflanzung und war früher der Maßstab, nach dem Psychologen und Psychiater jedes andere sexuelle Verhalten beurteilten. Heterosexuelle Menschen galten als „normal", davon abweichendes sexuelles Verhalten als „anomal" oder „pervers". Bis 1973, als das „Diagnostische und Statistische Handbuch der Vereinigung Amerikanischer Psychiater" Homosexualität noch als abnormes Verhalten einstufte, mußte eine solche Abweichung ärztlich behandelt oder geheilt werden.

Aber unter dem Druck einer immer radikaleren homosexuellen Bewegung hat die Vereinigung Amerikanischer Psychiater dann 1973 Homosexualität aus ihrer Liste „abnormer Verhaltensweisen" gestrichen. In liberalen Kreisen wird Homosexualität heute als ein alternativer Lebensstil angesehen, nicht mehr als eine Sünde oder sexuelle Perversion. Trotzdem bleibt Homosexualität eine Perversion der natürlichen Sexualität, auch wenn man sie heute vielfach anders betitelt.

Ich kenne keine wissenschaftlichen Untersuchungen, die nachweisen können, daß Menschen schon mit homosexuellen Neigungen geboren werden. Bevor ich mein Buch „Was jeder über Homosexualität wissen sollte" schrieb, habe ich sehr viel zu diesem Thema gelesen. Dabei wurde mir klar, daß homosexuelles Verhalten erworben wird. Zwar gibt es gewisse Faktoren, die manche Menschen für homosexuelles Verhalten empfänglich machen, aber es liegen keine genetischen oder hormonellen Ursachen zugrunde.

Homosexualität ist schon von der Veranlagung von Männern und Frauen her für beide gleichermaßen unnatürlich. Gott hat Mann und Frau – und ebenso natürlich männliche und weibliche Tiere – so geschaffen, daß ihre Geschlechtsorgane einander ergänzen, damit so neues Leben entsteht. Grace Ketterman schrieb dazu: „Da die biologische Bestimmung der Sexualität die Fortpflanzung ist, kann Homosexualität in dieser Hinsicht als anormal angesehen werden, weil bei ihr die Zeugung von Nachkommen nicht möglich ist. Im Tierreich kommt Homosexualität äußerst selten vor."[41] Weil wir in einer gefallenen Welt leben, wird es immer Ausnahmen und Verstöße gegen Gottes natürliche Ordnung bei Menschen und anderen Geschöpfen geben. Aber diese gelegentlich vorkommenden sexuellen Perversionen dürfen nicht als „alternative Lebensart" akzeptiert werden.

In meinem Buch über Homosexualität habe ich die Abfolge dargestellt, in der ein Mensch allmählich homosexuelles Verhalten erwirbt. Die einzelnen Stufen sind: 1. eine vorhandene Neigung zur Homosexualität; 2. eine erste homosexuelle Erfahrung; 3. homosexuelle Gedanken und Phantasien; 4. neue homosexuelle Erfahrungen; 5. weitere lustbetonte Phantasien; 6. regelmäßige homosexuelle Praktiken.

Homosexualität ist ein abnormes Verhalten, das äußerst

mühsam zu heilen ist. Aber es besteht Hoffnung. Homosexuelle können durch Jesus Christus eine völlige Verwandlung erfahren, wenn sie für ihre Sünden Buße tun und das Heil in Jesus annehmen. Wenn Sie jemanden kennen, der mit dem Problem der Homosexualität kämpft, fragen Sie Ihre Kirchengemeinde nach Namen und Adressen von Organisationen, die ihm weiterhelfen können.

Impotenz

Im Laufe der letzten Jahre haben immer mehr Männer Schwierigkeiten damit, beim Liebesakt bis zur Ejakulation zu kommen. Diese Zunahme der Impotenz hat zweifellos nichts mit körperlichen Schwierigkeiten zu tun. Vielmehr verhindern bestimmte Denkmuster und innere Zwänge eine gute sexuelle Beziehung. Die meisten Ärzte, mit denen ich darüber gesprochen habe, glauben, daß die Impotenz mit dem starken seelischen und beruflichen Streß zusammenhängt, den unsere Gesellschaft auf die Männer ausübt. Unsere Lebensbedingungen sind viel ungewisser als noch vor 20 oder 30 Jahren. Die Männer sind in ihrer traditionellen Rolle als Haupt der Familie verunsichert. Diese Selbstzweifel haben schon mehrere Autoren veranlaßt, das Phänomen des „feminisierten Mannes" zu untersuchen. Da die Frauenemanzipationsbewegung immer mehr Verwirrung in bezug auf die Rolle der Geschlechter stiftet, können wir in den kommenden Jahren eine weitere Zunahme sexueller Fehlfunktionen erwarten.

Klimakterium

Das Klimakterium wird bei den Frauen meistens als „Wechseljahre" bezeichnet. Normalerweise zieht es sich über einen Zeitraum von fünf Jahren hin, etwa im Alter von 45 bis 50. In dieser Zeit wird der Menstruationszyklus und die damit zusammenhängende Monatsblutung unregelmäßig und hört schließlich ganz auf. Wenn die Frau über 40 ist, wird sie solche Unregelmäßigkeiten in ihrem Zyklus immer häufiger feststellen. Das liegt daran, daß die Eierstöcke allmählich weniger Östrogen produzieren. Wenn das Klimakterium abgeschlossen ist, werden keine Eizellen mehr zur Befruchtung freigesetzt; dann kann eine Frau auch keine Kinder mehr bekommen.

Grund für Unregelmäßigkeiten bei der Blutung sind Veränderungen in der Gebärmutterwand. Manche Frauen sind in dieser Zeit oft müde, haben unter Kopfschmerzen, Stimmungsumschwüngen und „Hitzewellen" zu leiden. Außerdem kann die Brust jetzt schlaffer werden, die Hüften können breiter werden, und man kann Gewichtsprobleme bekommen. Die seelischen Schwierigkeiten der Wechseljahre kann man durch die Einnahme von Östrogen nach Vorschrift des Arztes eindämmen. So kann eine Frau die Wechseljahre relativ problemlos und ohne extreme Stimmungsschwankungen durchleben.

Im Klimakterium nehmen viele Ehepaare automatisch an, daß nun auch keine Eizellen mehr produziert würden und sie jetzt keine Verhütungsmittel mehr zu benutzen bräuchten. Oft bekommen sie dann noch ein Baby. Fachleute raten, daß eine Frau wenigstens noch zwei Jahre des Klimakteriums abwarten sollte, bevor sie auf alle empfängnisverhütenden Mittel verzichtet.

Auch Männer machen eine Art Klimakterium durch, aber für sie ist es im allgemeinen nicht so schwierig wie für Frauen. In den Lebensjahren zwischen 55 und 60 spüren Männer gewöhnlich eine Hormonumstellung, die sich oft in Kopfschmerzen, Nervosität, Müdigkeit und anderen Symptomen äußert.

Sowohl Männer als auch Frauen haben oft die Befürchtung, daß ihr sexuelles Verlangen nachläßt, wenn sie in die Wechseljahre kommen. Das hängt jedoch von ihrer Einstellung ab. Es gibt keine körperlichen Gründe dafür, daß das sexuelle Verlangen bei Männern oder Frauen nachlassen sollte, aber Angst und Beklemmungen können durchaus Frigidität oder Impotenz bewirken. Eine gesunde Grundhaltung ist die beste Medizin für alle sexuellen Schwierigkeiten nach den Wechseljahren. Viele Wissenschaftler weisen darauf hin, daß das Klimakterium die sexuellen Beziehungen zwischen Mann und Frau sogar noch verbessern kann, weil man jetzt keine Schwangerschaft mehr zu befürchten braucht. Die Wechseljahre beeinträchtigen keineswegs die Weiblichkeit einer Frau oder die maskulinen Eigenschaften eines Mannes.

Manchmal wird der Geschlechtsverkehr für eine Frau nach dem Klimakterium etwas schmerzhaft, weil die Scheidenwände dünner geworden sind. Aber diese Schwierigkeiten kann sie durch die Einnahme von genügend Östrogen beheben, oder sie kann eine Scheidensalbe benutzen. Hierzu zitiere ich aus dem Buch „Wie schön ist es mit dir": „Im allgemeinen kann man feststellen, daß Frauen mit befriedigendem Geschlechtsverkehr, ein- oder zweimal wöchentlich, in den Jahren der Menopause weniger Symptome von Hitzewallungen, Reizbarkeit und Nervosität zeigen. Auch weisen sie wesentlich geringere Veränderungen der Scheidenwände und nur ein geringes oder gar kein Absinken des Hormonspiegels auf."[42]

Koitus interruptus

Der Koitus interruptus (siehe dazu auch das Stichwort „Geburtenkontrolle") ist eine unzuverlässige und wenige befriedigende Methode der Empfängnisverhütung. Hierbei zieht der Mann den Penis direkt vor der Ejakulation aus der Scheide. Es erfordert ein hohes Maß an Selbstbehrrschung, sich gerade im Moment der größten Erregung von seiner Frau zurückzuziehen. Die Ehepartner sollten den Liebesakt als eine Zeit der gegenseitigen Hingabe genießen und sich nicht gerade dann in der Selbstbeherrschung üben. Außerdem ist diese Methode sehr unzuverlässig, weil gewöhnlich schon einige Spermien in der Gleitflüssigkeit vorhanden sind, die der Penis schon vor der Ejakulation absondert. Daher ist es durchaus möglich, daß eine Frau schwanger wird, selbst wenn der Mann außerhalb der Scheide ejakuliert.

Masturbation

Das Wort kommt vom lateinischen Verb „masturbari", was soviel bedeutet wie „sich beschmutzen". Man spricht auch von „Selbstbefriedigung" oder „Onanie". Bei Männern meint man damit das Reiben des Penis bis zur Ejakulation; bei Frauen das Streicheln der Scham und der Klitoris bis zum sexuellen Höhepunkt.

Frau Dr. Mary Calderone, die frühere medizinische Leiterin einer Organisation zur Verhinderung ungewollter Schwangerschaften („Planned Parenthood") und Gründerin des humanistischen „Rates für Sexualinformation und Sexualerziehung in den Vereinigten Staaten" (SIEGUS), hat zusammen mit einem anderen Autor ein Buch mit dem Titel „Gespräche mit Kindern über die Sexualität" geschrieben. In diesem Buch heißt es, daß man Kinder vom Augenblick ihrer Geburt an dazu anhalten sollte, ihre Genitalien zu streicheln, zu masturbieren und „Vergnügen am eigenen Körper zu finden". Sie und der Mitherausgeber James Ramey sagen dazu: „Es ist uns klar geworden, daß die Gesellschaft endlich aufhören muß, die natürliche Entdekkungsfreude des Kindes zu behindern und ihm die Freude und das Vergnügen an sich selbst zu nehmen."[43] Ich bin mit Mary Calderones humanistischem Standpunkt zu sexuellen Fragen ganz und gar nicht einverstanden.

Masturbation ist unter Christen eins der umstrittensten sexuellen Themen. Die Meinungen dazu reichen von der Ansicht, Masturbation sei eine Gabe Gottes, bis zu der Meinung, es handle sich um eine Sünde. Die Bibel schweigt zu diesem Thema, aber es lassen sich aus der Heiligen Schrift bestimmte Prinzipien ableiten, die uns hier als Richtlinien dienen können.

1. Wir sollten nicht vergessen, daß Masturbation gewöhnlich mit lustvollen Gedanken einhergeht. In Matthäus 5,28 sagt uns Jesus aber, daß ein Mann schon in seinem Herzen Ehebruch begeht, wenn er nur eine Frau ansieht und dabei begehrliche Gedanken hat.

2. Masturbation wird oft zur Gewohnheit. Jede pornographische Zeitschrift verstärkt die Neigungen vieler Männer, sich

selbst zu befriedigen. Aber wenn das sexuelle Verlangen fehlgeleitet wird in eine Phantasiewelt voller Lust und Ehebruch, dann kann für den Mann, der in dieser Welt gedanklich gefangen ist, nur geistlicher Schaden entstehen.

3. Der Geschlechtsverkehr ist von Gott zur gemeinsamen Freude von Ehepartnern gedacht. Oft kommt es aber so weit, daß ein Mann, der regelmäßig masturbiert, schließlich lieber pornographische Zeitschriften liest und onaniert, als daß er mit seiner Frau den Liebesakt vollzieht. Damit betrügt er sie um ihre Rechte.

4. Die Phantasien bei der Masturbation führen unweigerlich zu Schuldgefühlen. Die aber können das geistliche Wachstum ernsthaft behindern.

Menstruation

Der Begriff kommt vom lateinischen Wort „menstruus“, was monatlich bedeutet. Die Menstruation ist die monatliche Ausscheidung einer blutigen Flüssigkeit aus der Gebärmutter. Sie ist das erste sichtbare Zeichen dafür, daß ein Mädchen sexuell reif und fähig wird, ein Kind zu empfangen. Der monatliche Menstruationszyklus wird auch „Periode“ genannt; er dauert normalerweise 28 Tage.

Der Beginn des Menstruationszyklus ist Teil des körperlichen Reifungsprozesses, durch den ein Mädchen im Laufe einer vier- bis fünfjährigen Zeitspanne zur erwachsenen Frau wird; diese Zeit nennt man Pubertät. Die Periode kann irgendwann im Alter zwischen 9 und 17 Jahren zum ersten Mal auftreten. Die Pubertät und die sie begleitenden sexuellen Veränderungen werden alle durch eine Hauptdrüse, die Hypophyse, ausgelöst, wenn diese anfängt, Hormone an die anderen Organe abzugeben.

Der Menstruationszyklus ist die monatliche Vorbereitung des weiblichen Körpers auf das Kindergebären. Die Eierstöcke produzieren Östrogen, eines der wichtigsten Hormone für den körperlichen Reifungsprozeß. Das Östrogen bewirkt auch einen raschen Aufbau der inneren Gebärmutterwand, die sich damit auf ein befruchtetes Ei vorbereitet. Die Oberfläche füllt sich mit Blut und wartet darauf, daß sich die Eizelle in der Wand einnistet. Sobald sich das Ei festgesetzt hat, entwickelt sich auch der Mutterkuchen, und das Blut liefert dem menschlichen Embryo die nötigen Nährstoffe. Wenn aber kein Ei befruchtet worden ist, geht die Blutzufuhr zurück, Millionen von Zellen in der Gebärmutterwand sterben ab und werden bald mit der Monatsblutung ausgeschieden. Die Flüssigkeit, die dann abgegeben wird, besteht eigentlich halb aus Blut und halb aus Schleim und Gewebestücken der Gebärmutterwand, die nicht mehr gebraucht werden.

Der Menstruationszyklus wiederholt sich 30 bis 35 Jahre lang bis zum Klimakterium.

Nacktheit

Viele humanistisch gesinnte Psychologen und Psychiater befürworten zwar, daß man innerhalb der Familie nackt herumlaufen soll, aber ich glaube, daß die Heilige Schrift und auch der gesunde Menschenverstand eindeutig dazu raten, daß Eltern sich ihren Kindern nicht in nacktem Zustand zeigen sollten. Ich bin darin einer Meinung mit Dr. Melvin Anchell; er schreibt: „Kleine Kinder haben Spaß daran, ihren Körper zu zeigen oder andere in nacktem Zustand zu betrachten. Das ist für Fünfjährige ganz normal. Wenn die Eltern darauf weder prüde noch übertrieben freizügig reagieren, durchlaufen die Kinder dieses frühe Stadium ganz natürlich und entwickeln ein normales Schamgefühl.

Wenn den Eltern diese Zurückhaltung jedoch fehlt und sie sich immer wieder nackt zeigen, wecken sie beim Kind ein ungesundes Interesse daran, nackte Menschen zu betrachten und den eigenen Körper zur Schau zu stellen. Ein Kind kann dauernd auf der Stufe des Exhibitionismus und Voyeurtums stehenbleiben, wenn es von einem Erwachsenen verführt wird, der selbst sinnliche Lust empfindet, sobald er dem Kind seinen nackten Körper zeigt oder den des Kindes betrachtet. Das Sehen wird damit erotisiert, und so schafft das Auge in abnormer Weise einen Zustand der Erregung."[44]

Viele Eltern nehmen irrtümlich an, daß sie ihre Kinder zu einer ungezwungenen Haltung zur Sexualität erziehen, wenn sie ihre eigenen Geschlechtsorgane offen zeigen. Aber statt dessen entwickelt das Kind dann oft ein krankhaftes Interesse an sexuellen Dingen und voyeurhafte Neigungen, oder aber es fängt an, sich in der Phantasie geschlechtliche Beziehungen zu seinen Eltern auszumalen. Es kann auch zu sexuellen Experimenten mit den Spielkameraden kommen. Ein Psychoanalytiker erklärte dazu, daß Eltern, die sich häufig nackt zeigen, damit unbewußt die eigenen Kinder verführen.

In der Bibel gibt es viele Stellen, die sich mit dem Nacktsein beschäftigen. Vor dem Sündenfall im Garten Eden waren Adam und Eva nackt und schämten sich dessen nicht, denn mit ihrer Nacktheit war noch keine Sünde verbunden. Sie waren in Gottes Augen rein. Aber als sie gesündigt hatten, bekleideten sie ihren Körper sofort, weil sie sich schämten und Angst hatten. Seit dem Sündenfall verbietet die Bibel, sich nackt zu zeigen, ganz besonders in Gegenwart von Familienmitgliedern. In 1. Mose 9 wird erzählt, wie Noah einen Weinberg pflanzte und sich dann betrank und nackt in seinem Zelt lag. Ham, einer seiner Söhne, entdeckte ihn so und erzählte seinen Brüdern Sem und Japheth davon. Die beiden nahmen einen Mantel auf ihre Schultern, gingen rückwärts ins Zelt, damit sie ihren Vater in diesem Zustand nicht anschauen mußten, und deckten ihn zu. Aus Achtung vor dem Vater wandten sie ihr Gesicht ab.

In unserem Kulturkreis weckt Nacktheit in aller Öffentlichkeit lustvolle Gedanken und verführt die Menschen zur Sünde. In anderen Kulturkreisen in denen sexuelle Lust nicht wie bei uns vermarktet wird, ist die körperliche Nacktheit kein besonderes Thema – aber christliche Wertvorstellungen auch nicht.

Gläubige Eltern sollten ihren Kindern nahelegen, in ihrer Kleidung und ihrem Verhalten das Schamgefühl zu beachten. Nacktheit sollte es bei Christen außerhalb des Schlafzimmers nicht geben. Ich weiß wohl, daß es gelegentlich vorkommen kann, daß sich ein Vater oder eine Mutter unbeobachtet glaubt und plötzlich nackt gesehen wird; wenn das einmal geschieht, sollte man ruhig und taktvoll reagieren und sich sobald wie möglich etwas überziehen.

Oraler Geschlechtsverkehr

Bei der Eheberatung von Christen höre ich zu diesem Thema viele Fragen. Wie die Masturbation ist auch dieser Punkt unter Christen sehr umstritten. Was ist oraler Geschlechtsverkehr eigentlich? Bei der *fellatio* nimmt die Frau den Penis in den Mund, um den Mann sexuell zu erregen. Beim *cunnilingus* erregt der Mann die Frau mit seinem Mund über der Scham, oft auch mit der Zunge an ihrer Klitoris. Bei beiden Formen kann es schließlich zum Orgasmus kommen.

Ich selbst empfehle oralen Geschlechtsverkehr nicht, aber es gibt keine biblischen Grundlagen dafür, ihn zu verbieten. Es ist wohl eine Sache der persönlichen Vorliebe. Eine schwerwiegende Folge hat diese Form des Geschlechtsverkehrs allerdings dann, wenn sie mit häufig wechselnden Partnern praktiziert wird. Herpes Simplex II ist eine Geschlechtskrankheit, die durch einen Erkältungs- und Hautausschlagsvirus hervorgerufen wird und in den letzten Jahren zur Seuche geworden ist. Ein Berater an einer Universität hat festgestellt, daß die Krankheit hauptsächlich durch oral-genitalen Kontakt weiterverbreitet wird. Oraler Geschlechtsverkehr ist in den letzten zehn Jahren durch eine ganze Reihe von Männer- und Frauenzeitschriften bekannt geworden, und er scheint *die* sexuelle Mode der 80er Jahre zu sein. Mehr als 20 Millionen Amerikaner leiden mittlerweile schon an der unheilbaren Krankheit.

Manche Christen rechtfertigen den oralen Geschlechtsverkehr mit einer Bibelstelle aus Hebräer 13,4, wo es heißt: „Die Ehe soll in Ehren gehalten werden bei allen und das Ehebett unbefleckt; denn die Unzüchtigen und die Ehebrecher wird Gott richten.“ Sie schließen daraus: alles, was verheiratete Leute in ihrem Ehebett tun, ist in Ordnung. Aber diese Art der Deutung tut der Ursprache unrecht. Das griechische Wort für „Ehebett“ heißt *koite,* was mit Koitus zusammenhängt, einem anderen Begriff für Geschlechtsverkehr. Wörtlich heißt der Vers: „Die Ehe (ist) in allem ehrbar und der Koitus unbefleckt.“ Daraus wird wohl deutlich, daß man hier keine biblische Bestätigung für oralen Geschlechtsverkehr finden kann. Ich kann ihn für Christen nicht empfehlen.

Petting

Mit diesem Ausdruck bezeichnet man Küssen, Umarmen und Streicheln zwischen einem Jungen und einem Mädchen. Im Grunde ist Petting nichts anderes als das Vorspiel zum Geschlechtsverkehr. Dazu gehört normalerweise auch das Massieren und Reiben der Brust und der Genitalien. Das ist riskant, denn meist führt es die beiden doch bis zum Liebesakt. Wenn man mit dem Petting kurz vorher aufhört, sind Enttäuschung und Schuldgefühle die Folge. Und wenn man sich nicht mehr zurückhalten kann, sind die möglichen Konsequenzen Schwangerschaft, Geschlechtskrankheiten, Schuld- und Angstgefühle und auch der Verlust der Achtung voreinander und vor sich selbst.

Phantasien

Wenn man sich vorstellt oder darüber nachdenkt, daß man sexuelle Beziehungen mit jemandem hat, mit dem man nicht verheiratet ist, so ist das eine Sünde, die in der Heiligen Schrift verurteilt wird. In Matthäus 5,28 spricht Jesus von der Sünde des Ehebruchs so, wie niemand zuvor. Er bestätigt die Lehre des Alten Testaments, daß es eine Sünde ist, Ehebruch tatsächlich zu begehen, aber er sagt auch, daß es schon genauso schlimm ist, nur lustvolle Gedanken in bezug auf einen anderen Menschen zu haben. Diese bösen Gedanken oder Vorstellungen nennen wir heute „sexuelle Phantasien“. In Philipper 4,8 spricht Paulus davon, wie wichtig es ist, daß wir unsere Gedanken auf das Gute und Wahre konzentrieren. Er rät den Christen in Philippi: „Im übrigen, meine Brüder: richtet eure Gedanken auf das, was gut ist und Lob verdient, was wahr, edel, gerecht, sauber, liebenswert und schön ist."

Für einen verheirateten Mann oder eine Ehefrau ist es eine Sünde, an geschlechtliche Beziehungen mit jemand anderem zu denken; und genauso ist es eine Sünde für einen Unverheirateten, Phantasien über den Geschlechtsverkehr mit einem anderen Menschen nachzuhängen. In meinem Buch „Wie schön ist es mit dir" habe ich in mehreren Punkten zusammengestellt, wie man diese Versuchung überwinden kann.

Erstens müssen Sie alle bösen Gedanken als Sünden bekennen (siehe 1. Johannes 1,9). Der zweite Schritt ist, sein Leben im Heiligen Geist zu führen (siehe Galater 5,16-25). Drittens können Sie Gott um den Sieg über die Versuchung bitten (siehe 1. Johannes 5,14-15). Viertens sind alle anzüglichen Materialien zu meiden, die sündige Gedanken hervorrufen könnten. Fünftens: Wenn Sie verheiratet sind, denken Sie in Ihren Phantasien nur an Ihren Ehepartner! Und wenn Sie alleinstehend sind, gewinnen Sie Kontrolle über Ihr Denken, indem Sie sich um reine Gedanken in bezug auf andere bemühen. Und sechstens: Wiederholen Sie die ersten fünf Schritte so oft, bis Sie Ihre Gedanken beherrschen können.

Pornographie

Das Wort bezieht sich auf sexuelles Material, das offen, erotisch und anstößig ist. Dies können Filme, Zeitschriften, Fernsehprogramme, Bücher, Videobänder oder noch andere Medien sein. Pornographie kommt vom griechischen Wort *porneia,* was in der Bibel mit „Unzucht" wiedergegeben wird, und von *graphos,* was „Schreiben" bedeutet. Die Zusammensetzung heißt wörtlich übersetzt „das Schreiben über Huren".

Zeitschriften wie „Playboy" und „Penthouse" sind auch pornographisch, weil sie Frauen darstellen, die ihren Körper verkaufen oder sich für Geld prostituieren.

Die Pornographie ist eine der schlimmsten sozialen Geißeln in unserem Land und unterhält eine Industrie, deren Jahresumsatz sich heute auf 8 Milliarden Dollar beläuft. Wegen der Verbreitung von pornographischem Material haben wir in Amerika immer zahlreichere Fälle von Geschlechtskrankheiten, sexuellem Mißbrauch an Kindern, Homosexualität, Scheidungen, Vergewaltigungen und allgemeine Verschlechterungen der zwischenmenschlichen Beziehungen erleben müssen. Nur eine deutliche Verschärfung der Gesetze, Aktionen der Bürger und Gebet können unser Land von dieser „psychischen Geschlechtskrankheit" befreien.

Prostitution

Prostituierte sind Menschen, die für Geld oder andere materielle Güter sexuelle Dienste anbieten.

Sexualtrieb

Der von Gott geschenkte Sexualtrieb bei Männern und Frauen ist ein Segen, solange er beherrscht wird. Wir sind geschlechtliche Geschöpfe mit einem angeborenen Verlangen nach Fortpflanzung. Dieses Verlangen wird jedoch nur im Rahmen der Ehe auf die richtige Weise befriedigt.

Bei unverheirateten Leuten muß der Geschlechtstrieb „sublimiert", das heißt für andere Ziele genutzt werden. Sublimierte sexuelle Energie hat ganz sicher zu den großen Fortschritten und Erfindungen in der Technologie und der Industrie der Vereinigten Staaten beigetragen. Sie ist die Grundlage für das, was man die „protestantische Arbeitsethik" nennt. Das Streben nach reinem Vergnügen oder sexueller Zerstreuung wurde verurteilt, harte Arbeit dagegen fand viel Anerkennung. Wissenschaftler, die vergangene Kulturen untersucht haben, stellten fest, daß eine Gesellschaft dann ihrem Untergang entgegenging, wenn die strengen Verhaltensnormen über die Sexualität gelockert wurden. Staaten mit freizügigen sexuellen Normen verfielen unweigerlich.

Der Sexualtrieb in der Ehe kann je nach dem Temperament der Partner, ihrem sozialen Hintergrund und der allgemeinen Kräfteverfassung sehr unterschiedlich sein. Manche Ehepaare haben anscheinend überhaupt keinen Geschlechtstrieb; andere scheinen dagegen nie genug zu bekommen. Wie oft Ehepartner sexuellen Kontakt miteinander haben, darauf müssen sie sich untereinander verständigen.

Sexuelle Vulgärsprache

Manche Leute benutzen sehr ordinäre Ausdrücke, wenn sie vom Liebesakt zwischen Mann und Frau sprechen. Sexuelle Vulgärsprache kommt in Flüchen oder Schimpfwörtern vor. Es wäre unpassend, in diesem Buch spezielle Ausdrücke aus diesem Bereich zu nennen. Ich glaube, daß ein Christ solche Wörter nicht gebrauchen sollte.

Transvestiten

Transvestiten sind Menschen – normalerweise Männer –, die sich wie Menschen des anderen Geschlechts kleiden und benehmen. Weil ein solcher Mann meint, er hätte eigentlich als Frau geboren werden müssen, fühlt er sich in seiner Rolle als Mann nicht wohl und fängt an, Frauenkleider zu tragen und weibliche Verhaltensweisen anzunehmen. Diese Leute sind keine Homosexuellen, und viele von ihnen sind auch verheiratet und haben Kinder; aber insgeheim wünschen sie sich, Frauen zu sein.

Manche Transvestiten entschließen sich zu Operationen, die ihr Geschlecht verändern und sie zu Frauen machen. Auf diese Weise werden sie zu „Transsexuellen“. Mit Hilfe von Hormonbehandlungen und operativen Eingriffen sehen sie schließlich wie Frauen aus, aber sie können niemals Kinder bekommen.

Unfreiwilliger Samenerguß

Ein nächtlicher, unfreiwilliger Samenerguß, der auch manchmal als „feuchter Traum“ bezeichnet wird, ist eine Ejakulation, die im Schlaf geschieht. Jeden Tag produzieren die Hoden Samenflüssigkeit, die in Röhren und kleinen Blasen im Körper gelagert wird. Wenn diese Speicher alle gefüllt sind, empfindet der Mann einen Drang nach sexueller Erleichterung. Durch ein einzigartiges System hat Gott ein „Sicherheitsventil“ für die Samenflüssigkeit geschaffen, eben den nächtlichen Samenerguß. Der Mann hat dabei normalerweise einen sexuell betonten Traum, aber das sollte ihm keine Schuldgefühle verursachen, denn seine Träume kann schließlich niemand unter Kontrolle haben. Nächtliche Samenergüsse sind meist eine verwirrende Erfahrung für Jungen in der Pubertät, wenn ihre Eltern sie nicht richtig darauf vorbereitet haben. Sind sie aber darüber informiert, wissen sie im voraus, was sie zu erwarten haben.

Vergewaltigung

Hierunter versteht man eine sexuelle Gewalttat, die normalerweise von Männern gegen Frauen begangen wird. Bei einer Vergewaltigung zwingt ein Mann eine Frau zum Geschlechtsverkehr. In vielen Fällen schlägt er sie dabei auch brutal oder tötet sie sogar. Der Mann, der eine Frau vergewaltigt, ist gewöhnlich ein zorniger Mensch mit einem geringen Selbstbewußtsein. Er begeht diese Gewalttat, um ein Machtgefühl zu erleben oder um sich an denen zu rächen, die ihm, wie er meint, in der Vergangenheit wehgetan haben. Die Vergewaltigung dient oft nicht in erster Linie seiner sexuellen Befriedigung, sondern als psychische Waffe. Für eine Frau ist sie wahrscheinlich die schlimmste körperliche und seelische Erfahrung, die sie überhaupt machen kann.

Frauen, die vergewaltigt worden sind, brauchen geistliche Hilfe, um ihre Gefühle von Schuld und Unreinheit bewältigen zu können. Oft geben sich nämlich die Opfer selbst die Schuld dafür, anstatt diejenigen verantwortlich zu machen, die eigentlich die Schuld tragen: die Täter und die Hersteller pornographischer Literatur, deren Zeitschriften die Männer vielleicht noch zu ihrem Verbrechen angeregt haben.

Vorspiel

Hierunter versteht man das Küssen, Umarmen und Streicheln, mit dem sich ein Mann und eine Frau auf den Geschlechtsverkehr vorbereiten. Es sind Momente der Nähe, Wärme und des intensiven Ausdrucks der Liebe zwischen den Ehepartnern.

Viele Leute wissen nicht, daß Männer und Frauen in ihrer sexuellen Erregbarkeit verschieden sind. Ein Mann kann innerhalb von wenigen Minuten für den Geschlechtsverkehr bereit sein, aber das Verlangen einer Frau steigert sich erst langsam während des Vorspiels, bis sie bereit ist für die völlige Hingabe. Das Vorspiel sollte entspannt und ohne Hast vor sich gehen, voller Zärtlichkeit und Zuneigung. Beide Partner sollten mehr darüber nachdenken, wie sie den anderen glücklich machen können, als darüber, wie ihr eigenes Verlangen befriedigt werden kann. Nur mit dieser selbstlosen Haltung kann der Liebesakt wirklich für beide befriedigend werden.

Stichwortverzeichnis

Adoleszenz – der Zeitpunkt im Leben eines Menschen, der ungefähr zwischen dem 13. und 20. Lebensjahr liegt. Die Adoleszenz fängt mit der Pubertät an, in der die Sexualorgane heranreifen, und stellt die Übergangsphase zwischen Kindheit und Erwachsensein dar.

Ampullakammer – ein Speicher für die Samenflüssigkeit, wenn sie die Nebenhoden verlassen hat und durch die Samenleiter gewandert ist.

Androgen – das Hormon, das die sexuellen Veränderungen in einem Jungen steuert, beispielsweise das Ansteigen des Geschlechtstriebes, das Wachstum der Körperbehaarung und den Stimmbruch.

Befruchtung – siehe „Empfängnis“.

Beschneidung – ein chirurgischer Eingriff, bei dem die überlappende Hautfalte (Vorhaut), die die Spitze des Penis bedeckt, entfernt wird. Normalerweise wird die Beschneidung einige Tage nach der Geburt eines Jungen aus hygienischen oder auch aus religiösen Gründen vorgenommen.

Cervix – siehe „Muttermund“.

Chromosomen – winzige fadenförmige Körperchen in jeder Zelle, die das genetische Programm für jeden Menschen enthalten. Samen- sowie Eizellen besitzen je 23 Chromosomen. Wenn ein Ei durch den Samen befruchtet wird, bestimmen die 46 Chromosomen die Haarfarbe, das Temperament, die Gesichtszüge, den Körperbau und Hunderte von anderen Eigenschaften des Kindes, das sich dann entwickelt.

Cowpersche Drüse – die erste Sexualdrüse, die in Funktion tritt, wenn ein Mann sexuell erregt wird. Sie schickt eine Gleitflüssigkeit durch die Harnröhre, um die Säuren des Urins zu neutralisieren. Wenn das geschehen ist, kann der Samen ohne Schaden durch die Harnröhre fließen.

Ehebruch – Geschlechtsverkehr zwischen zwei Menschen, von denen mindestens einer mit einem anderen Partner verheiratet ist.

Eichel – die Spitze des Penis, die überdurchschnittlich viele Nervenenden enthält und deshalb einer der empfindlichsten Körperteile des Mannes ist. Durch Erregung und Reizung der Eichel kommt es zur Ejakulation.

Eierstöcke – zwei weibliche Organe in der Nähe der Nieren, die Eizellen (Ova) produzieren sowie das Hormon Östrogen, das typisch weibliche Eigenschaften bewirkt. Jeden Monat wird eine reife Eizelle von einem Eierstock abgesondert und wandert durch die Eileiter, wo sie auf eine Befruchtung wartet.

Eileiter – die zwei Röhren, die von den Eierstöcken zur Gebärmutter führen. Jeden Monat macht sich eine Eizelle, die von einem der beiden Eierstöcke freigesetzt wird, auf den Weg durch die Eileiter, wo die Befruchtung stattfinden kann. Das Ei wandert dann weiter zur Gebärmutter, ganz gleich, ob es befruchtet worden ist oder nicht.

Eisprung – der Vorgang, bei dem eine Eizelle vom Eierstock abgesondert wird.

Ejakulation – das Ausstoßen von Samenflüssigkeit aus dem Penis; gleichzeitig der Orgasmus des Mannes.

Empfängnis – der Augenblick, in dem ein neues Lebewesen geschaffen wird, wenn eine Samenzelle in eine Eizelle eindringt und sie befruchtet.

Empfängnisverhütende Mittel – verschiedene Methoden, die erfunden wurden, um die Empfängnis von neuem Leben zu verhindern. Die Antibabypille ist ein Verhütungsmittel, das den Eisprung unterbindet. Das Kondom dagegen macht es unmöglich, daß Samenflüssigkeit in die Scheide gelangt.

Embryo – das ungeborene Baby während der ersten acht Wochen seiner Entwicklung. Nach der achten Woche nennt man es Fötus.

Endokrines System – verschieden Drüsen im Körper des Mannes und der Frau, die Hormone in den Blutstrom abgeben und für die Funktion von Organen oder von Zellen in anderen Körperteilen wichtig sind.

Endometrium – die weiche, pelzartige Schleimhaut, die sich an der Innenwand der Gebärmutter ausbildet. Im monatlichen Zyklus der Frau füllt sich diese Schleimhaut mit Blut und bereitet sich so auf ein befruchtetes Ei vor. Wenn keine Eizelle befruchtet worden ist, wird das Endometrium wieder abgebaut und durch die Scheide ausgeschieden. Wenn sich aber eine befruchtete Eizelle in der Gebärmutterwand einnistet, wird das Endometrium zu einem Teil des Mutterkuchens.

Erektion – Stadium der sexuellen Erregung, in dem der Penis sich mit Blut füllt und steif wird. So ist er bereit für den Geschlechtsverkehr und die Ejakulation.

Fötus – ein Kind im Mutterleib nach der achten Woche. Das Wort bedeutet eigentlich „Junges".

Fortpflanzung – das Hervorbringen von Nachkommen, die in wesentlichen Eigenschaften und Anlagen ihren Eltern gleich sind.

Fruchtblase – die feste, aber elastische Hauttasche, die den wachsenden Fötus und das Fruchtwasser umgibt. Wenn das Baby für die Geburt bereit ist, platzt die Fruchtblase auf, und das Wasser fließt aus der Gebärmutter durch die Scheide ab.

Fruchtwasser – die wässrige Flüssigkeit, die den Fötus während seines Wachstums im Mutterleib umgibt und schützt.

Gebärmutter – ein birnenförmiges Organ im Leib der Mutter, in dem sich der Embryo und der Fötus entwickeln. Die Gebärmutter ist einer der größten Muskeln des Körpers.

Gen – eine Einheit des Chromosoms, die eine bestimmte körperliche oder geistige Eigenschaft bestimmt.

Genitalien – die Fortpflanzungs- oder Geschlechtsorgane eines Mannes oder einer Frau.

Geschlechtskrankheiten – eine ganze Reihe von ansteckenden Krankheiten, die normalerweise durch sexuellen Kontakt übertragen werden, besonders bei Geschlechtsverkehr mit häufig wechselnden Partnern. Zu den Geschlechtskrankheiten gehören Gonorrhöe, Herpes Simplex II, bestimmte Formen der Harnwegentzündung, Syphilis, Trichomoniase, Monilia, Warzen im Genitalbereich, Filzläuse, Krätze und AIDS (erworbene Immunschwäche). Manche von ihnen kann man medizinisch heilen, andere nicht.

Geschlechtsverkehr – der Liebesakt zwischen einem Mann und einer Frau. Beim Geschlechtsverkehr führt der Mann seinen Penis in die Scheide der Frau ein. Geschlechtsverkehr soll nur in der Ehe stattfinden. Sexuelle Beziehungen außerhalb der Ehe sind Unzucht oder Ehebruch.

Harnröhre – nennt man bei Männern und Frauen die Röhre, durch die der Urin aus dem Körper ausgeschieden wird. Beim Mann ist die Harnröhre auch der Weg, durch den während des Geschlechtsverkehrs die Samenflüssigkeit ausgestoßen wird.

Heterosexueller – ein Mann oder eine Frau, die sich zum jeweils anderen Geschlecht hingezogen fühlen. Die heterosexuelle Beziehung ist die normale sexuelle Beziehung zwischen einem Mann und einer Frau.

Hoden – zwei mandelförmige Organe im Hodensack, die Millionen von Samenzellen produzieren. Sie erzeugen auch das männliche Hormon Testosteron, das für die sekundären Geschlechtsmerkmale beim Mann verantwortlich ist, beispielsweise für den Stimmbruch und die Körperbehaarung.

Hodensack – die Hauttasche hinter dem Penis des Mannes mit den Hoden, die männliche Hormone und Samenzellen produzieren.

Höhepunkt – siehe „Orgasmus".

Homosexualität – eine abnorme sexuelle Neigung, bei der sich ein Mensch zu Partnern des eigenen Geschlechts hingezogen fühlt. Gottes Wort nennt homosexuelles Verhalten Sünde; moderne Psychologen und humanistische Lehrer bezeichnen Homosexualität dagegen als eine „alternative Lebensform".

Hormon – ein chemischer Stoff, der von einer Drüse erzeugt wird und andere Organe oder Zellen im Körper steuert. Bestimmte Hormone fördern typisch männliche oder weibliche Merkmale.

Hymen – oder „Jungfernhäutchen" ist eine Membran im hinteren Teil der Scheide. Die Öffnung im Hymen hat bei einem Mädchen ungefähr einen Durchmesser von 2-3 cm.

Hypophyse – die wichtigste Drüse an der unteren Hirnseite des Gehirns. Sie sondert Hormone ab, die das Wachstum, die geschlechtliche Entwicklung und die Funktion von anderen Drüsen steuert, beispielsweise die der Nebennieren, der Sexualdrüsen und der Schilddrüse.

Jungfrau – ein Mädchen, das noch nie die Erfahrung des Geschlechtsverkehrs gemacht hat.

Keuschheit – Verzicht auf vorehelichen oder außerehelichen Geschlechtsverkehr; auch Reinheit der Motive und Gedanken.

Lesbierin – eine homosexuelle Frau.

Libido – das Verlangen nach sexueller Betätigung bei Männern und Frauen; auch Geschlechtstrieb genannt.

Masturbation – Erregung der eigenen Geschlechtsorgane. Ein Mann reibt dabei seinen Penis bis zur Ejakulation; eine Frau streichelt ihre Klitoris, bis sie einen Orgasmus erlebt.

Menstruation – das Ausscheiden von Gebärmutterschleimhaut und Blut aus der Gebärmutter durch die Scheide während der monatlichen Periode, auch Monatsblutung genannt. Die Menstruation wiederholt sich etwa alle 28 Tage.

Mutterleib – siehe „Gebärmutter".

Muttermund – die kleine Öffnung am Boden der Gebärmutter, die in den Geburtskanal oder die Scheide führt. Normalerweise ist diese Öffnung nur so groß wie eine Bleistiftmine, aber zur Geburt kann sie um ein Vielfaches erweitert werden.

Nabel – die eingeschrumpften Reste der Nabelschnur am Bauch des Babys.

Nabelschnur – die Verbindung zwischen dem Fötus und der Plazenta in der Gebärmutter. Durch diese Schnur, in der zwei Arterien und eine Vene enthalten sind, erhält das Baby Nährstoffe und gibt auch Abfallstoffe in den Körper der Mutter ab.

Nächtlicher Samenerguß – ein unbewußter Vorgang, bei dem der Körper eines Mannes überschüssige Samenflüssigkeit ausstößt. Der Samenerguß geschieht normalerweise während des Schlafes; dabei wird der Penis steif und gibt den Samen ab, der nicht mehr in den verschiedenen Röhren und Blasen des männlichen Genitalsystems gespeichert werden kann. Oft hat der Mann gleichzeitig einen sexuellen Traum.

Nebenhoden – eine Ansammlung von kleinen, gewundenen Röhren gleich oberhalb der Hoden. In ihnen reift die Samenflüssigkeit heran, bevor sie durch die Samenleiter in die Ampullakammer und in die Samenblasen weiter befördert wird.

Orgasmus – der Höhepunkt des Geschlechtsverkehrs. Beim Mann ist es der Augenblick, in dem die Samenflüssigkeit aus dem Penis ausgestoßen wird; bei der Frau kommt es zum

Orgasmus, wenn die Klitoris genügend erregt ist, um eine höchst intensive sexuelle Empfindung hervorzurufen.

Östrogen – ein wirkungsvolles weibliches Hormon, das von den Eierstöcken und von der Plazenta während der Pubertät sowie im Menstruationszyklus und während der Schwangerschaft gebildet wird. Östrogen regt die Bildung der sekundären weiblichen Geschlechtsmerkmale an, wie beispielsweise die Entwicklung der Brust.

Ovum – medizinischer Ausdruck für Eizelle.

Penis – das schwammartige männliche Geschlechtsorgan, auch Glied genannt, dessen Funktion sowohl das Ausscheiden des Urins als auch die Ejakulation des Samens ist.

Periode – die drei bis fünf Tage im Monat, an denen eine Frau ihre Menstruation oder Monatsblutung hat, bei der das Endometrium ausgeschieden wird.

Plazenta – oder Mutterkuchen ist ein schwammartiges Organ an der Innenwand der Gebärmutter, das mit dem Fötus durch die Nabelschnur verbunden ist. Die Plazenta ist mit Blutgefäßen gefüllt, sie filtert für den Fötus Nährstoffe und Sauerstoff aus und übernimmt außerdem die Abfallstoffe aus dem Körper des Kindes. Nach der Geburt werden Mutterkuchen und Nabelschnur als sogenannte „Nachgeburt" vom Körper ausgeschieden.

Progesteron – ein chemischer Stoff, den man oft auch als „Schwangerschaftshormon" bezeichnet. Er wird von den Eierstöcken gebildet und bereitet die Schleimhaut der Gebärmutterwand für die Plazenta und den Fötus vor. Progesteron verhindert auch eine weitere Menstruationsblutung und den Eisprung während der Schwangerschaft.

Prostata – eine Drüse neben der Harnröhre und der Blase des Mannes, die einen Teil der Samenflüssigkeit absondert. Im Alter kommt es häufig vor, daß sich die Prostata vergrößert und das Abgeben des Urins erschwert. Oft muß sie dann operativ entfernt werden.

Pubertät – die Zeitspanne im Leben eines Kindes zwischen dem 10. und 18. Lebensjahr, in der es sexuell reif wird.

Samen – eine Flüssigkeit, die die Samenzellen enthält. Sie wird bei der Ejakulation vom Penis während des Geschlechtsverkehrs abgegeben. Die Samenflüssigkeit besteht aus Absonderungen von den Hoden, der Prostata, den Samenblasen und der Cowperschen Drüse.

Samenblasen – zwei Speicher für die Samenflüssigkeit, die zu beiden Seiten der Prostata liegen und mit den Samenleitern verbunden sind.

Samenerguß – siehe „nächtlicher Samenerguß"

Scham – die äußeren Geschlechtsorgane der Frau, zu der die Klitoris, die äußeren und die inneren Schamlippen gehören.

Schwangerschaft – die Zeit zwischen der Empfängnis und der Geburt eines Kindes. Sie dauert im Durchschnitt 266 Tage, also etwa neun Monate.

Sexualorgane – die Fortpflanzungsorgane beim Mann und bei der Frau.

Spermium – die reife männliche Samenzelle, die die weibliche Eizelle befruchtet.

Testosteron – ein männliches Geschlechtshormon, das in den Hoden produziert wird und beim Jungen während der Pubertät die Bildung der sekundären Geschlechtsmerkmale auslöst.

Trichomoniase – siehe „Geschlechtskrankheiten".

Unzucht – Geschlechtsverkehr zwischen Männern und Frauen, die nicht miteinander verheiratet sind.

Vagina – die Scheide der Frau, die auch als Geburtskanal dient. Es ist der Abschnitt vom Muttermund am Boden der Gebärmutter bis zu den äußeren Geschlechtsorganen. Während des Geschlechtsverkehrs dringt der Penis in die Vagina ein.

Vererbung – die Weitergabe von körperlichen und seelischen Merkmalen an das Kind durch die Kombination der Chromosomen von Mann und Frau.

Vorhaut – die überlappende Haut, die die Eichel des Penis bedeckt. Oft wird diese Vorhaut kurz nach der Geburt eines Jungen entfernt (siehe „Beschneidung").

X-Chromosom – ein Chromosom, das das Geschlecht bestimmt und das bei Männern und Frauen vorkommt. Die Eizellen der Frau enthalten nur X-Chromosomen; die Hälfte der Samenzellen des Mannes besitzen auch X-Chromosomen, die andere Hälfte Y-Chromosomen. Wenn eine Samenzelle mit X-Chromosom eine Eizelle befruchtet, wird das Kind ein Mädchen.

Y-Chromosom – ein Chromosom, das das Geschlecht bestimmt und das nur in den männlichen Samenzellen vorkommt. Wenn eine Samenzelle mit Y-Chromosom eine Eizelle befruchtet, wird das Kind ein Junge.

Anmerkungen

[1] Carol Atwater: „It Can Get Pretty Lively in the Womb" (Im Mutterleib kann es recht lebhaft zugehen), in: „USA Today" vom 2.8.1983; 1-2d

[2] ebenda

[3] ebenda

[4] George E. Gardner: „The Emerging Personality: Infancy Through Adolescence" (Die Ausbildung zur Persönlichkeit: Von der Kindheit durch die Adoleszenz), New York 1970, S. 24

[5] George A. Rekers: „Growing Up Straight" (Richtig erwachsen werden), Chicago, 1982, S. 38-39

[6] Gardner, a.a.O. S. 52

[7] Grace H. Ketterman: „How to Teach Your Child About Sex" (Was Sie Ihrem Kind über Sexualität beibringen sollten), Old Tappan, New Jersey, 1981, S. 8

[8] Selma H. Fraiberg, „The Magic Years: Understanding and Handling the Problems of Early Childhood" (Die magischen Jahre in der Persönlichkeitsentwicklung des Vorschulkindes), New York 1984, S. 59

[9] Garner, a.a.O. S. 92

[10] Raymond Moore und Dorothy S. Moore: „Better Late Than Early: A New Approach to Your Child's Education" (Lieber später als zu früh: Ein neuer Zugang zur Kindererziehung), Berrien Springs 1982

[11] Clyde M. Narramore: „Understanding Your Children" (Verständnis für Ihre Kinder), Grand Rapids 1978, S. 123

[12] W. Peter Blitchington: „Sex Roles and the Christian Family" (Die Rollen der Geschlechter und die christliche Familie), Wheaton 1984, S. 107

13 Frances Ilg und Louis B. Ames: „Child Behaviour" (Verhalten des Kindes), New York 1955, S. 3

14 Gary Bergel: „When You Were Formed in Secret" (Als du im Verborgenen gemacht wurdest), Elyria, Ohio, 1980, S. 1-13

15 Tim LaHaye und Beverly LaHaye: „Wie schön ist es mit dir", Verlag Schulte + Gerth, Asslar, 7. Auflage 1986, S. 267-269

16 James C. Dobson: „Preparing For Adolescence" (Erwachsenwerden – Bescheid wissen!), Ventura 1978, S. 86-87

17 Blitchington, a.a.O., S. 51

18 Tim LaHaye: „The Battle for the Family" (Der Kampf um die Familie), Old Tappan 1982, S. 17

19 Carl Wilson: „Our Dance Has Turned To Death" (Unser Tanz hat sich in einen Todestanz verwandelt), Wheaton 1979, S. 84-85

20 Tim LaHaye: „What Everyone Should Know About Homosexuality" (Was jeder über Homosexualität wissen sollte), Wheaton 1980

21 ebenda

22 Rekers, a.a.O., S. 75

23 Nadine Broznan: „Witness Says She Fears ‚Child Predator' Network" (Die Zeugin sagt aus, sie habe Angst vor einem Netz von Kindesräubern), „New York Times" vom 18.9.1984, A 21

24 Clifford Linedecker: „Children in Chains" (Kinder in Ketten), New York 1981, S. 119

25 Interimsbericht von der 66. Gesetzgebenden Sitzung des Gewählten Ausschusses zur Pornographie: Ursachen und Kontrollmöglichkeiten, Washington, S. 21-22

26 Linedecker, a.a.O., S. 32

27 Shirley O'Brien: „Child Pornography" (Pornographie mit Kindern), Dubusque 1983, S. 9

28 ebenda, S. 83

29 Joan Sweeney: „The Child Molester: No Profile" (Kindesmißhandlungen: Kein eindeutiges Profil bei den Tätern), „Los Angeles Times" vom 25.4.1984, S. 1

30 O'Brien, a.a.O., S. 139

31 Eric W. Johnson: „V.D." (Geschlechtskrankheiten), Philadelphia, 1978, S. 7

32 ebenda, S. 71

33 „USAToday", 13.12.1984, S. 6A

34 „S.F. Health Chief Resigns, Blames Anti-AIDS-Drive" (Chef des Gesundheitsamtes gibt auf und beschuldigt Anti-AIDS-Kampagne) in „San Diego Union" vom 12.12.1984, S. A3

35 „USAToday", vom 13.12.1984, S. 6A

36 „Time" vom 4.7.1983

37 William Marberry und Hollis Wood: „Activist Attorney Robert Schwab is AIDS Victim" (Aktivisten-Anwalt Robert Schwab wird zum AIDS-Opfer), in „Dallas Fort Worth Gay News" vom 20.5.1983

38 Ketterman, a.a.O., S. 153

39 David Reuben: „Everything You Always Wanted to Know About Sex But Were Afraid To Ask" (Was Sie schon immer über Sexualität wissen wollten, aber bisher nicht zu fragen wagten), New York, 1971

40 LaHaye und LaHaye: „Wie schön ist es mit dir", Asslar, 7. Auflage 1986, S. 204-205

41 Ketterman, a.a.O., S. 167

42 LaHaye und LaHaye, a.a.O., S. 257

43 Mary Calderone und James Ramey: „Talking With Your Child About Sex" (Reden Sie mit Ihrem Kind über sexuelle Fragen), New York, 1982, S. XV

44 Melvin Anchell: „Sex and Insanity" (Sexualität und Wahnsinn), Portland, 1983, S. 79-80

Die im Text vorkommenden Bibelstellen sind nach folgenden Übersetzungen zitiert worden:

Altes Testament:
Revidierte Luther-Übersetzung, Württembergische Bibelanstalt, Stuttgart 1970

Neues Testament:
„Gute Nachricht erklärt", Württembergische Bibelanstalt, Stuttgart 1973

Wenn in ganz wenigen Ausnahmen davon abgewichen wurde, ist das nach dem Zitat erwähnt.

Vom gleichen Verfasser im Verlag Schulte & Gerth erschienen:

Tim und Beverly LaHaye
Wie schön ist es mit dir

Wer das Sexuelle ein „heikles Problem" nennt, kritisiert den Schöpfer und bezichtigt ihn, „heikle Dinge" geschaffen zu haben. Die Autoren – in Seelsorge und Eheberatung erfahren – greifen die häufigsten sexuellen Probleme auf. Offen und detailliert, aber nicht schamlos, sezieren sie die Ursachen und lassen niemals die seelsorgerliche Komponente, die Beziehung zum lebendigen Gott, außer acht. Für bewußte Christen ist dieses mutige Buch ein hilfreiches Nachschlagewerk.
Ich kann es meiner Tochter empfehlen.
Aus dem Vorwort von Reinhold Ruthe, Eheberater.
Taschenbuch, 280 Seiten
Best.-Nr. 15 509

Tim LaHaye
Ausweg – aus Depressionen

Schwermut greift in unserer heutigen Gesellschaft immer mehr um sich. Dr. LaHaye zeigt einen Weg aus der Depression, der auf der Bibel basiert. Sein Buch weist auf die eigentlichen Ursachen der Schwermut hin und bietet einen gangbaren Weg zum Sieg über diese seelische Epidemie.
Taschenbuch, 240 Seiten
Best.-Nr. 15 170